RODIN

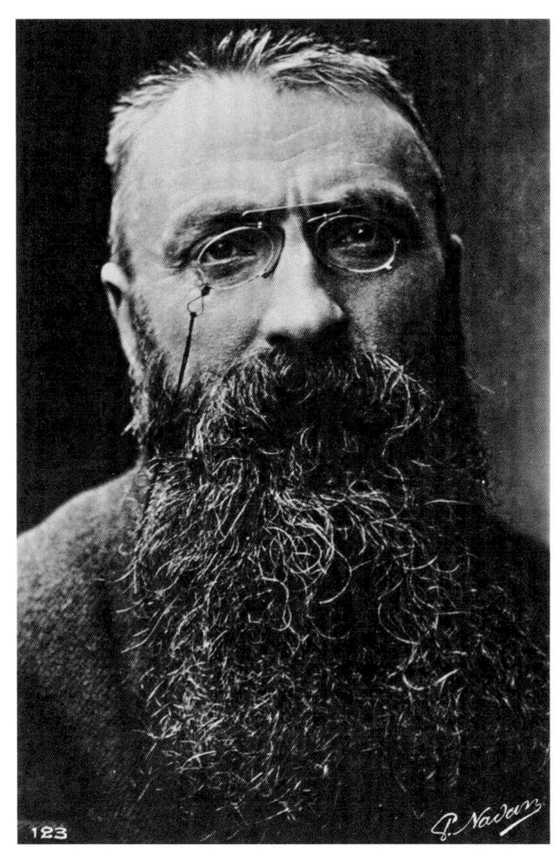
123
P. Nadar

RODIN

DANIEL KIECOL

p. 2

Nadar (1820–1910)

Auguste Rodin

c. 1890

KÖNEMANN

www.koenemann.com

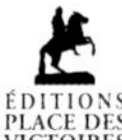

6, rue du Mail – 75002 Paris
www.victoires.com
ISBN: 978-2-8099-1388-0
Dépôt légal: 2e trimestre 2017

Concept, Project Management: koenemann.com GmbH
Text: Daniel Kiecol
Editing: Kristina Scherer

Translations into English, Spanish, Italian and Dutch:
TEXTCASE Translation Agency
info@textcase.nl
textcase.de textcase.eu

Art Direction: Oliver Hessmann
Layout: Oliver Hessmann
Picture credits:
Bridgeman Images, except pp. 2, 16, 19, 21 l, 32, 37, 46, 52, 62, 63, 66, 67, 71 l, 74 r, 75 r, 77, 81, 87, 90, 91, 94 r, 97, 99, 101, 102 l, 103, 104 r, 105 m+r, 106–109, 114 l, 115, 130 r, 133 l, 138, 147, 171, 184, 185, 188–189, 198–207: akg-images gmbh

ISBN: 978-3-95588-663-9 (international)

Printed in China by Shenzhen Hua Xin Colour-printing & Platemaking Co., Ltd

Contents Sommaire Inhalt Índice Indice Inhoud

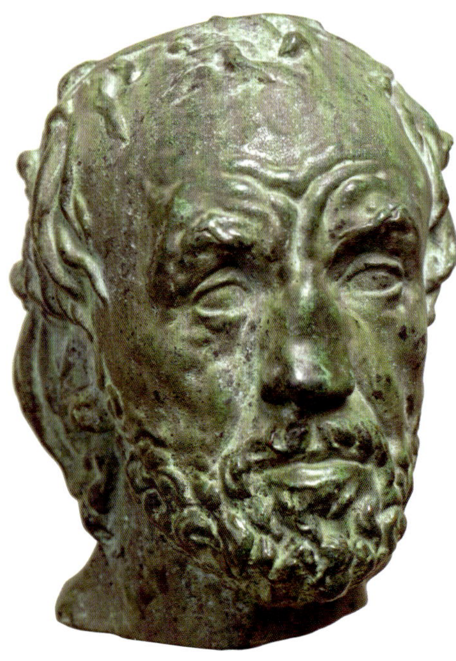

Man with a Broken Nose

L'Homme au nez cassé

Der Mann mit der gebrochenen Nase

La máscara del hombre de la nariz rota

L'uomo dal naso rotto

De man met de gebroken neus

1863-64, Bronze, State Hermitage Museum, St. Petersburg

His Life

Born 12 November 1840 to a simple Parisian civil servant and his wife, Rodin received his first artistic training at the age of fourteen when he enrolled in the Petite École. After many unsuccessful attempts to be admitted in the prestigious École Nationale Supérieure des Beaux-Arts, he gave up pursuing academic training and instead began to earn his living starting in 1857 as a plasterer.

It was during this time that Rodin made his first sculptures, such as the *Man with the Broken Nose,* which was rejected by the Salon because of its strong realism. The 1862 death of Rodin's sister Maria plunged the artist into a deep crisis,

Sa vie

Né le 12 novembre 1840 à Paris dans une famille modeste de fonctionnaires, Rodin entre dès 1854 dans ce qu'on appelait alors l'École spéciale de dessin et de mathématiques (dite « Petite École » et future École nationale supérieure des arts décoratifs) où il reçoit sa première formation artistique. Après avoir longtemps – et vainement – essayé d'être reçu à la prestigieuse École des Beaux-Arts, il renonce à toute formation académique et gagne sa vie comme stucateur à partir de 1857.

Dans ces mêmes années, Rodin réalise en parallèle ses premières sculptures, comme, par exemple, *L'Homme au nez cassé* (1865), refusé au Salon officiel en

Sein Leben

Am 12. November 1840 in eine einfache Pariser Beamtenfamilie geboren, kam Rodin bereits im Jahr 1854 in die sogenannte Petite École, auf der er seine erste künstlerische Ausbildung erhielt. Nachdem er lange vergeblich versucht hatte, auf die angesehene École nationale supérieure des beaux-arts aufgenommen zu werden, verzichtete er auf eine akademische Ausbildung und verdiente seinen Unterhalt ab 1857 vor allem als Stuckateur.

Parallel schuf Rodin in diesen Jahren seine ersten Skulpturen, wie etwa den *Mann mit der gebrochenen Nase,* der wegen seines starken Realismus vom Salon abgelehnt wurde. Der

Eternal Spring

L'Éternel printemps

Der ewige Frühling

La eterna primavera

L'eterna primavera

De eeuwige lente

c. 1900, Marble/Marbre, 77 cm, State Hermitage Museum, St. Petersburg

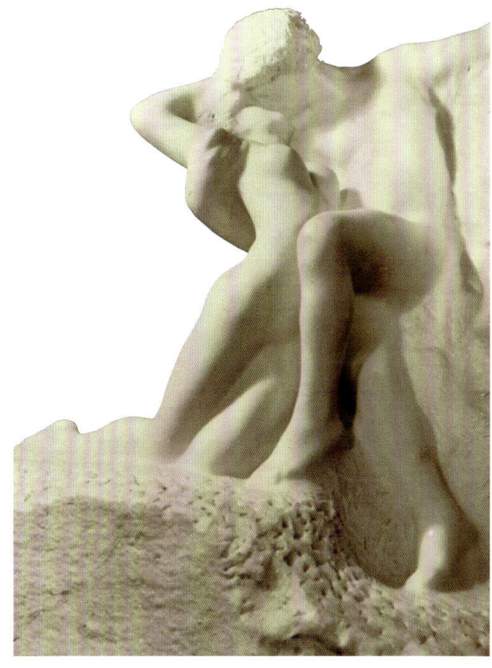

Su vida

Nacido el 12 de noviembre de 1840 en la familia de un simple funcionario de París, Rodin llegó a la llamada "Petite École" en el año 1854, en la que recibió su primera formación artística. Después de que hubiera intentado sin éxito durante mucho tiempo ser incluido en la prestigiosa Escuela Nacional Superior de Bellas Artes, renunció a una educación académica y empezó a ganarse la vida principalmente como estucador a partir de 1857.

Paralelamente crea Rodin en estos años sus primeras esculturas, como *El hombre de la nariz rota,* que fue rechazada por el Salón debido a su fuerte realismo. La enfermedad de su

La sua vita

Nato il 12 novembre 1840 in una modesta famiglia di impiegati parigini, già nel 1854 Rodin entrò nella cosiddetta "Petite École", dove ricevette la sua prima istruzione artistica. Dopo aver tentato inutilmente di essere accolto nella stimata Scuola Nazionale Superiore di Belle Arti, rinunciò all'istruzione accademica e dal 1857 si guadagnò da vivere soprattutto come decoratore.

Parallelamente Rodin creò in questi anni le sue prime sculture, come *L'uomo dal naso rotto,* che fu respinto dal Salone a causa del suo forte realismo. La morte per malattia di sua sorella Maria nel 1862 gettò l'artista in una crisi profonda e lo spinse ad entrare a far parte dell'ordine

Zijn leven

Rodin werd op 12 november 1840 geboren als zoon van een eenvoudige Parijse ambtenaar en bezocht al in 1854 de Petite école, waar hij zijn eerste kunstonderwijs volgde. Nadat hij lange tijd tevergeefs had geprobeerd op de prestigieuze École nationale supérieure des beaux-arts te worden aangenomen, zag hij van verdere academische scholing af en verdiende vanaf 1857 zijn brood vooral als stukadoor.

Rodin maakte in deze jaren zijn eerste beeldhouwwerken, waaronder *De man met de gebroken neus,* die vanwege zijn krasse realisme door de Salon werd afgewezen. Kort daarvoor had de ziekte en dood van zijn zuster Maria, in 1862,

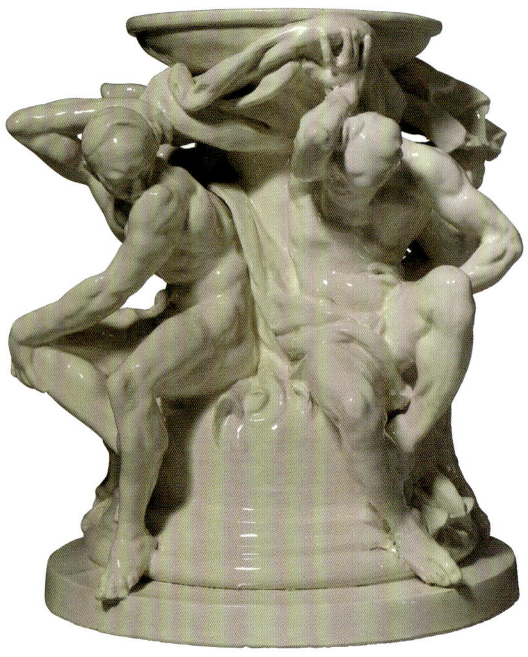

Albert-Ernest Carrier-Belleuse (1824–1887)

Titans

***Piédestal des Titans,* support pour un vase**

Vase der Titanen

Pedestal de los titanes

Vaso dei Titani

Vaas der Titanen

c. 1877, Faience/Faïence, 37,5 × 38,1 × 38,1 cm, Cleveland Museum of Art, Cleveland

resulting in his joining the recently founded Order of the Blessed Sacrament. Founder Peter Julian Eymard encouraged Rodin to continue devoting himself to his artistic ambitions.

In 1864, Rodin met the 20-year-old seamstress Rose Beuret, who initially served as a model, but would eventually become his life-long companion. In 1866, their son Auguste-Eugène Beuret was born. During the Franco-German War, he was excused from military service because of his strong myopia. He worked for the famous sculptor Albert-Ernest Carrier-Belleuse, whom he also accompanied to Brussels. He worked with Belgian sculptor Antoine-Joseph Van Rasbourgh on the sculptural designs

raison de son réalisme trop marqué. En 1862, la mort de sa sœur aînée Maria le plonge dans une crise profonde : il songe alors à rejoindre la Congrégation du Très-Saint-Sacrement, fondée en 1856 par le Père mariste Pierre-Julien Eymard. Le fondateur lui-même l'en dissuade et l'encourage à se consacrer à ses ambitions artistiques.

En 1864, Rodin fait la connaissance de Rose Beuret, couturière de 20 ans, qui lui sert de modèle avant de devenir la compagne de sa vie. Leur fils, Auguste Eugène Beuret, naît en 1866. Pendant la guerre de 1870, la myopie prononcée de l'artiste l'exempte de service militaire. Il travaille avec le célèbre sculpteur Albert-Ernest Carrier-Belleuse, qu'il suit

Krankheitstod seiner Schwester Maria im Jahr 1862 hatte den Künstler zuvor in eine tiefe Krise gestürzt; er schloss sich daraufhin dem erst kurz zuvor gegründeten Orden der Eucharistiner an. Der Ordensgründer Pierre Julien Eymard ermunterte ihn aber, sich weiter seinen künstlerischen Ambitionen zu widmen.

1864 lernte Rodin die 20-jährige Schneiderin Rose Beuret kennen, die ihm zunächst als Modell diente, ihm aber zeit seines Lebens als Gefährtin verbunden bleiben sollte. 1866 wurde ihr gemeinsamer Sohn Auguste-Eugène Beuret geboren. Während des Deutsch-Französischen Krieges wurde er wegen seiner starken Kurzsichtigkeit vom Militärdienst zurückgestellt. Er arbeitete

Father Eymard

Le Père Eymard

Pater Eymard

Padre Eymard

Padre Eymard

Pater Eymard

1863, Bronze, 59,3 × 29 × 29,2 cm, Musée Rodin, Paris

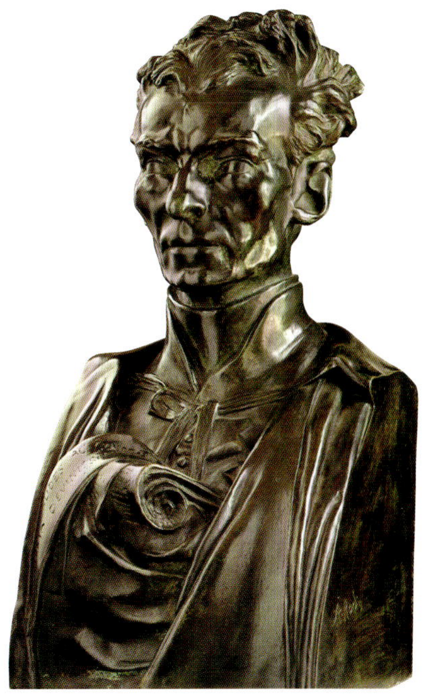

hermana María en 1862 hundió al artista en una profunda crisis; se unió poco después a la Congregación del Santísimo Sacramento. El fundador de la orden, Pedro Julián Eymard le animó a dedicarse a promover sus ambiciones artísticas.

En 1864, a los 20 años de edad, Rodin conoció a la costurera Rose Beuret, que le sirvió en un principio de modelo, para luego seguir conectados a lo largo de la vida como compañeros. En 1866 nació su hijo Auguste-Eugène Beuret. Durante la guerra franco-prusiana fue relevado del servicio militar debido a su fuerte miopía. Trabajó para el famoso escultor Albert-Ernest Carrier-Belleuse, al que también acompañó a Bruselas. Participó junto con el escultor belga Antoine-Joseph Van

da poco fondato del Santissimo Sacramento. Il fondatore dell'ordine, Pietro Giuliano Eymard, lo incoraggiò tuttavia a dedicarsi alle sue ambizioni artistiche.

Nel 1864 Rodin conobbe la sarta ventenne Rose Beuret, che all'inizio posò per lui come modella e che rimase la sua compagna per tutta la vita. Nel 1866 nacque il loro figlio Auguste-Eugène Beuret. Durante la guerra franco-prussiana l'artista fu esonerato dal servizio militare a causa della sua grave miopia. Lavorò per il famoso scultore Albert-Ernest Carrier-Belleuse, accompagnandolo anche a Bruxelles. Con lo scultore belga Antoine-Joseph Van Rasbourgh, Rodin cooperò alla creazione

de kunstenaar in een diepe crisis gestort en hem ertoe gebracht zich aan te sluiten bij de pas opgerichte orde van de Sacramentijnen. Maar de stichter van de orde, Pierre Julien Eymard, spoorde hem aan om zijn artistieke roeping te volgen.

In 1864 leerde Rodin de 20-jarige kleermaakster Rose Beuret kennen, die model voor hem stond en daarna gedurende de rest van zijn leven zijn vriendin zou blijven; in 1866 werd hun zoon Auguste-Eugène Beuret geboren. Tijdens de Frans-Duitse Oorlog werd hij wegens kortzichtigheid voor de militaire dienst afgekeurd. Hij werkte nu voor de bekende beeldhouwer Albert-Ernest Carrier-Belleuse, die hij naar Brussel vergezelde. Samen met de Belgische

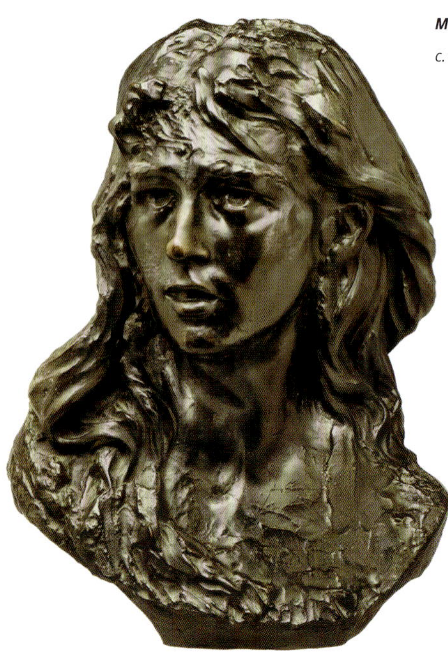

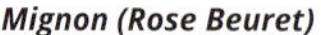
Mignon (Rose Beuret)

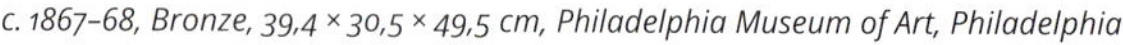
c. 1867–68, Bronze, 39,4 × 30,5 × 49,5 cm, Philadelphia Museum of Art, Philadelphia

of the Brussels Stock Exchange, the Academy, and the Conservatory.

In the mid-1870s, Rodin embarked on a two-year study trip to Italy, where he visited Turin, Florence, and Rome, among other cities. Back in Brussels, the artist then devoted himself to his sculpture *The Age of Bronze,* which he completed in 1876. This sculpture finally marked Rodin's breakthrough to a wider public.

In the following years, he was busy with a variety of other projects: for example, the interior design of the Trocadéro Palace for the Paris World's Fair of 1878; the Sèvres porcelain factory, where he was responsible for making ceramic models of vases; and

alors à Bruxelles avant de collaborer avec le sculpteur belge Antoine-Joseph Van Rasbourgh. Il contribuera ainsi à la décoration de la Bourse, de l'Académie et du Conservatoire de Bruxelles.

Au milieu des années 1870, Rodin effectue un voyage de deux ans en Italie, où il visite entre autres Turin, Florence et Rome. De retour à Bruxelles, l'artiste se consacre à sculpter *L'Âge d'airain* qu'il achève en 1876. Malgré le scandale, Rodin acquiert enfin la célébrité artistique.

Dans les années suivantes, les projets et travaux se multiplient : décor des fontaines du palais du Trocadéro pour l'Exposition universelle de 1878, modèles de vases pour la manufacture

für den bekannten Bildhauer Albert-Ernest Carrier-Belleuse, den er auch nach Brüssel begleitete. Mit dem belgischen Bildhauer Antoine-Joseph Van Rasbourgh wirkte er an der bauplastischen Ausgestaltung der Brüsseler Börse, der Akademie und des Konservatoriums mit.

Mitte der 1870er-Jahre begab sich Rodin auf eine zweijährige Studienreise nach Italien, wo er unter anderem Turin, Florenz und Rom besuchte. Zurück in Brüssel widmete sich der Künstler der Plastik *Das eherne Zeitalter,* die er 1876 fertigstellte. Rodin wurde damit endgültig einer breiteren künstlerischen Öffentlichkeit bekannt.

In den folgenden Jahren war er mit einer Vielzahl weiterer Projekte

Jean-Baptiste Rodin

1860, Bronze, 41,5 × 28 × 24 cm, Musée Rodin, Paris

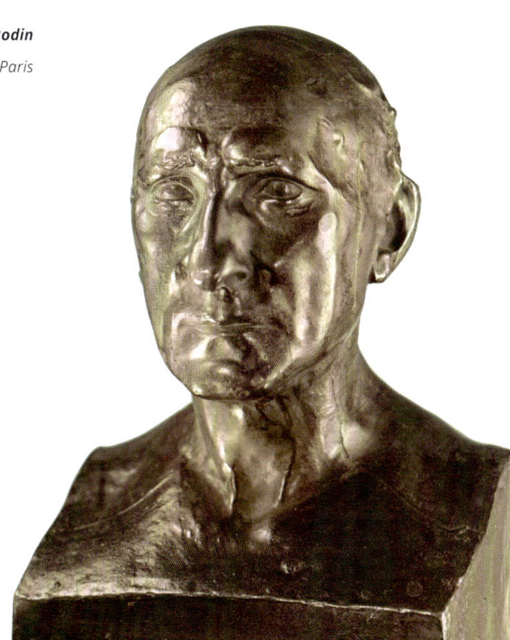

Rasbourgh en la configuración de las esculturas arquitectónicas de la Bolsa de Bruselas, la Academia y el Conservatorio.

A mediados de la década de 1870, Rodin se embarcó en un viaje de estudio de dos años a Italia, donde visitó, entre otras ciudades, Turín, Florencia y Roma. De vuelta en Bruselas se dedicó a la escultura *La edad de bronce,* que completó en 1876. Gracias a esto, Rodin llegó a ser conocido por el gran público.

En los años siguientes estuvo ocupado con una variedad de proyectos: por ejemplo, con el diseño interior del Palacio de Trocadero durante la Exposición Mundial de 1878; en la fábrica de porcelana de Sèvres, en la que era responsable de los modelos de

architettonica della Borsa di Bruxelles, dell'Accademia e del Conservatorio.

Intorno al 1875 Rodin intraprese un viaggio di studio di due anni in Italia, dove visitò, tra le altre, Torino, Firenze e Roma. Tornato a Bruxelles l'artista si dedicò alla scultura *L'età del bronzo,* che terminò nel 1876. Rodin divenne definitivamente noto ad un pubblico artistico più ampio.

Negli anni seguenti si occupò di una varietà di progetti, per esempio l'allestimento interno del Palais du Trocadéro nell'ambito dell'Esposizione Universale del 1878; era inoltre responsabile dei modelli di vasi in ceramica nella manifattura di porcellane di Sèvres e in provincia realizzò decorazioni architettoniche anonime.

beeldhouwer Antoine-Joseph Van Rasbourgh werkte hij aan de bouwplastiek voor de Brusselse Beurs, de Academie en het Conservatorium.

Halverwege de jaren zeventig van de negentiende eeuw ondernam Rodin een twee jaar durende studiereis naar Italië, waar hij onder andere Turijn, Florence en Rome bezocht. Terug in Brussel wijdde hij zich aan de creatie van het beeld *Het bronzen tijdperk,* dat hij in 1876 voltooide. Rodin maakte daarmee definitief naam in bredere artistieke kring.

In de jaren erna werkte hij aan vele projecten, waaronder het interieurontwerp voor het Palais du Trocadéro in het kader van de Wereldtentoonstelling van 1878. Bij de

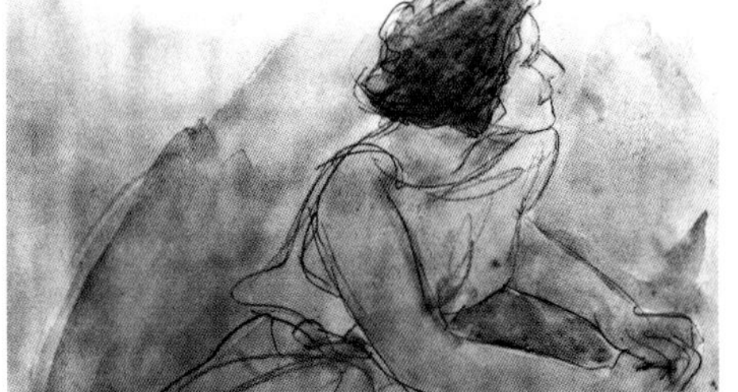

Isadora Duncan

c. 1911, Pencil and wash on paper/Crayon et lavis, Private collection

he continued his work as a plasterer, creating anonymous sculptural decorations in various homes across the countryside.

In 1880, Rodin was given what was perhaps his most important commission, a job which would keep him busy until almost the end of his life. He was asked to create a bronze portal for the planned museum of decorative arts in Paris. This work, called *The Gates of Hell,* was inspired by Dante's *Divine Comedy.* It became his life's work, as he decided to create the figures for it individually, many of which have become as famous as the portal itself, such as *The Kiss* and *The Thinker.* Another key moment in his life came when Rodin met

de Sèvres, décors sculptés réalisés – anonymement – en province.

En 1880, Rodin obtient ce qui est peut-être sa plus importante commande et qui va l'occuper presque jusqu'à la fin de sa vie : il est en effet chargé de créer une porte monumentale en bronze pour le futur musée des Arts décoratifs de Paris, sur le thème de la *Divine Comédie* de Dante. Ce travail devient l'œuvre de sa vie : le sculpteur va produire de nombreux éléments de cette *Porte de l'Enfer* devenus au moins aussi célèbres que le portail lui-même, comme *Le Baiser* ou *Le Penseur.* En 1883, il rencontre la talentueuse sculptrice Camille Claudel – de vingt-quatre ans sa cadette – avec qui il entretient une liaison qui aura un

beschäftigt: so beispielsweise mit der Innenausgestaltung des Palais du Trocadéro im Rahmen der Weltausstellung von 1878; bei der Porzellanmanufaktur in Sèvres war er für keramische Modelle von Vasen zuständig; in der Provinz führte er anonym bauplastische Dekorationen aus.

Im Jahr 1880 bekam Rodin seinen vielleicht wichtigsten Auftrag, der ihn fast bis zum Ende seines Lebens beschäftigen sollte: Für das zukünftige Musée des Arts décoratifs de Paris sollte er ein bronzenes Portal schaffen, das *Höllentor,* der Inspiration durch Dantes *Göttliche Komödie* folgend. Sein Lebenswerk wurde es auch deshalb, da er zahlreiche Teile des Portals später

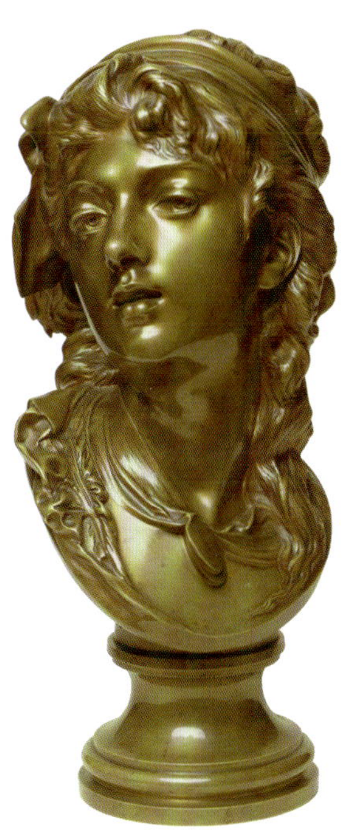

Suzon

1872, Bronze/Bronze avec patine brune, 40 cm, Private collection

Innocence Tormented by Love

L'Innocence tourmentée par l'Amour

Die von der Liebe gequälte Unschuld

La Inocencia atormentada por el amor

L'innocenza tormentata dall'amore

Onschuld gekweld door Amor

1871, Terra cotta/Terre cuite, 69 cm, Private collection

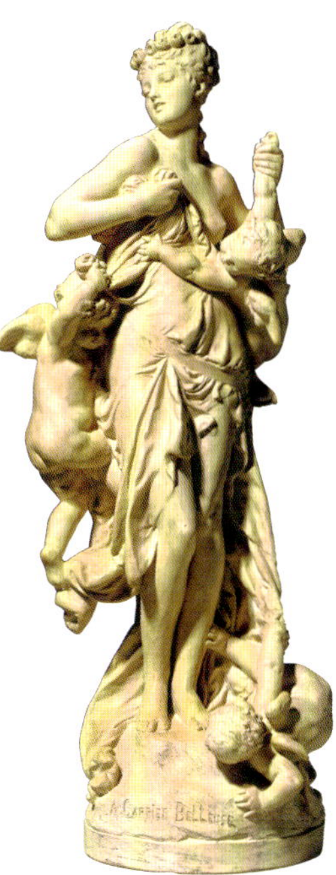

cerámica de los floreros; en la provincia, llevó a cabo decoraciones escultóricas anónimas.

En 1880 Rodin consiguió su trabajo tal vez más importante que lo mantendrá ocupado hasta casi el final de su vida: para el futuro Museo de Artes Decorativas de París, debía crear un portal de bronce, *La puerta del infierno,* encontrando la inspiración en la *Divina Comedia* de Dante. Durante su vida, realizó más tarde figuras individuales tomadas del portal, que llegaron a ser al menos tan conocidas como *La puerta del infierno* misma, como por ejemplo *El beso* o *El pensador.* Artística y personalmente importante fue la reunión con la talentosa escultora Camille Claudel en

Nel 1880 Rodin ottenne il suo incarico forse più importante, che doveva tenerlo occupato quasi fino alla fine della sua vita: per il futuro Museo delle Arti Decorative di Parigi dovette creare un portale in bronzo, la *Porta dell'inferno,* che gli fu ispirato dalla *Divina Commedia* di Dante. Questa divenne quindi l'opera di tutta una vita, poiché dovette realizzare in seguito numerose parti del portale come figure singole, che divennero famose almeno quanto la stessa *Porta dell'inferno,* come *Il Bacio* e *Il Pensatore.* Significativo sia dal punto di vista artistico che privato fu per lui anche l'incontro nel 1883 con la talentosa scultrice Camille Claudel, che divenne la sua amante ed entrò

porseleinfabriek van Sèvres ontwierp hij keramische vaasmodellen en in de provincie voerde hij anoniem opdrachten voor bouwplastiek uit.

In 1880 kreeg Rodin zijn misschien wel belangrijkste opdracht, waarmee hij zich bijna zijn hele leven lang zou blijven bezighouden: voor het toekomstige Musée des Arts décoratifs de Paris vervaardigde hij de bronzen deur *De Hellepoort,* geïnspireerd op Dante's *Divina Commedia.* Het zou ook daarom zijn levenswerk worden omdat hij talloze delen van het portaal later zou uitvoeren als losse beeldhouwwerken, die minstens zo beroemd werden als de *Hellepoort* zelf, waaronder *De kus* en *De denker.* In artistiek en persoonlijk opzicht was

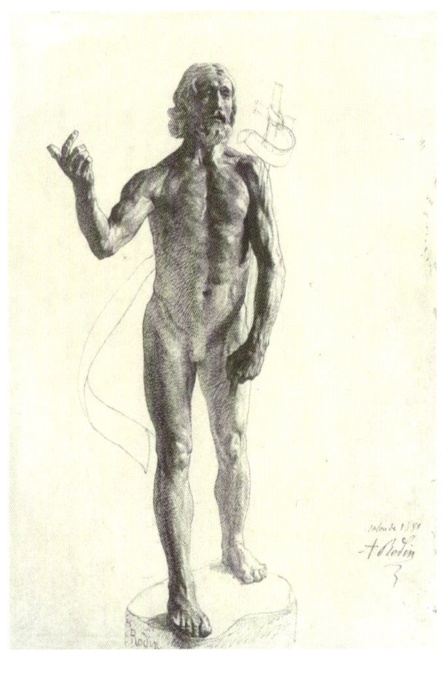

St. John the Baptist

Saint Jean-Baptiste

Johannes der Täufer

San Juan el Bautista

San Giovanni Battista

Johannes de Doper

1880, Black ink with graphite on paper/Encre noire et graphite, 32,8 × 23,9 cm, Fogg Museum, Cambridge

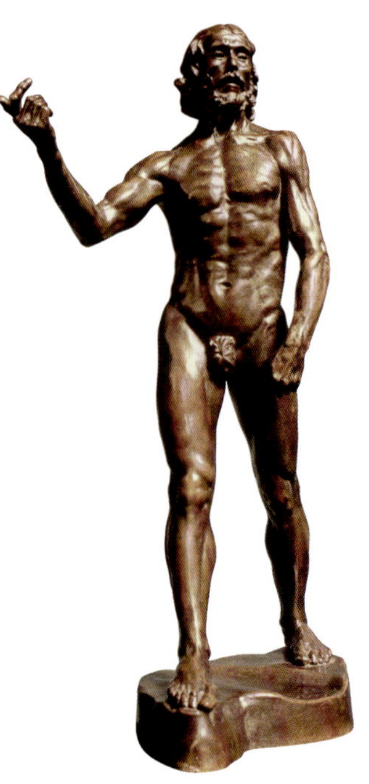

St. John the Baptist Preaching

Saint Jean-Baptiste

Johannes der Täufer, predigend

San Juan el Bautista predicando

San Giovanni Battista che predica

Predikende Johannes de Doper

1878-80, Bronze, 76,2 cm, Private collection

the talented sculptor Camille Claudel in 1883, who became his mistress and also joined his team of assistants working on the *Gates of Hell* project.

Rodin was finally able to make a living from his art. Public and private contracts (including numerous portrait busts) allowed him to concentrate entirely on his work as a sculptor. By the mid-1880s, he began a second major project: *The Burghers of Calais,* a piece so revolutionary in its concept and realization that it further strengthened Rodin's considerable international reputation. At the turn of the 20th century, Rodin increasingly focused on drawing and sculpting representations of the female body, including numerous

grand retentissement sur sa vie et sur son œuvre. Camille Claudel assistera « le Maître » dans plusieurs de ses réalisations – dont *La Porte de l'Enfer.*

Rodin est désormais célèbre et indépendant. Les multiples commandes qu'il reçoit, officielles et privées (dont de nombreux bustes), lui permettent de se consacrer pleinement à son travail de sculpteur. Vers le milieu des années 1880, il commence un deuxième grand projet de groupe sculpté : *Les Bourgeois de Calais,* œuvre révolutionnaire dans sa conception comme dans son exécution, qui impose définitivement sa stature internationale. Au tournant du xxe siècle, Rodin se consacre de plus en plus à la représentation du corps féminin, avec des

als Einzelfiguren ausführen sollte, die mindestens so bekannt wurden wie das *Höllentor* selbst, wie etwa *Der Kuss* und *Der Denker.* Künstlerisch wie privat bedeutsam wurde für ihn auch die Begegnung mit der talentierten Bildhauerin Camille Claudel im Jahr 1883, die seine Geliebte wurde und auch zum Team seiner Assistenten bei der Arbeit am *Höllentor* gehörte.

Rodin wurde endlich künstlerisch unabhängig. Staatliche und private Aufträge (etwa zahlreiche Porträtbüsten) erlaubten es ihm, sich voll auf seine Arbeit als Bildhauer zu konzentrieren. Mitte der 1880er-Jahre begann er ein zweites Großprojekt: *Die Bürger von Calais* waren in Konzeption wie Durchführung revolutionär und festigten sein inzwischen

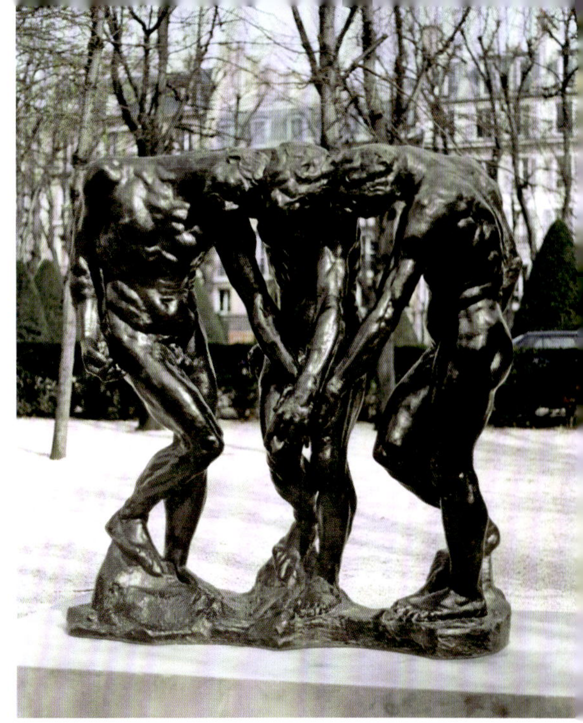

The Three Shades
Les Trois Ombres
Die drei Schatten
Las tres sombras
Le tre ombre
De drie schimmen
c. 1881–86, Bronze, 97 × 91,3 × 54 cm, Musée Rodin, Paris

1883, que se convirtió en su amante y también pertenecía al equipo de sus ayudantes en el trabajo sobre *La puerta del infierno.*

Rodin fue finalmente artísticamente independiente. Contratos públicos y privados (sobre numerosos bustos) le permitieron concentrarse plenamente en su trabajo como escultor. A mediados de 1880, comenzó un segundo proyecto de gran envergadura: *Los Burgueses de Calais* son revolucionarios en su concepto y realización, y fortalecieron su reputación internacional. A la vuelta del siglo XX, Rodin dio un fuerte giro hacia la representación del cuerpo femenino, con numerosos dibujos (también eróticos). Las esculturas de este

a far parte anche dello staff dei suoi assistenti che lavoravano alla *Porta dell'inferno.*

Alla fine Rodin divenne indipendente dal punto di vista artistico. Incarichi statali e privati (come i numerosi busti) gli permisero di concentrarsi totalmente sul suo lavoro di scultore. Intorno al 1885 egli iniziò il suo secondo grande progetto: *I Borghesi di Calais* è un'opera rivoluzionaria per concezione e realizzazione e consolidò la sua reputazione diventata nel frattempo internazionale. Al volgere del XX secolo Rodin si interessò fortemente alla raffigurazione del corpo femminile, non da ultimo con numerosi disegni (anche erotici). Le sculture di questo

Rodins ontmoeting met de getalenteerde beeldhouwster Camille Claudel in 1883 van groot belang; zij werd niet alleen zijn geliefde, maar zou ook deel uitmaken van zijn team van assistenten tijdens het werk aan *De Hellepoort.*

Als kunstenaar was Rodin eindelijk financieel onafhankelijk. Dankzij openbare en private opdrachten (waaronder veel portretbustes) kon hij zich geheel op zijn werk als beeldhouwer richten. Halverwege de jaren tachtig van de negentiende eeuw begon hij aan een tweede reuzenproject: *De burgers van Calais* was in opzet en uitvoering revolutionair en vestigde zijn inmiddels internationale reputatie definitief. Rond 1900 richtte Rodin zich steeds meer op

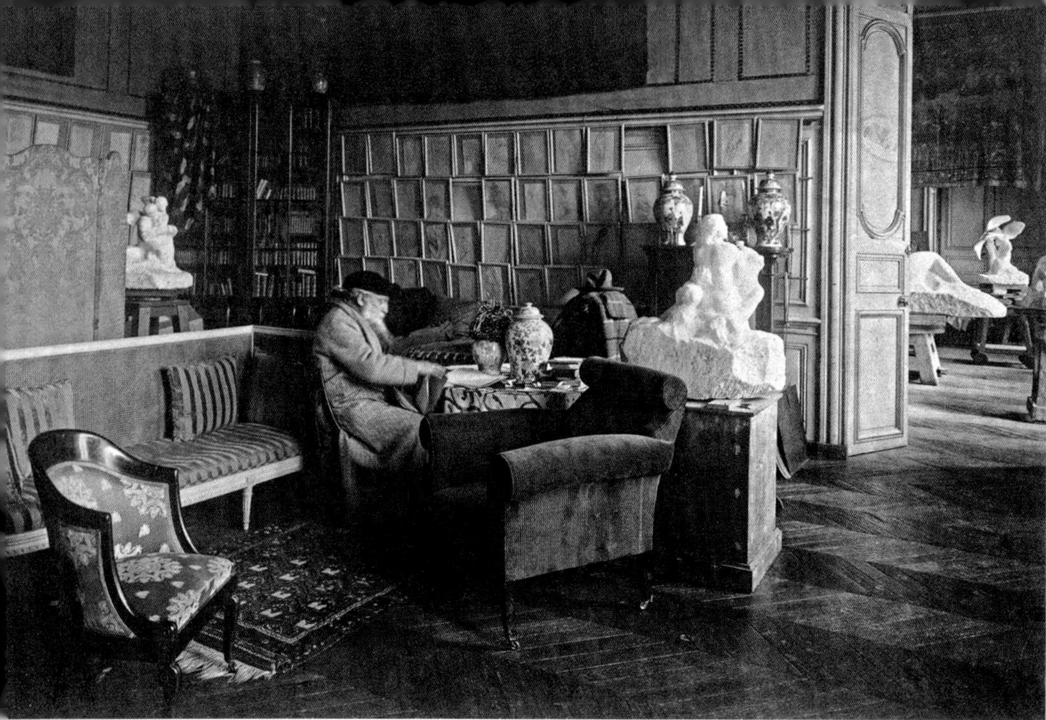

Rodin with documents

Rodin consultant ses papiers

Rodin zieht seine Unterlagen zu Rate

Rodin con los documentos

Rodin con i documenti

Rodin met documenten

1912, Musée Rodin, Paris

erotic drawings. The sculptures from this period primarily sought to capture dance movements.

In 1897, Rodin moved to the suburb of Meudon, but he spent the last decade of his life in a large city villa in Paris' seventh arrondissement, the building which now houses the city's Rodin Museum. Poet Rainer Maria Rilke worked for Rodin as his private secretary for a period starting in 1905. Shortly before her death, Rodin finally married his life-long companion Rose Beuret. He then died himself in Paris on 17 November 1917.

sculptures mais aussi de très nombreux dessins (le plus souvent érotiques). Les sculptures de cette période représentent avant tout des mouvements de danse.

À partir de 1893, Rodin réside à la villa des Brillants à Meudon, dans la banlieue ouest de Paris, mais il va passer la dernière décennie de sa vie à travailler dans son atelier de l'hôtel Biron, situé dans le VIIe arrondissement de Paris (devenu aujourd'hui le musée Rodin). À partir de 1905, le poète allemand Rainer Maria Rilke lui sert de secrétaire particulier. L'artiste épouse enfin sa compagne de toujours Rose Beuret en janvier 1917. Elle mourra en février et le sculpteur en novembre de cette même année.

internationales Ansehen. Um die Wende zum 20. Jahrhundert wendete sich Rodin verstärkt der Darstellung des weiblichen Körpers zu, nicht zuletzt in zahlreichen (auch erotischen) Zeichnungen. Die Skulpturen aus dieser Zeit fingen vor allem tänzerische Bewegungen ein.

Ab 1897 wohnte Rodin im Vorort Meudon, doch sein letztes Lebensjahrzehnt verbrachte er in einer großzügigen Stadtvilla im 7. Pariser Arrondissement, heute Rodin-Museum. Der Dichter Rainer Maria Rilke fungierte ab 1905 einige Zeit als sein Privatsekretär. Kurz vor ihrem Tod heiratete Rodin seine lebenslange Gefährtin Rose Beuret, bevor auch er am 17. November 1917 in Paris starb.

Dornac (1858–1941)

Rodin, Villa des Brillants, Meudon

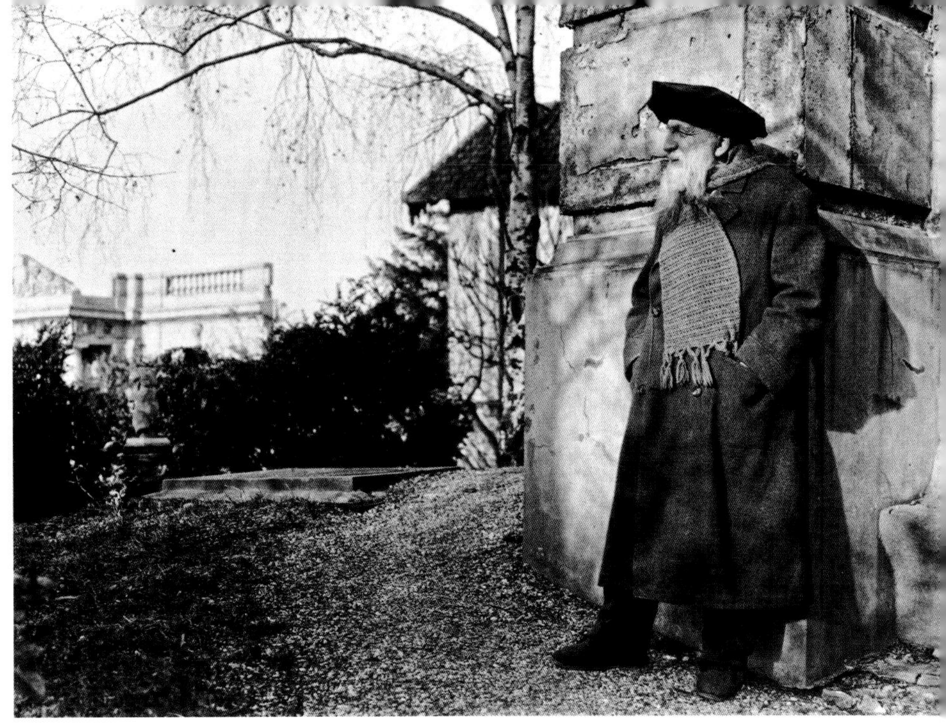

período comenzaron principalmente por movimientos de danza.

En 1897 Rodin vivió en el barrio de Meudon, pero pasó la última década de su vida en una gran villa en el VII Distrito de París, ahora el Museo Rodin. El poeta Rainer Maria Rilke trabajó a partir de 1905 por algún tiempo como su secretario privado. Poco antes de la muerte de ella, Rodin se casó con su compañera de toda la vida Rose Beuret, muriendo él también poco tiempo después en París el 17 de noviembre 1917.

periodo catturano soprattutto movimenti di danza.

Dal 1897 Rodin visse nel sobborgo di Meudon, ma trascorse il suo ultimo decennio di vita in una grande villa di città nel VII arrondissement di Parigi, oggi il Museo Rodin. Nel 1905 il poeta Rainer Maria Rilke gli fece da segretario privato per qualche tempo. Rodin sposò la sua compagna di una vita Rose Beuret appena prima che morisse, prima di morire anch'egli a Parigi il 17 novembre 1917.

het vrouwelijk lichaam, vooral in vele (ook erotische) tekeningen. In zijn sculpturen van deze tijd trachtte hij vooral dansbewegingen vast te leggen.

Vanaf 1897 woonde Rodin in de voorstad Meudon, maar de laatste tien jaar van zijn leven bracht hij door in zijn stadsvilla in het 7e arrondissement van Parijs, nu het Musée Rodin. De dichter Rainer Maria Rilke werkte vanaf 1905 enige tijd als privésecretaris voor Rodin. Kort voor de dood van zijn levensgezellin Rose Beuret trouwde Rodin met haar, waarna hij op 17 november 1917 ook zelf overleed, in Parijs.

The Age of Bronze
Created immediately after Rodin's return from Italy, this life-size sculpture was considered his first major breakthrough. Rodin was still living and working at that time in Brussels, which is where he also first showed this piece. It caused a sensation in the Belgian capital and then the following year at the Paris Salon. Admired by some for its strong expressiveness, it was also criticized by many because they believed that Rodin could only have created this work by slavishly depicting the live model, an idea almost considered dishonorable for an artist of the time. It was only when some well-known colleagues vouched for him and a photo of the model Auguste Ney surfaced showing a man with a different appearance that Rodin's achievement was accepted.

Das eherne Zeitalter
Entstanden unmittelbar nach Rodins Rückkehr aus Italien, gilt diese lebensgroße Skulptur als erster Durchbruch. Rodin lebte und arbeitete zu jener Zeit noch in Brüssel und dort stellte er das Werk auch erstmals aus. Dort, wie auch im folgenden Jahr im Pariser Salon, machte die Skulptur Furore. Bewundert für ihre starke Expressivität von den einen, wurde sie zugleich heftig kritisiert, weil viele glaubten, Rodin hätte diese Leistung nur vollbringen können, indem er das lebende Modell 1 : 1 kopierte, ein Verfahren, das zu jener Zeit geradezu als unehrenhaft für einen Künstler angesehen wurde. Erst als einige namhafte Kollegen für ihn bürgten (und er noch ein Foto des doch recht anders aussehenden Modells Auguste Ney präsentierte), war Rodin rehabilitiert. Und nicht nur das: Vom Vorwurf der Täuschung freigesprochen, wurde Rodin durch den staatlichen

L'età del bronzo
Realizzata subito dopo il ritorno di Rodin dall'Italia, questa scultura a grandezza naturale è considerata il suo primo successo. A quel tempo Rodin viveva e lavorava ancora a Bruxelles, dove espose l'opera per la prima volta. Qui la scultura fece furore, come anche l'anno seguente al Salone di Parigi. Ammirata da alcuni per la sua forte espressività, allo stesso tempo fu aspramente criticata, perché molti credevano che Rodin fu in grado di completare l'opera in quanto aveva copiato il modello esistente in scala 1 : 1, un metodo che all'epoca era considerato addirittura disonorevole per un artista. Solo quando alcuni illustri colleghi garantirono per lui (ed egli presentò una fotografia del modello di Auguste Ney, che sembrava totalmente diverso), Rodin fu riabilitato. E non solo questo: assolto

L'Âge d'airain
Réalisée par Rodin immédiatement après son retour d'Italie, cette statue grandeur nature est son premier coup d'éclat. À cette époque, Rodin vit et travaille encore à Bruxelles, et c'est là qu'il expose l'œuvre pour la première fois. À Bruxelles, comme l'année suivante au Salon de Paris, la statue crée l'événement. Admirée par les uns pour sa puissante expressivité, elle est violemment critiquée par d'autres : beaucoup accusent l'artiste d'avoir travaillé sur un moulage fait d'après un modèle vivant – procédé considéré comme indigne pour un sculpteur. Seules la caution de quelques collègues réputés et la présentation par Rodin d'une photographie du modèle belge de 22 ans, Auguste Ney, disculpent définitivement l'artiste.

La edad de bronce
Como resultado inmediato después del regreso de Rodin de Italia, esta escultura de tamaño natural está considerada como el primer gran avance. Rodin vivía y trabajaba en ese momento todavía en Bruselas, donde también presentó el trabajo por primera vez. Allí, como en el año siguiente en el Salón de París, la escultura causó sensación. Fue admirada por su fuerte expresividad, pero también fue criticado porque muchos creían que Rodin sólo había podido lograr esa hazaña a través de la copia del modelo vivo 1 : 1, un proceso que en aquel momento era considerado casi deshonroso para un artista. Sólo cuando algunos colegas suyos respondieron por él (y presentaron una foto del modelo de aspecto bastante diferente Auguste Ney), Rodin fue rehabilitado. Y no sólo eso: absuelto de las acusaciones de engaño, pudo Rodin, no solo pagar el vaciado de bronce,

Het bronzen tijdperk
Deze levensgrote figuur ontstond kort na Rodins terugkeer uit Italië en wordt als zijn grote doorbraak beschouwd. Rodin woonde en werkte in deze tijd nog in Brussel, waar hij dit werk voor het eerst exposeerde. Daar, en in het volgende jaar op de Parijse Salon, zorgde het beeldhouwwerk voor veel ophef: het werd door sommigen bewonderd vanwege zijn expressieve kracht, door anderen hevig bekritiseerd omdat men meende dat Rodin deze prestatie alleen had kunnen leveren als hij het model één op één zou hebben gekopieerd, een werkwijze die destijds als oneervol werd gezien. Pas toen enkele gerenommeerde collega's het voor hem opnamen (en Rodin een foto van het heel anders ogende model, Auguste Ney, presenteerde), werd Rodin gerehabiliteerd. Sterker nog, nu hij niet langer van oplichterij werd beschuldigd,

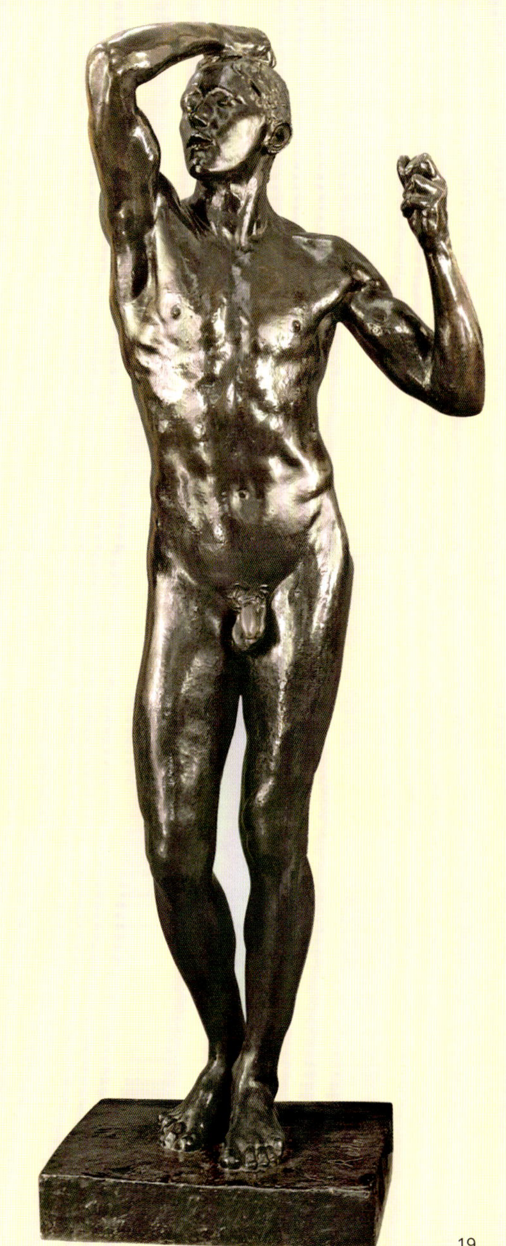

The Age of Bronze

L'Âge d'airain

Das eherne Zeitalter

La edad de bronce

L'età del bronzo

Het bronzen tijdperk

c. 1876, Bronze, 182,9 cm, Victoria & Albert Museum, London

And not only that: having been acquitted from charges of deceit, the government only purchased Rodin's bronze casting of the sculpture for 2200 francs, laying the foundation for his whole future career.

This reflects an important aspect of Rodin's work, including his later pieces: the openness and ambiguity of his work which resulted in many names given to this ground-breaking work. Rodin first showed the piece as *The Vanquished* and *The Wounded Soldier,* while it gained its most common name *(The Age of Bronze)* later on as well as other names such *Primeval Man* and *Man Who Wakes Up Surrounded by Nature.* Rodin intentionally gave room for these multiple interpretations and left it to the subjective impression of the viewers to create the meaning that worked best for them.

Lavé de tout soupçon, Rodin se voit offrir 2200 francs-or par l'État pour l'achat et la fonte de son œuvre : sa carrière est désormais lancée.

Un trait important des futurs travaux de Rodin se révèle déjà ici : la sincérité de l'œuvre, jointe à l'ambiguïté qui s'y attache inévitablement. Cela se traduit par les nombreux titres que reçoit la sculpture au fil des ans. D'abord présentée par Rodin lui-même comme *Le Vaincu* ou *Le Soldat blessé,* la statue est ensuite connue sous son nom devenu courant, *L'Âge d'airain,* mais aussi *L'Homme des premiers âges* ou *L'Homme qui s'éveille.* Rodin semble ici laisser ouvertes les significations de son chef-d'œuvre et s'en remettre à l'impression subjective du spectateur pour lui donner l'interprétation qui lui convient le mieux.

Ankauf der Skulptur für die Summe von 2200 Francs nicht nur der Bronzeabguss bezahlt, sondern der Grundstein für seine ganze weitere Karriere gelegt.

Ein wichtiger Zug auch späterer Arbeiten Rodins zeigte sich bereits hier: die Offenheit und damit verbundene Vieldeutigkeit des Werks, was sich in diesem Fall schon durch die vielen Benennungen zeigt, die *Das eherne Zeitalter* mit den Jahren erfuhr. So wurde es von Rodin zuerst als *Der Besiegte* und *Der verwundete Soldat* gezeigt, erhält aber später neben seinem heute meist gebräuchlichen Titel auch die Bezeichnungen *Der Mensch der ersten Zeiten* und *Der Mensch, der in der Natur erwacht.* Ganz bewusst schien Rodin hier mehrere Deutungen seines Kunstwerks offenzulassen und stellte es dem subjektiven Eindruck des Betrachters anheim, die für ihn jeweils passende Sinngebung zu schaffen.

sino sentar las bases de toda su carrera posterior gracias a la compra de la escultura por parte del gobierno por la suma de 2200 francos.

Se mostraba ya aquí una importante tendencia para el trabajo posterior de Rodin: la apertura y la ambigüedad relacionada de la obra, lo que se refleja en este caso por las muchas denominaciones que se le dio a *La edad de bronce* con los años. Se mostró por primera vez en *Los vencidos* y *El soldado herido,* pero más tarde también conocidos como *Los hombres de la primera época* y *El hombre que despierta en la naturaleza.* Deliberadamente Rodin parece que deja abiertas varias interpretaciones de su obra de arte y la deja a la impresión subjetiva de la víctima espectador para que proporcione los respectivos significados.

dall'accusa di plagio, Rodin fu pagato per la scultura tramite un acquisto statale con la somma di 2200 franchi per il calco in bronzo, e pose anche la prima pietra per la sua intera carriera.

Qui è già chiara una tendenza importante anche nelle opere successive di Rodin: la franchezza e quindi molteplicità di significati collegati dell'opera, che in questo caso già si notano nelle molte denominazioni che ebbe negli anni *L'età del bronzo.* Questa fu chiamata da Rodin prima *Il Vinto* e *Il Soldato ferito,* mentre in seguito, oltre al suo titolo oggi più usato, ebbe anche le denominazioni di *L'Uomo della prima epoca* e *L'Uomo che sorge dalla natura.* Consapevolmente Rodin sembra qui lasciare aperte diverse interpretazioni della sua opera d'arte e rimette la decisione all'impressione soggettiva dell'osservatore, creando per lui un'interpretazione adeguata.

ontving Rodin met de aankoop van het beeld door de staat niet alleen de som van 2200 francs voor het bronzen afgietsel maar legde ook het fundament voor zijn verdere carrière.

Een belangrijk kenmerk dat ook Rodins latere beelden zou typeren, is hier al te zien: het open en daarmee meerduidige karakter ervan, dat in dit geval blijkt uit de vele benamingen die in de loop der jaren aan *Het bronzen tijdperk* werden gegeven. Rodin zelf toonde het aanvankelijk als *De overwonnene* en *De gewonde soldaat,* maar later gebruikte hij naast de nu gebruikelijke titel ook de aanduidingen *De mens der vroegste tijden* en *De mens die in de natuur ontwaakt.* Bewust schijnt Rodin zijn kunstwerk hier aan meerdere duidingen te hebben blootgesteld en de beschouwer de kans te hebben geboden op basis van zijn subjectieve indruk een eigen zingeving aan het beeldhouwwerk te geven.

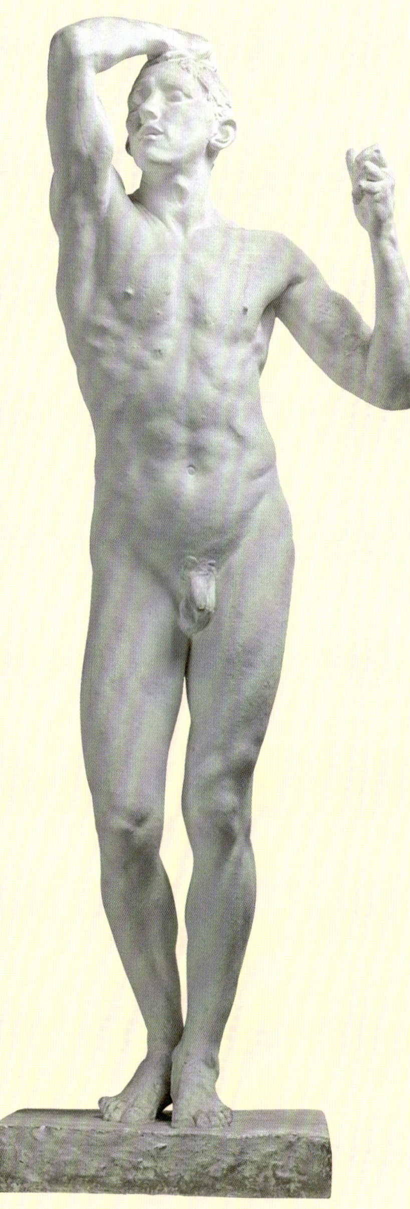

The Age of Bronze

L'Âge d'airain

Das eherne Zeitalter

La edad de bronce

L'età del bronzo

Het bronzen tijdperk

c. 1870–79, Plaster/Plâtre, 173 cm, State Hermitage Museum, St. Petersburg

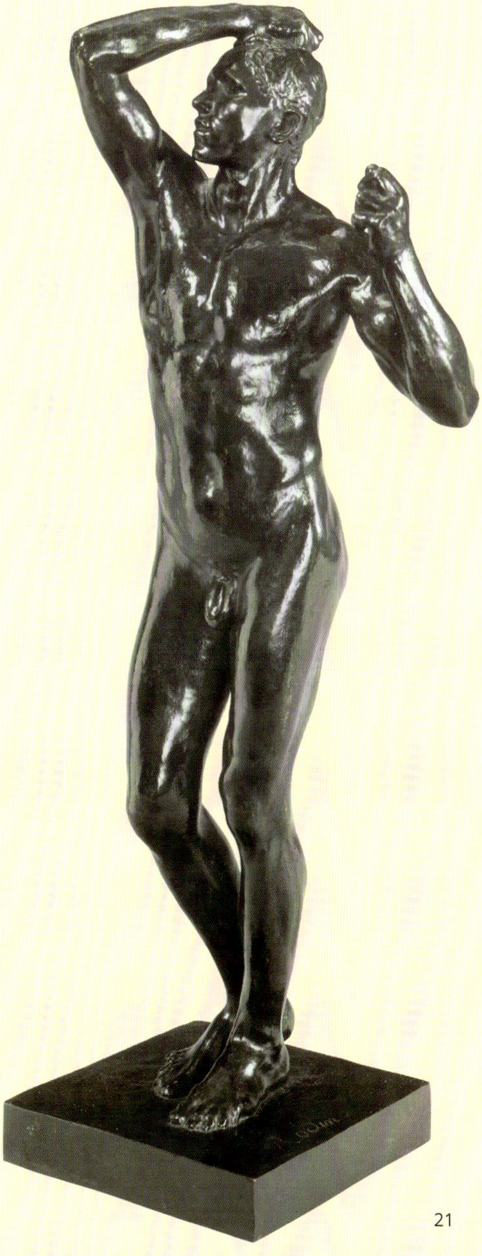

The Age of Bronze

L'Âge d'airain

Das eherne Zeitalter

La edad de bronce

L'età del bronzo

Het bronzen tijdperk

1876, Bronze, 64,5 cm, Private collection

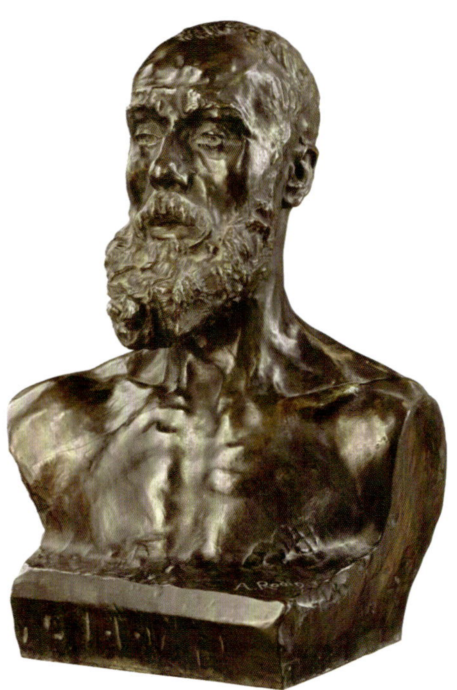

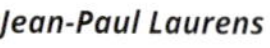

Jean-Paul Laurens

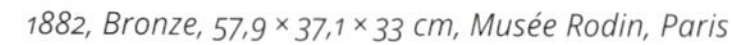

1882, Bronze, 57,9 × 37,1 × 33 cm, Musée Rodin, Paris

Artistic Significance

It is difficult to overstate the importance of Auguste Rodin for the history of modern sculpture. He took advantage of so many different inspirations such as the masters of the Italian Renaissance (especially Donatello and Michelangelo), the French Gothic, literature from Dante to the French Symbolists, all with the goal of overcoming the strict rules of the art academy of his time and moving towards a more authentic reflection of feelings and character.

He used this expressiveness and new forms of representation, especially in his portrait studies. The unfinished, fragmentary nature of many of his

Importance artistique

L'importance artistique de Rodin dans l'histoire de la sculpture moderne ne saurait être trop soulignée. Recourant à des inspirations aussi diverses que les maîtres italiens de la Renaissance (en particulier Donatello et Michel-Ange), le gothique français, la littérature de Dante et le symbolisme français, il a toujours réussi à dépasser l'académisme idéalisant et figé de son époque, pour parvenir à un rendu plus libre et plus authentique des sentiments et des personnages.

Pour ce faire, il comptait avant tout sur l'expressivité de ses études de portrait, ainsi que sur l'emploi de nouvelles formes de représentation. L'ébauché

Künstlerische Bedeutung

Die Bedeutung Auguste Rodins für die Geschichte der modernen Bildhauerei ist kaum zu überschätzen. So unterschiedliche Inspirationen nutzend wie die italienischen Renaissancemeister (besonders Donatello und Michelangelo), die französische Gotik, die Literatur von Dante bis zu den französischen Symbolisten, ging es ihm immer darum, den strengen, idealisierenden Akademismus seiner Zeit zu überwinden und zu einer authentischeren, freieren Wiedergabe von Gefühlen und Charakteren zu gelangen.

Dabei setzte er auf die Expressivität vor allem seiner Porträtstudien

Caryatid with a Stone

Cariatide à la pierre

Karyatide mit einem Stein

Cariátide con piedra

Cariatide con una pietra

Kariatide met steen

1881, Marble/Marbre, Private collection

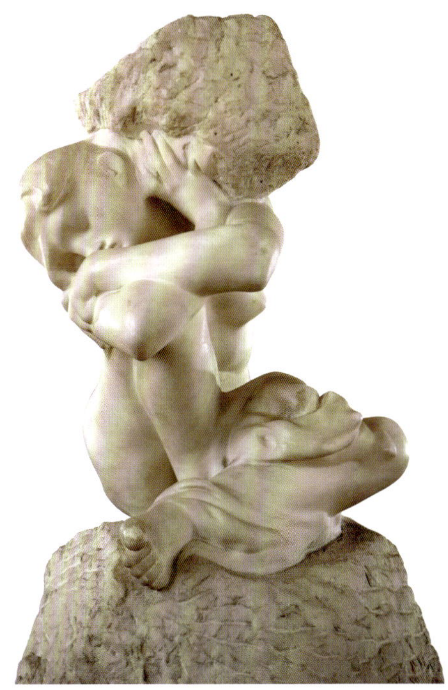

Significado artístico

La importancia de Auguste Rodin para la historia de la escultura moderna es difícil de sobreestimar. Tuvo distintas inspiraciones que se nutrían de los maestros del Renacimiento italiano (especialmente Donatello y Miguel Ángel), de la literatura gótica francesa de Dante a los simbolistas franceses, su intención era superar los ideales académicos rigurosos de su tiempo para llegar a una representación más libre y auténtica que consiga la reproducción de los sentimientos y personajes.

Se estableció en la expresividad, en especial con sus estudios de retratos, así como en el uso de las nuevas formas de

Importanza artistica

L'importanza di Auguste Rodin nella storia della scultura moderna è quasi sottovalutata. Che utilizzasse differenti ispirazioni come i maestri del Rinascimento italiano (in particolare Donatello e Michelangelo). il gotico francese, la letteratura di Dante e i simbolisti francesi, per lui si trattava sempre di superare l'accademismo severo e idealizzato del suo tempo e ottenere una riproduzione più autentica e libera dei sentimenti e dei caratteri.

Quindi puntò soprattutto sull'espressività dei suoi studi di ritratti, come anche sull'utilizzo di nuove forme di rappresentazione. L'incompletezza e la

Artistieke betekenis

Het belang van Rodins werk voor de geschiedenis van de moderne beeldhouwkunst kan nauwelijks worden overschat. Rodin maakte gebruik van zeer verschillende inspiratiebronnen, van de Italiaanse renaissancemeesters (met name Donatello en Michelangelo) tot de Franse gotiek en van de poëzie van Dante tot de Franse symbolisten. Daarbij ging het hem er steevast om het strikte en idealiserende academisme van zijn tijd achter zich te laten en tot een meer authentieke, vrijere verbeelding van emoties en karakters te komen.

Rodin zocht vooral in zijn portretstudies naar expressiviteit en probeerde nieuwe

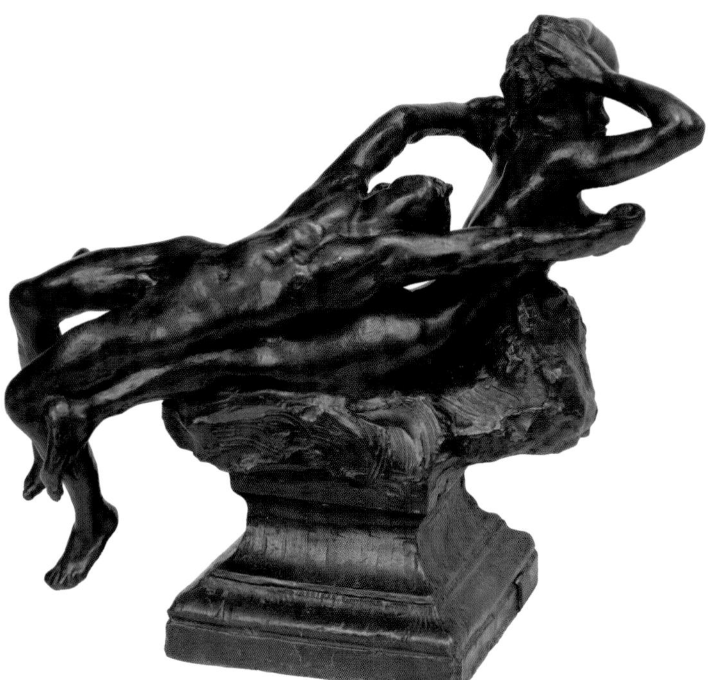

Fugit Amor

1886, Bronze, 38,8 × 46 cm, Musée d'Orsay, Paris

works does honor not only to his models from the Renaissance, but also cleverly handles many of the themes of his times at the threshold of modernity, such as the way the individual felt torn in the coming age of mass culture.

Both with this design language as well as his many ideas and aesthetic perspectives, Rodin paved the way to the art of the 20th century, a path later taken up by Romanian artist Constantin Brâncuși, for example.

et le fragmentaire de beaucoup de ses travaux non seulement renvoient à ses modèles vénérés de la Renaissance, mais abordent aussi judiciseusement plusieurs des thèmes essentiels à l'aube de la modernité – comme par exemple la question de l'individu à l'époque de la culture de masse.

Aussi bien par son langage formel que par beaucoup de ses pensées et perspectives esthétiques, Rodin se projette déjà fort en avant dans le xxe siècle, où des admirateurs du sculpteur comme le Roumain Constantin Brâncuși développeront les pistes qu'il a ouvertes.

ebenso wie auf den Einsatz neuer Darstellungsformen. Das Unfertige und Fragmentarische vieler seiner Arbeiten erweist nicht nur seinen Vorbildern aus der Renaissance Ehre, sondern verhandelt in kongenialer Weise viele der an der Schwelle zur Moderne relevanten Themen, wie etwa die Zerrissenheit des Einzelnen im Zeitalter der Massenkultur.

Sowohl mit dieser Formensprache als auch mit vielen seiner Gedanken und ästhetischen Perspektiven wies er bereits weit ins 20. Jahrhundert voraus, in dem Rodin-Bewunderer wie der gebürtige Rumäne Constantin Brâncuși die von Rodin angelegten Pfade weiter ausbauten.

Fugit Amor

c. 1885, Marble/Marbre, 51 × 72 × 38 cm, Musée Rodin, Paris

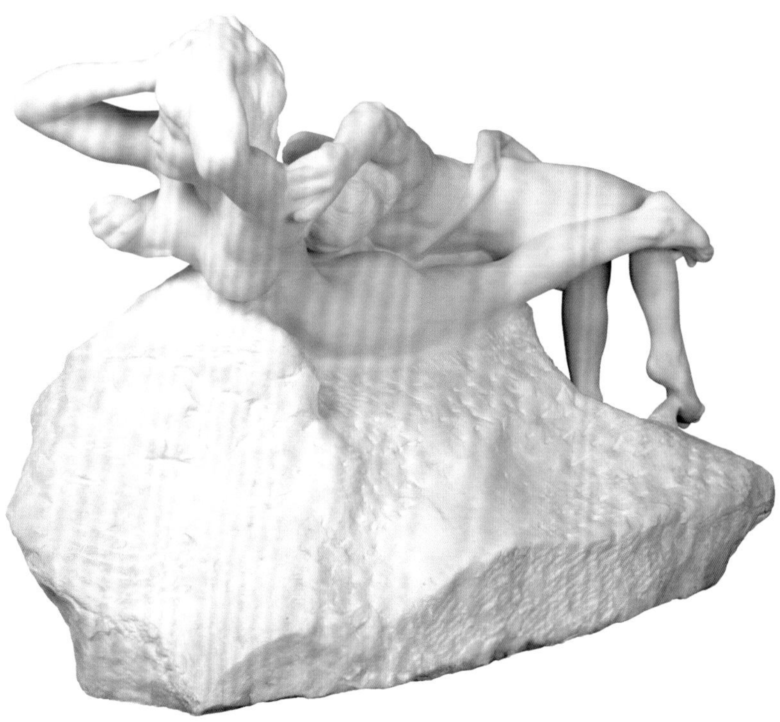

representación. La naturaleza inacabada y fragmentaria de muchas de sus obras muestra no solo el honor a sus modelos del renacimiento, sino la negociación de manera congenial con los temas del umbral de la modernidad como el conflicto de los individuos en la era de la cultura de masas.

Tanto con este lenguaje de diseño, así como con muchas de sus ideas y perspectivas estéticas que tenía ya bien entrado el siglo XX hacia adelante, señaló el camino para su posterior consolidación a los admiradores Rodin, como el nativo rumano Constantin Brâncuși.

frammentarietà di molte delle sue opere dimostra non solo i suoi modelli del prestigio rinascimentale, ma tratta anche in modo congeniale i temi rilevanti alla soglia della modernità, come il travaglio interiore dell'individuo nell'età della cultura di massa.

Sia con questo linguaggio formale, sia in molte delle sue idee e prospettive estetiche, egli anticipò il XX secolo, quando gli ammiratori di Rodin come Constantin Brâncuși, originario della Romania, svilupparono ulteriormente i percorsi da lui tracciati.

uitdrukkingsmogelijkheden uit. Het onafgemaakte en verbrokkelde van veel van zijn beelden is niet alleen een eerbetoon aan zijn voorbeelden uit de renaissance, maar drukt ook veel van de thema's van de opkomende moderniteit uit, zoals de versplintering van de individu in een tijd van massacultuur.

Met deze vormentaal en ook met talloze andere ideeën en esthetische gezichtspunten liep hij al vooruit op de 20e eeuw, waarin Rodin-bewonderaars als de in Roemenië geboren Constantin Brâncuși het door hem geëffende pad insloegen.

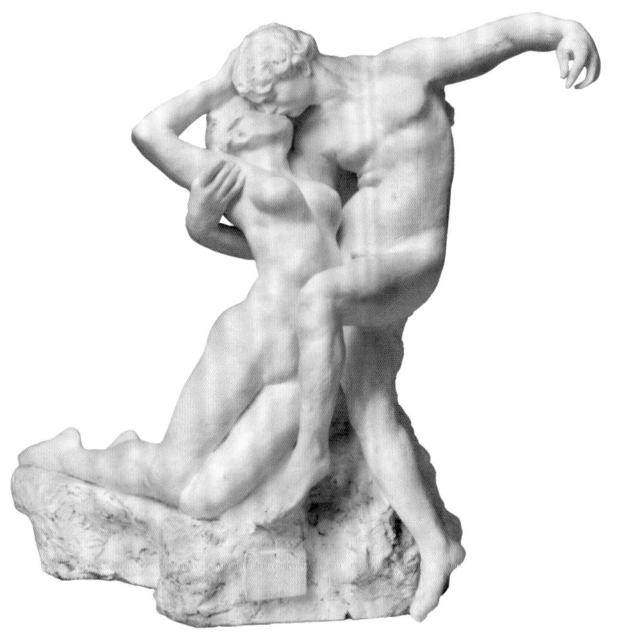

Eternal Spring

L'Éternel printemps

Der ewige Frühling

La eterna primavera

L'eterna primavera

De eeuwige lente

1884, Plaster, painted white/Plâtre, 66 × 70,2 × 42,2 cm, Philadelphia Museum of Art, Philadelphia

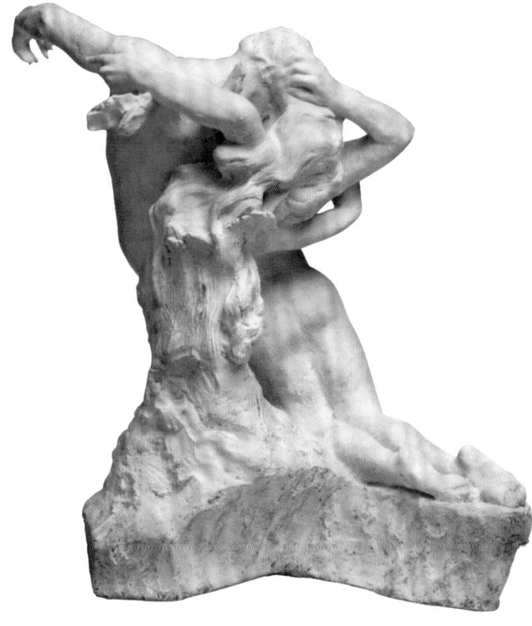

Eternal Spring

L'Éternel printemps

Der ewige Frühling

La eterna primavera

L'eterna primavera

De eeuwige lente

1898, Bronze, 64 cm, Private collection

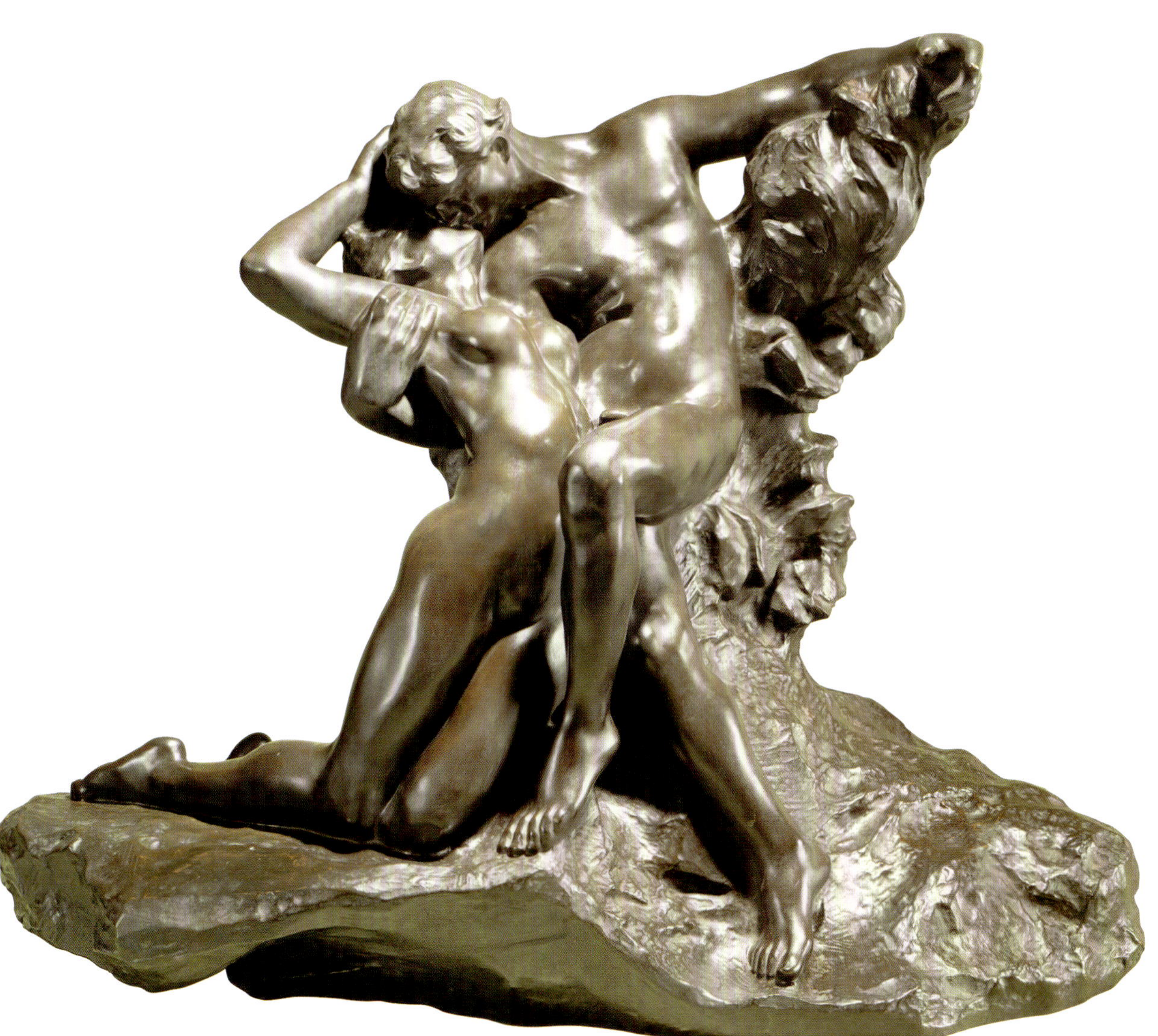

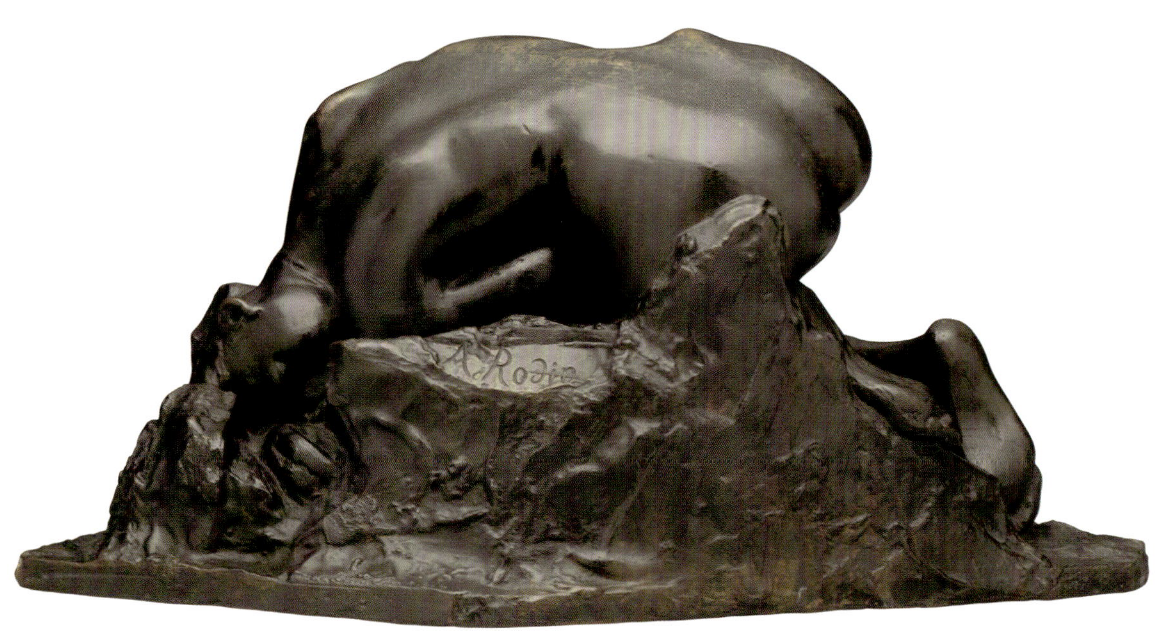

Danaid

La Danaïde

Die Danaide

La danaide

Danaide

Danaïde

c. 1885, Bronze, 24,5 × 39,4 × 27,6 cm, Dallas Museum of Art, Dallas

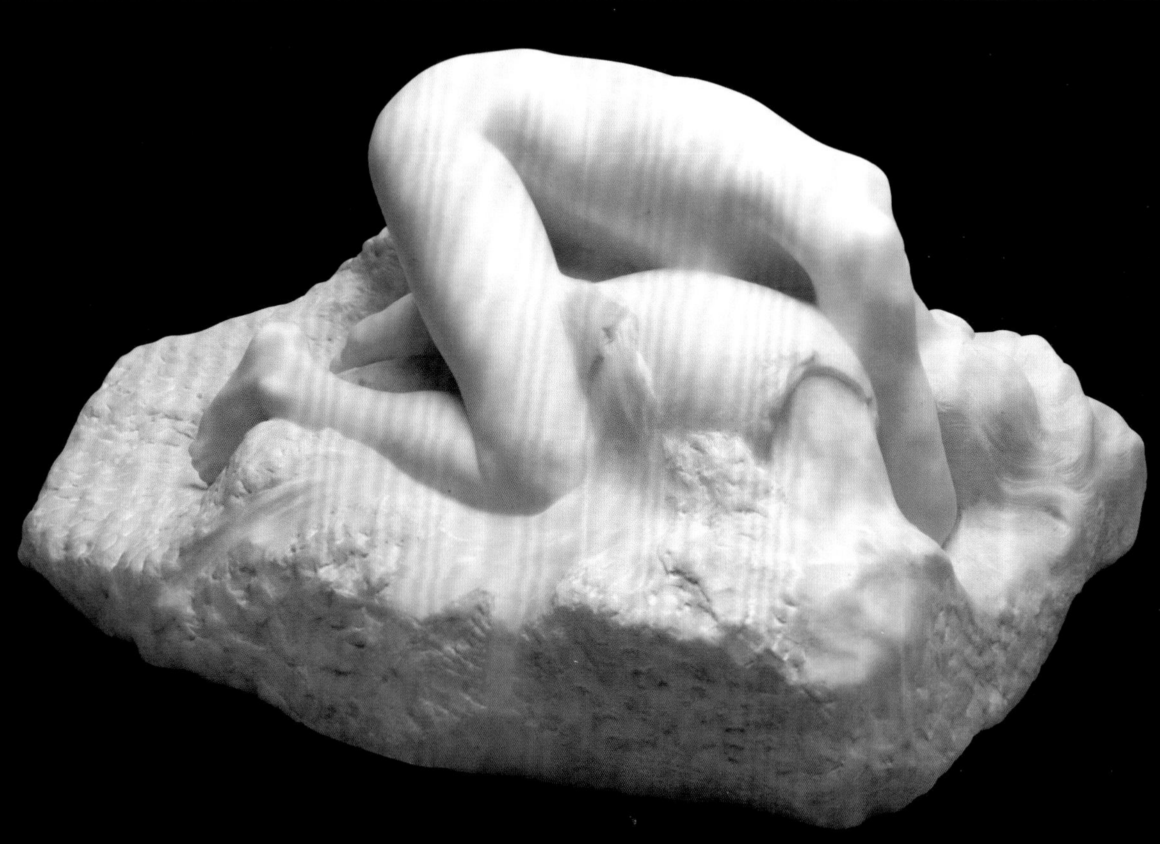

Danaid* or *The Source
La Danaïde* ou *La Source
Danaide* oder *Die Quelle
Danaide* o *La fuente
Danaide* o *La fonte
Danaïde* of *De bron
1885, Marble/Marbre, 33 × 48,3 × 63,5 cm, Philadelphia Museum of Art, Philadelphia

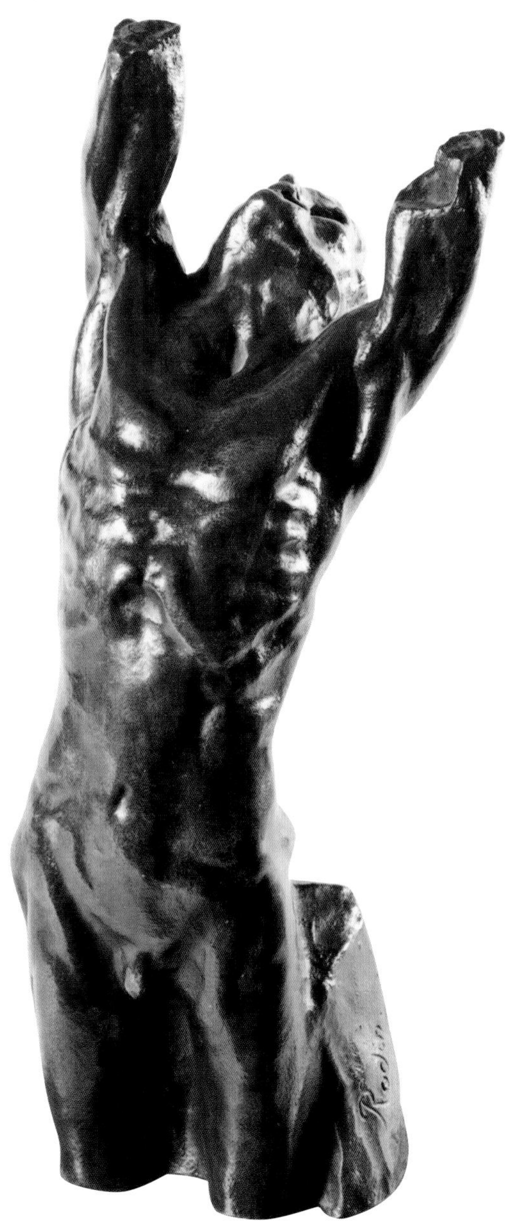

Youth in Despair **or** ***Narcissus***
L'Adolescent désespéré **ou** ***Narcisse***
Der verzweifelte Jüngling **oder** ***Narziss***
Adolescente desesperado **o** ***Narciso***
L'Adolescente disperato **o** ***Narciso***
De vertwijfelde jongeling **of** ***Narcissus***

1885–90, Bronze, 30,4 × 11,2 × 11,2 cm, Musée Sainte-Croix, Poitiers

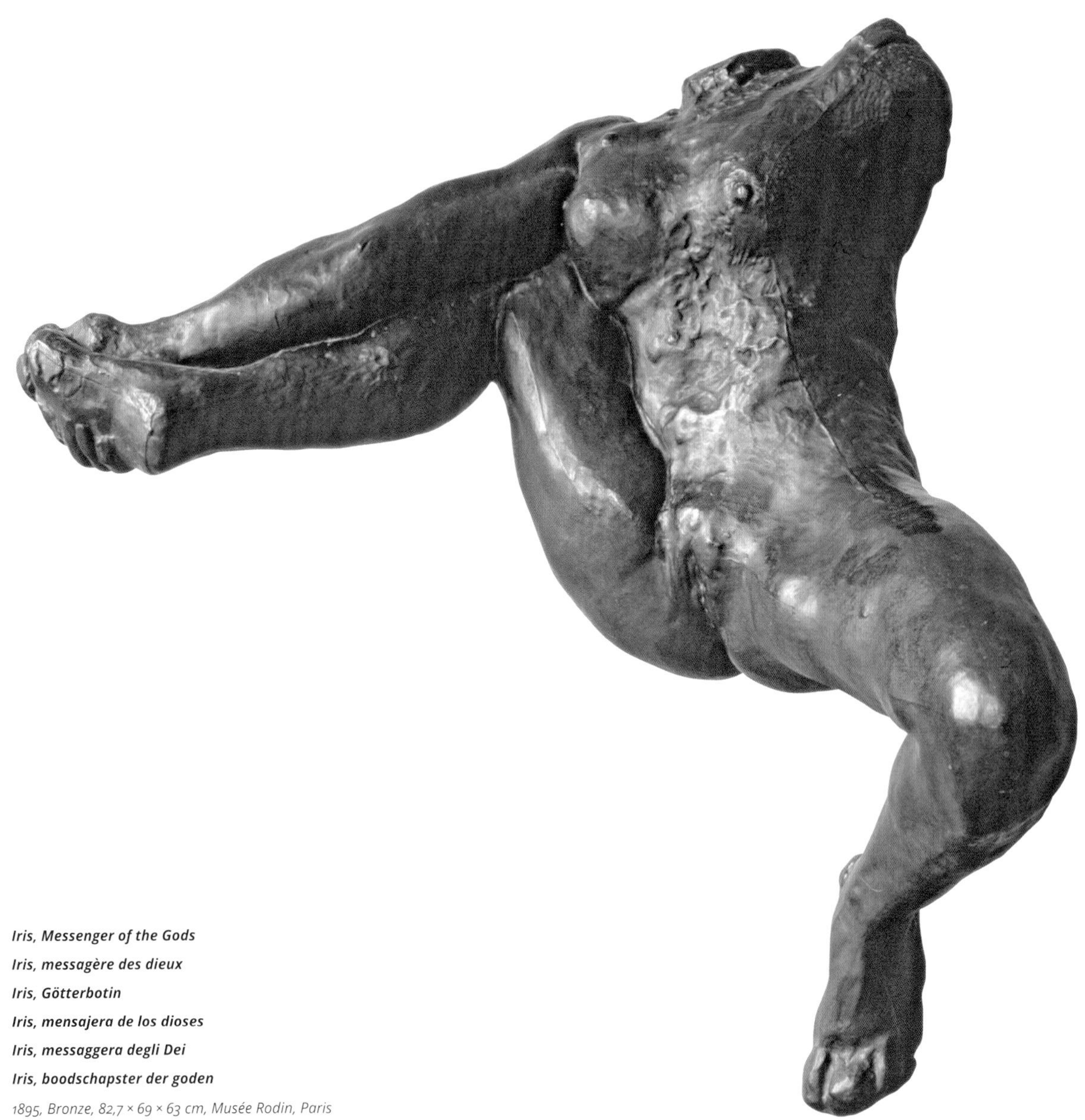

Iris, Messenger of the Gods

Iris, messagère des dieux

Iris, Götterbotin

Iris, mensajera de los dioses

Iris, messaggera degli Dei

Iris, boodschapster der goden

1895, Bronze, 82,7 × 69 × 63 cm, Musée Rodin, Paris

The Kiss

"The magic of this piece showing a girl and a man called *The Kiss* lies in its wise and fair distribution of the vitality. You're left with the feeling that there are waves entering the bodies from all angles, showers of beauty, presentiment, and power." (Rainer Maria Rilke, 1906)

Much like *The Thinker,* Rodin's equally famous sculpture *The Kiss* was first conceived as part of *The Gates of Hell,* but he decided to separate this piece from its original context, too. He first crafted a terra cotta original in 1881 (which can now be seen in the Rodin Museum in Paris), then other versions in plaster and bronze, and eventually the marble copy best known today.

Le Baiser

À l'instar du *Penseur* et aussi connu que lui, *Le Baiser* a d'abord été conçu comme un élément de *La Porte de l'Enfer,* avant d'être sorti de ce contexte. En 1881 paraît ainsi un original en terre cuite (aujourd'hui visible au musée Rodin, à Paris), suivi d'autres versions en plâtre et en bronze, jusqu'au groupe de marbre qui est à présent la version la plus connue.

À l'origine du *Baiser* se trouve l'histoire de Francesca da Rimini et de Paolo Malatesta racontée dans *La Divine Comédie* – élément négligé ou volontairement ignoré déjà par de nombreux critiques contemporains de l'œuvre, qui lui donnèrent le titre sous lequel elle est aujourd'hui connue. L'arrière-plan littéraire qui servait de « feuille de vigne » disparut ainsi rapidement, de

Der Kuss

„Der Zauber der großen Gruppe des Mädchens und des Mannes, die *Der Kuß* genannt wird, liegt in dieser weisen und gerechten Verteilung des Lebens; man hat das Gefühl, als gingen hier von allen Berührungsflächen Wellen in die Körper hinein, Schauer von Schönheit, Ahnung und Kraft." (Rainer Maria Rilke, 1906)

Ähnlich wie *Der Denker* war auch Rodins heute wohl ebenso bekannte Skulptur *Der Kuss* erst konzipiert als Teil des *Höllentors,* doch auch bei diesem Werk entschied er sich für eine Herauslösung. So entstand um 1881 zunächst ein noch aus Terrakotta gefertigtes Original (heute im Musée Rodin in Paris zu sehen), daraufhin noch andere Versionen aus Gips und Bronze, bis die bis heute bekannteste Statue aus Marmor entstand.

Eigentlich lag dem *Kuss* die Geschichte von Francesca da Rimini und ihrem Geliebten Paolo Malatesta aus Dantes

El beso

"El hechizo del grupo formado por la muchacha y el hombre que da nombre a *El beso,* radica en esta distribución racional y justa de la vida; uno tiene la sensación de puede entrar en todas las ondas de las superficies de contacto de los cuerpos, escalofrío de belleza, presentimiento y energía". (Rainer Maria Rilke, 1906)

Al igual que *El pensador,* la tan conocida hoy en día, *El beso,* fue concebida al principio por Rodin como parte de *La puerta del infierno,* pero también con este trabajo se decidió a eliminarlo. Así surgió hacia 1881 inicialmente un original de terracota hecho a mano (ahora en el Museo Rodin de París), y a continuación otras versiones de yeso y bronce hasta que surgió la hoy conocida talla hecha de mármol.

En realidad *El beso* muestra la historia, a partir de la *Divina Comedia,* de Francesca de Rimini y su amante Paolo Malatesta,

Il Bacio

"Il fascino del grande gruppo con la fanciulla e l'uomo chiamato *Il Bacio* nasce da questa sapiente, equa ripartizione di vita; da tutte le superfici in contatto sembra si levino ondate che penetrano nei corpi, brividi di bellezza, di presagio e di forza." (Rainer Maria Rilke, 1906)

Simile a *Il Pensatore* era anche *Il Bacio,* scultura di Rodin oggi molto conosciuta e inizialmente concepita come parte della *Porta dell'inferno,* ma che egli decise poi di escludere. Così intorno al 1881 nacque un originale ancora realizzato in terracotta (oggi visibile al Museo Rodin di Parigi), e in seguito altre versioni in gesso e bronzo, finché realizzò la statua di marmo ancora oggi più conosciuta.

De kus

"De betovering van de grote beeldengroep van een meisje en een man die *De kus* wordt genoemd, is gelegen in die geslaagde en juiste verdeling van leven; men heeft het gevoel dat hier vanaf elk aanrakingsvlak golven het lichaam binnendringen, sidderingen van schoonheid, belofte en kracht." (Rainer Maria Rilke, 1906)

Evenals in het geval van *De denker* was ook Rodins tegenwoordig zo beroemde *De kus* aanvankelijk bedoeld als onderdeel van *De Hellepoort,* waarna hij besloot het als afzonderlijk werk te presenteren. Zo ontstonden rond 1881 een uit terracotta vervaardigd origineel (nu in het Musée Rodin in Parijs) en daarna andere versies in gips en brons, totdat het nu beroemde beeldhouwwerk van marmer werd gehouwen.

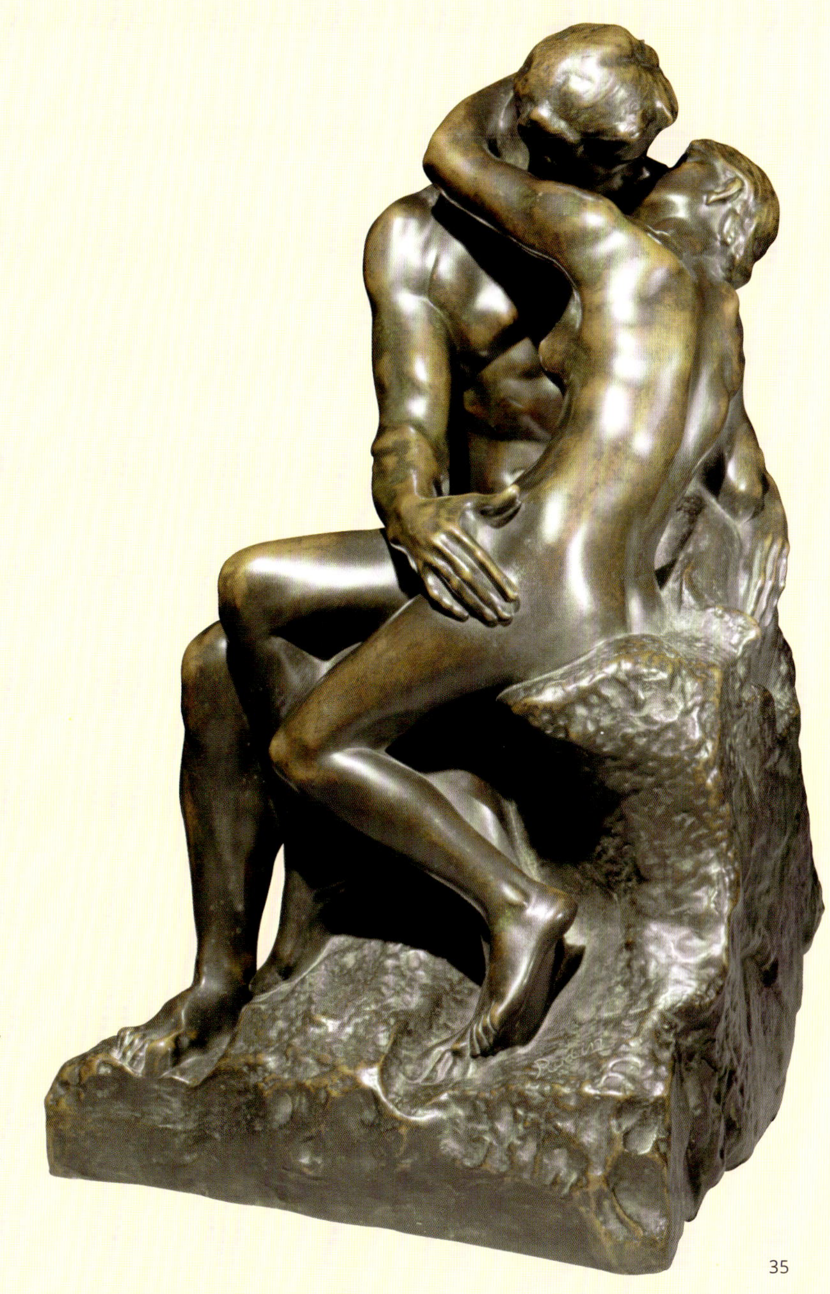

The Kiss

Le Baiser

Der Kuss

El beso

Il Bacio

De kus

1886, Bronze/Bronze avec patine brune, 41 cm, Private collection

The Kiss is actually based on the story of Francesca da Rimini and her lover Paolo Malatesta in Dante's *Divine Comedy,* but many of Rodin's contemporary critics failed to note this, lending the work the title used to this day. The literary background was eventually lost and the sculpture would repeatedly cause scandals, such as when a bronze cast was sent to the 1893 Columbian Exposition in Chicago.

Part of this response may also reflect the fact that Rodin chose to depict the female half of this couple as a self-confident and even demanding woman. The woman is no longer passively acquiescing to male desires, but is instead openly showing her own pleasure, something that would remain a social taboo well into the 20th century.

sorte que malgré la reconnaissance du public et de la critique, la sculpture garda un potentiel de scandale – par exemple en 1893, lorsqu'un moulage en bronze fut expédié à l'Exposition universelle de Chicago, dans un pays resté très puritain dans le domaine des représentations artistiques.

À cette aura de scandale contribua aussi probablement le fait que Rodin représentait la partie féminine du couple comme un acteur conscient et exigeant de la relation amoureuse. La femme ne se contente pas ici de subir passivement les assauts de son partenaire : elle exprime ouvertement son désir – manifestation jugée « indécente » et déconseillée jusque fort avant dans le XXe siècle.

Göttlicher Komödie zu Grunde, was aber schon von vielen zeitgenössischen Kritikern übersehen oder absichtsvoll ignoriert wurde, die dem Werk den heute gebräuchlichen Titel verliehen. Der literarische Hintergrund ging so als „Feigenblatt" verloren, so dass die Skulptur trotz allgemeiner Anerkennung durch Publikum und Kritik immer wieder Skandale verursachen konnte, so etwa, als ein Bronzeabguss 1893 zur Weltausstellung nach Chicago, also in die in künstlerischen Fragen recht puritanischen USA geschickt wurde. Zu dieser geteilten Aufnahme mag jedoch auch beigetragen haben, dass Rodin auch den weiblichen Part des Paares als selbstbewusst und fordernd dargestellt hat. Die Frau ist hier nicht mehr die nur passiv Duldende, sondern zeigt offen ihre eigene Lust – etwas, das ihr eigentlich bis weit ins 20. Jahrhundert hinein gesellschaftlich untersagt war.

pero como muchos críticos de la época pudieron darse cuenta o ignoraron deliberadamente, le dio a la obra el título utilizado en la actualidad. El fondo literario estaba tan perdido como las "hojas de parra", por lo que la escultura, a pesar del reconocimiento general por parte del público y de la crítica, siempre podría causar escándalos, como cuando un molde de bronce se envió a la Exposición Universal de Chicago de 1893, siendo E.E.U.U. muy puritano en cuanto a cuestiones artísticas.

Pero también puede haber contribuido a esta acogida dividida el hecho de que Rodin haya representado la parte femenina de la pareja segura de sí misma y exigente. La mujer ya no es una forma pasiva, sino que muestra abiertamente su deseo – algo que en realidad hasta bien entrado el siglo XX estaba prohibido socialmente.

In realtà il *Bacio* fu ispirato dalla storia di Francesca da Rimini e il suo amante Paolo Malatesta dalla *Divina Commedia* di Dante, che però è stata trascurata o totalmente ignorata anche da molti critici contemporanei, che all'opera assegnano il titolo oggi usato. Lo sfondo letterario di una sorta di "foglia di fico" è quindi andato perduto, tanto che la scultura, nonostante il generale riconoscimento di pubblico e critica causò continuamente scandali.

A questa accoglienza discordante può tuttavia aver contribuito il fatto che Rodin abbia raffigurato anche la parte femminile della coppia come sicura di sé ed esigente. La donna qui non è più soltanto colei che acconsente in modo passivo, ma mostra anche apertamente il suo piacere, qualcosa che in realtà fino al XX secolo le era socialmente vietato.

Eigenlijk was *De kus* geënt op het verhaal van Francesca da Rimini en haar geliefde Paolo Malatesta uit Dante's *Goddelijke Komedie,* maar dat werd zelfs door eigentijdse critici over het hoofd gezien of bewust genegeerd, waarna het werk zijn nu bekende titel kreeg. De literaire achtergrond als 'vijgenblad' voor de naakte figuren ging dus verloren, zodat het beeld ondanks de algehele erkenning door het grote publiek en de kritiek schandalen bleef uitlokken.

Deze tweeslachtige ontvangst kan mede zijn veroorzaakt door het feit dat Rodin de vrouwelijke helft van het paar zelfbewust en assertief heeft uitgebeeld. De vrouw is niet passief en lijdzaam maar toont openlijk haar eigen lust – iets wat tot ver in de 20e eeuw sociaal niet werd geaccepteerd.

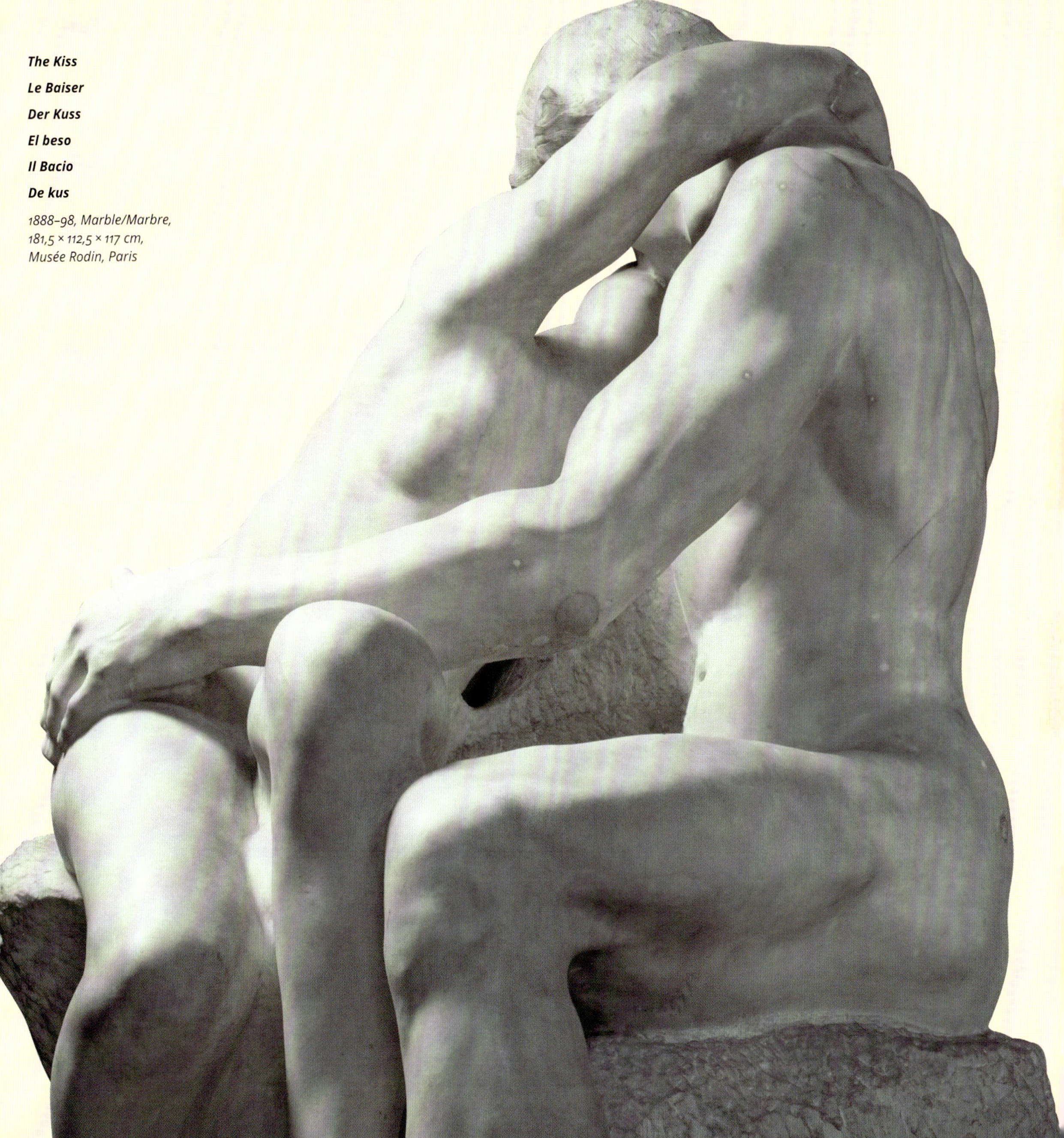

The Kiss

Le Baiser

Der Kuss

El beso

Il Bacio

De kus

1888–98, Marble/Marbre, 181,5 × 112,5 × 117 cm, Musée Rodin, Paris

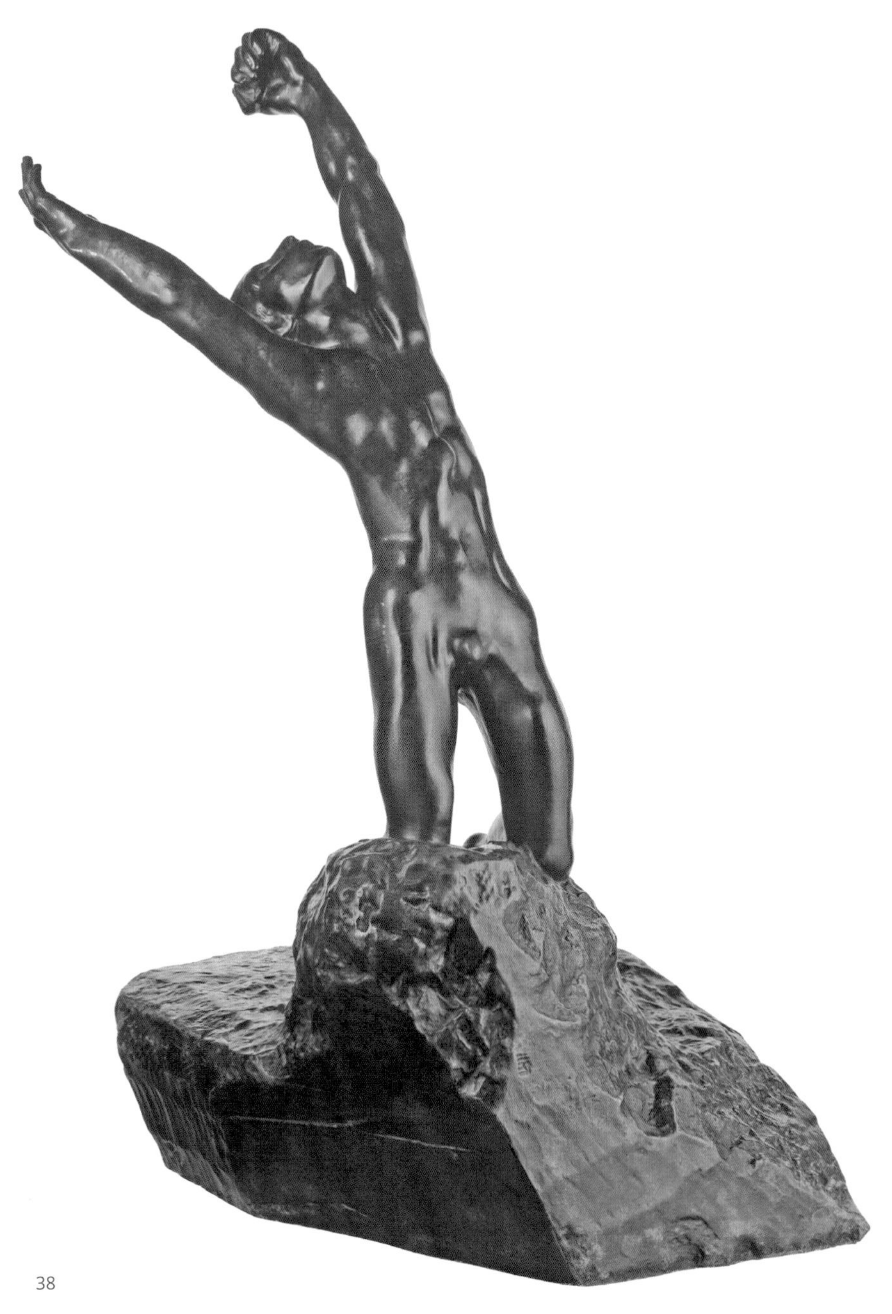

The Prodigal Son

L'Enfant prodigue

Der verlorene Sohn

El hijo pródigo

Il Figliol prodigo

De verloren zoon

1885–87, Bronze, 139,5 × 76,2 × 76,1 cm, Art Gallery of New South Wales, Sydney

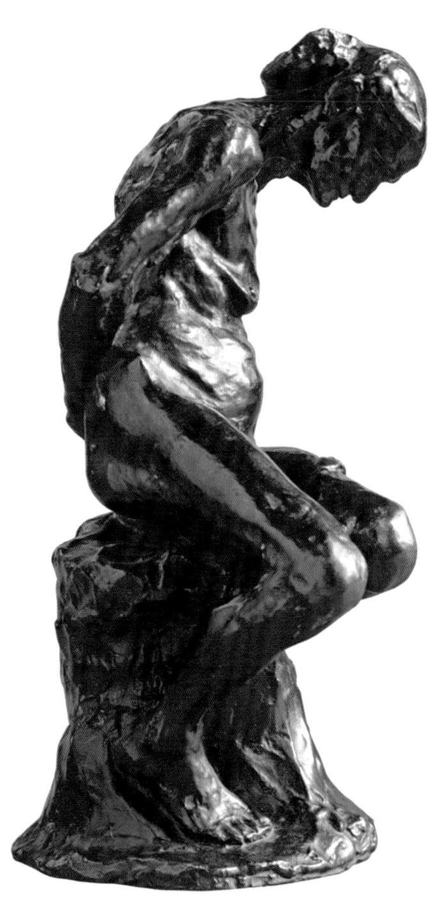

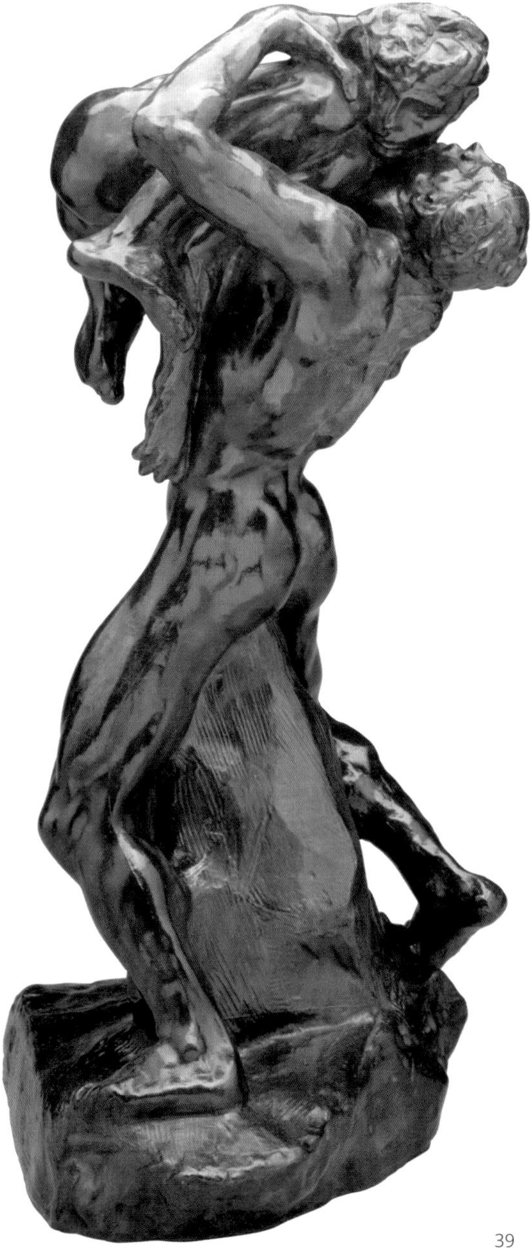

The Old Courtesan

Celle qui fut la belle Heaulmière

Sie war einst die schöne Héaulmière

La bella Héaulmière

Colei che fu la bella Héaulmière

Zij was eens de schone Héaulmière

1884–87, Bronze, 49,5 × 23,5 × 26,7 cm, Rodin Museum, Philadelphia

I Am Beautiful

Je suis belle

Ich bin schön

Soy bella

Io sono bella

Ik ben mooi

1882, Bronze, 68,5 × 35,5 × 27,9 cm, Dallas Museum of Art, Dallas

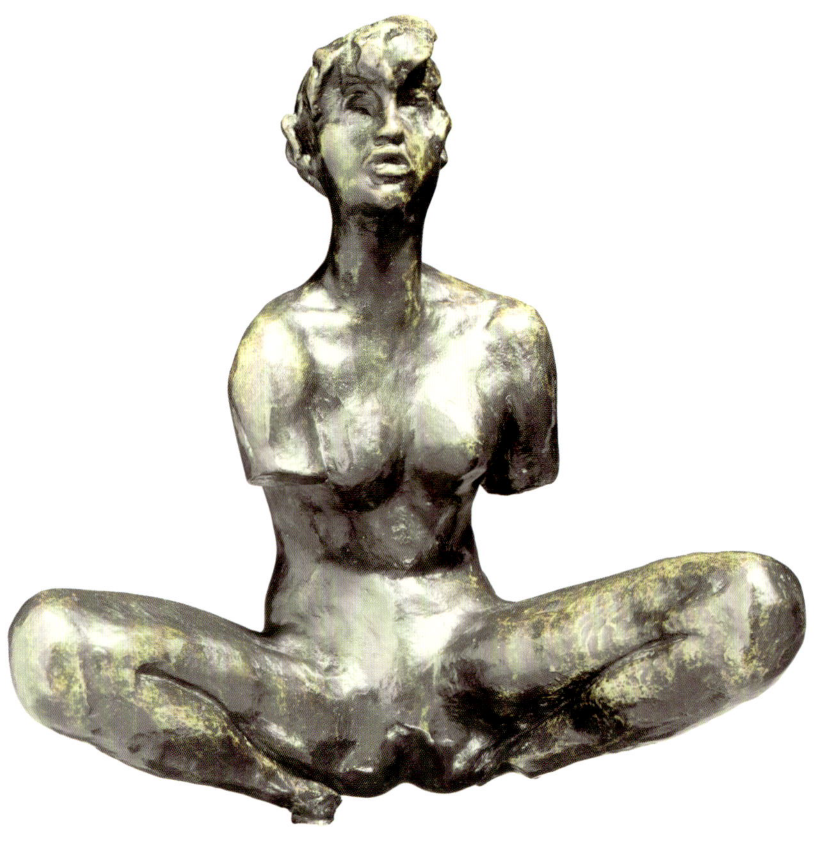

Large Bather, Crouching

Grande baigneuse accroupie

Die große Badende, kauernd

La bañista agachada

La bagnante accovacciata

Grote baadster in kleermakerszit

c. 1890–99, Bronze with green patina/ Bronze avec patine verte, 24,5 cm, Private collection

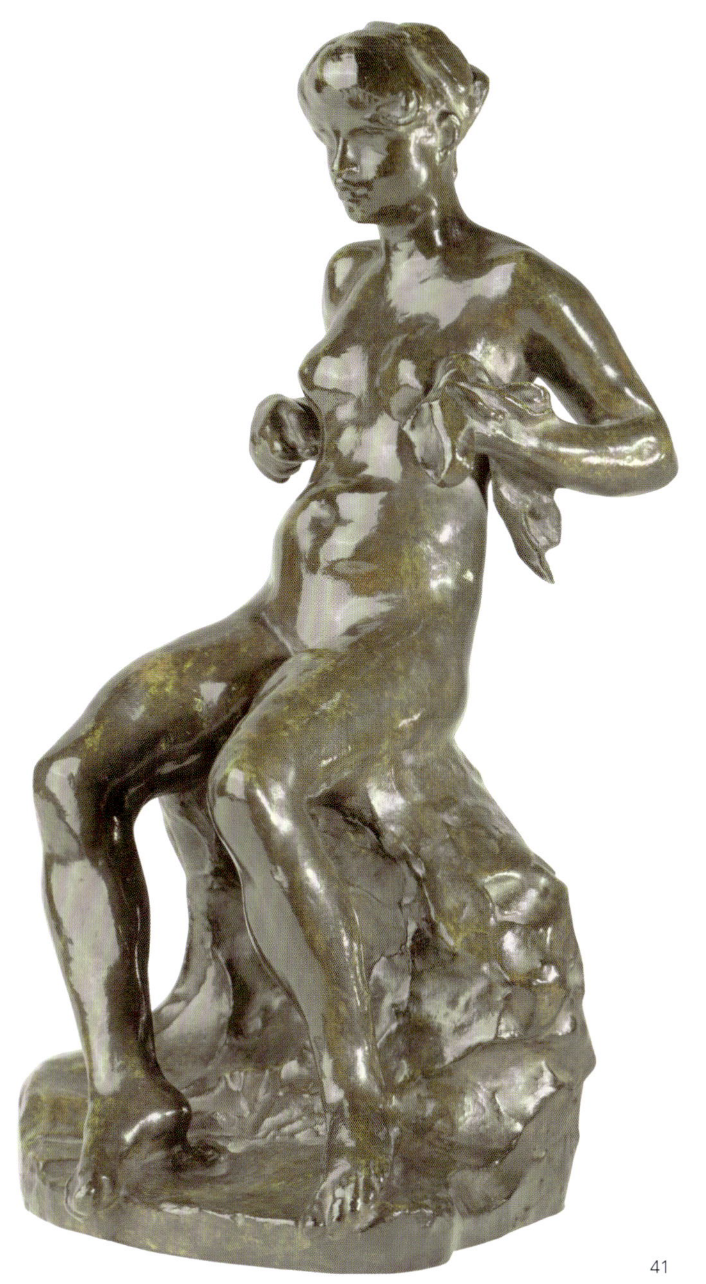

Baigneuse Zoubaloff

1885, Bronze, 36,5 cm, Private collection

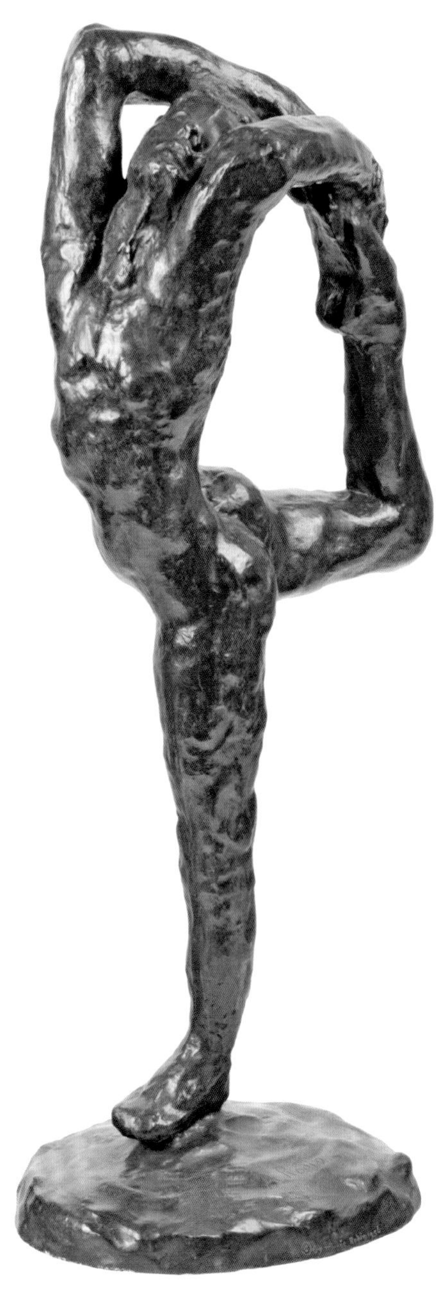

Large Dancer
Grande danseuse
Große Tänzerin
Gran bailarina
Grande ballerina
Grote danseres

c. 1911, Bronze, 69 × 21 × 33 cm, Leeds Art Gallery, Leeds

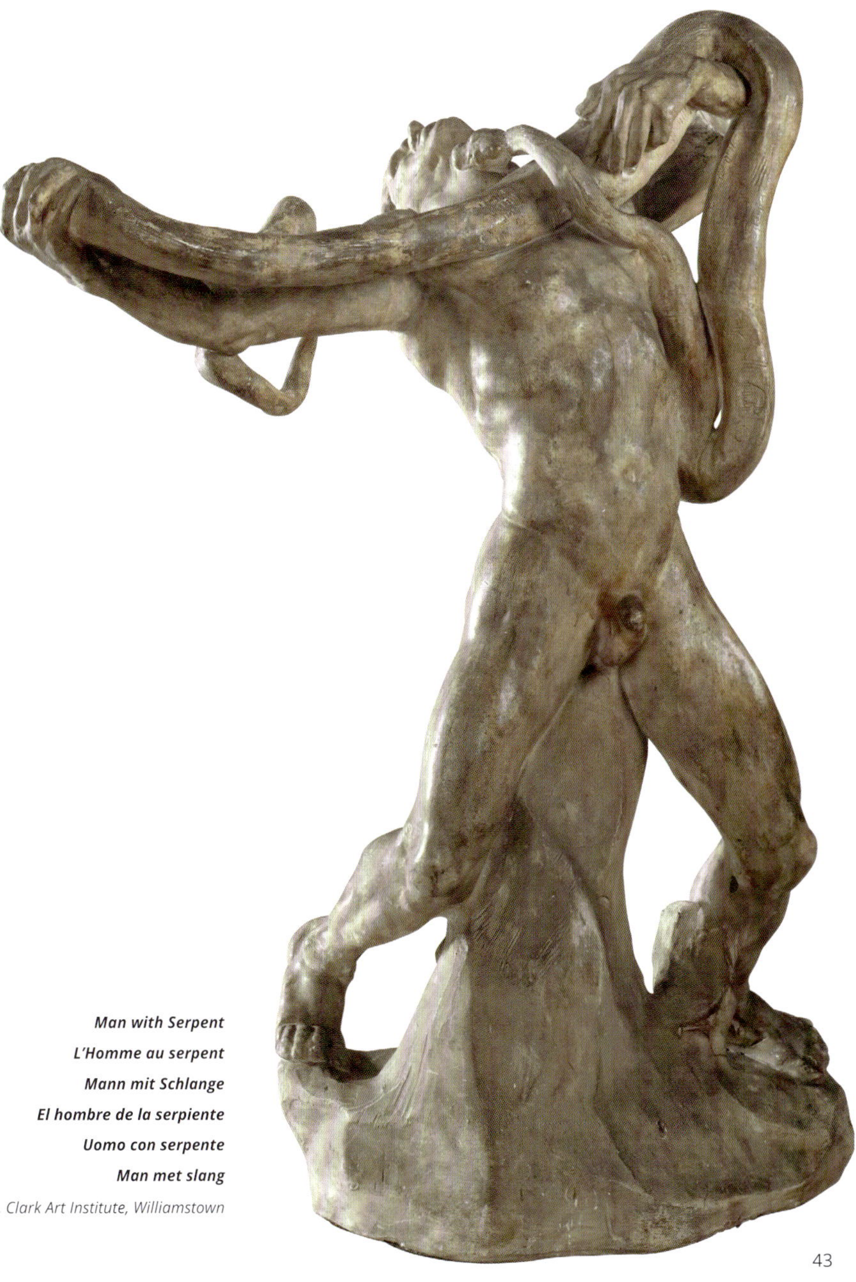

Man with Serpent

L'Homme au serpent

Mann mit Schlange

El hombre de la serpiente

Uomo con serpente

Man met slang

c. 1886, Plaster/Plâtre, 69,9 cm, Clark Art Institute, Williamstown

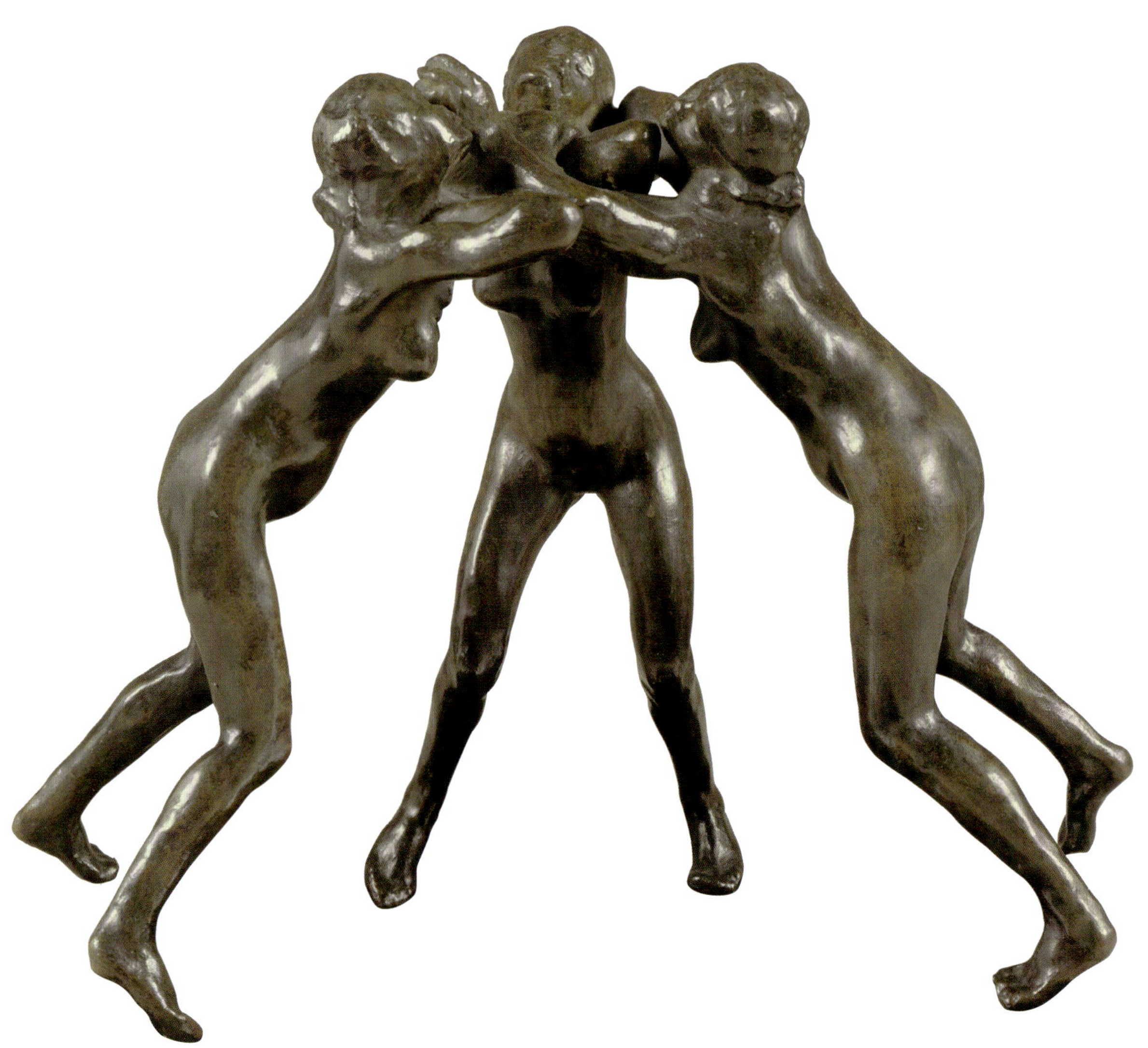

The Three Nymphs ***Die drei Fauninnen*** ***Le tre ninfe***

Trois nymphes ***Las tres ninfas*** ***De drie vrouwelijk faunen***

c. 1882, Bronze, 23,5 cm, Private collection

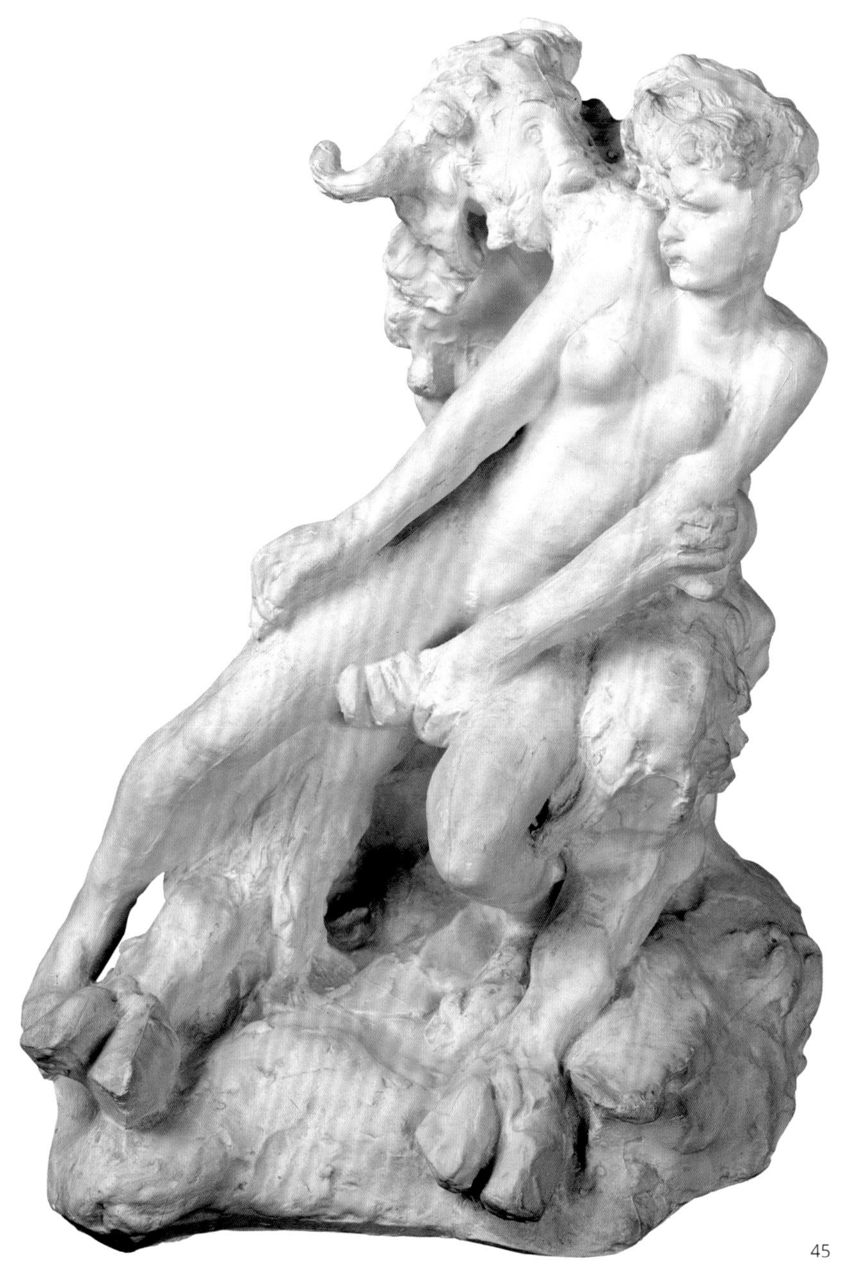

Faun and Nymph

Faune et Nymphe

Faun und Nymphe

El fauno y la ninfa

Fauno e Ninfa

Faun en nimf

c. 1886, Plaster/Plâtre, 34 × 25 cm,
Musée Marmottan Monet, Paris

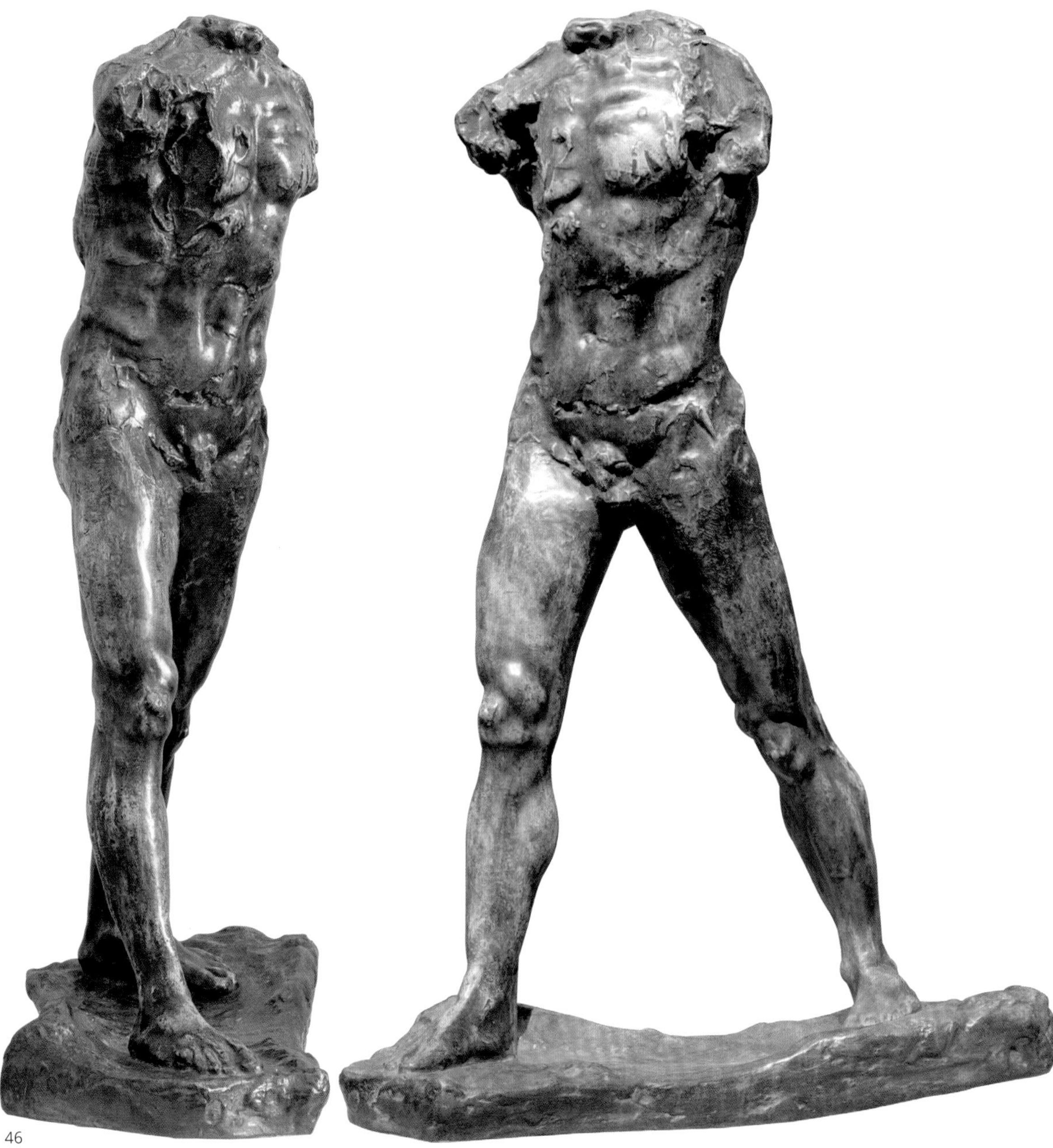

Man Walking

L'Homme qui marche

Der Schreitende

El caminante

L'Uomo che cammina

Schrijdende man

c. 1900, Bronze, 84,5 × 58,9 × 27 cm, Staatliche Kunsthalle, Karlsruhe

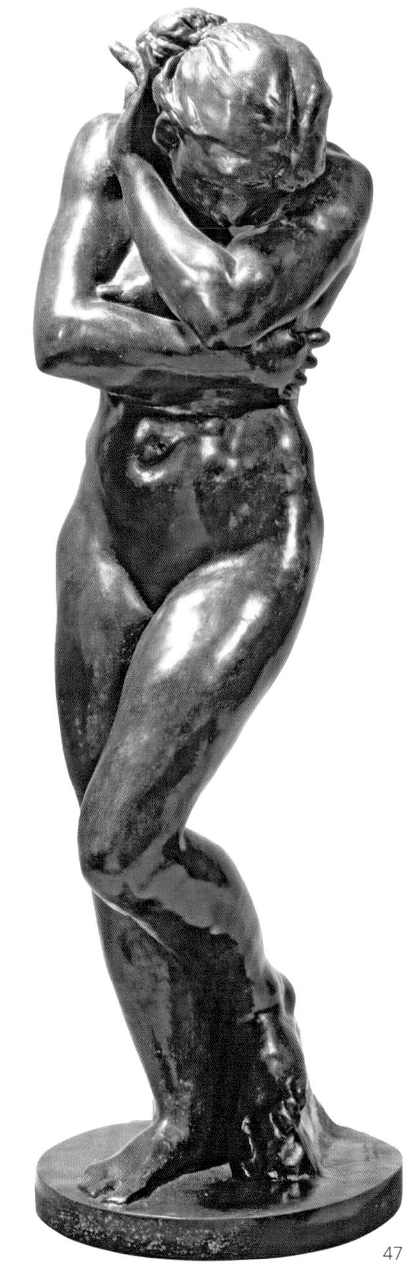

Eve

Ève

Eva

1881, Bronze, 70 cm, Private collection

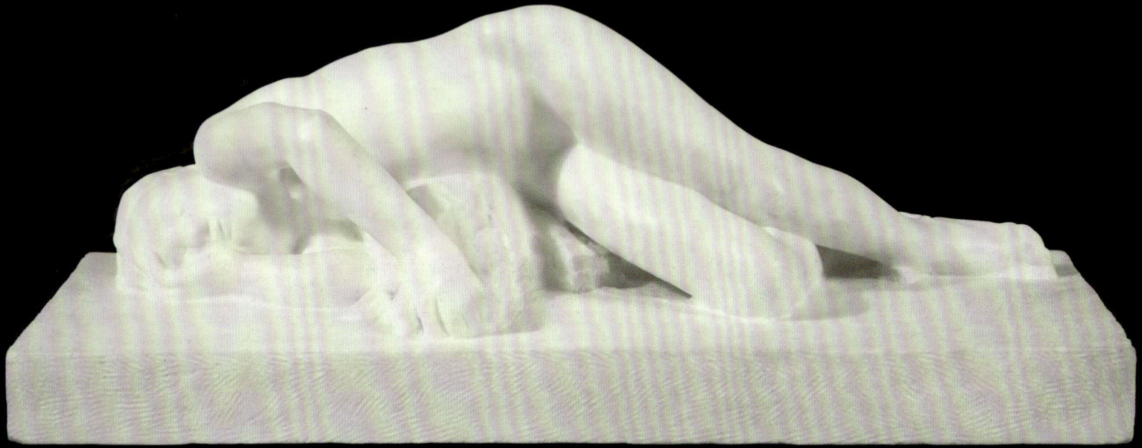

Fatigue

La Fatigue

Die Müdigkeit

La fatiga

La fatica

Vermoeidheid

c. 1887, Marble/Marbre, 49,7 × 24,8 cm,
Private collection

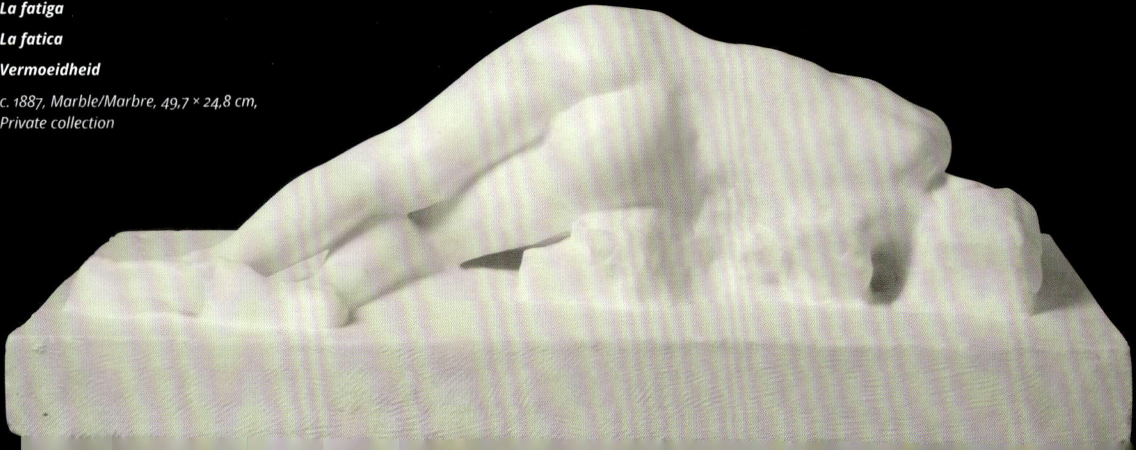

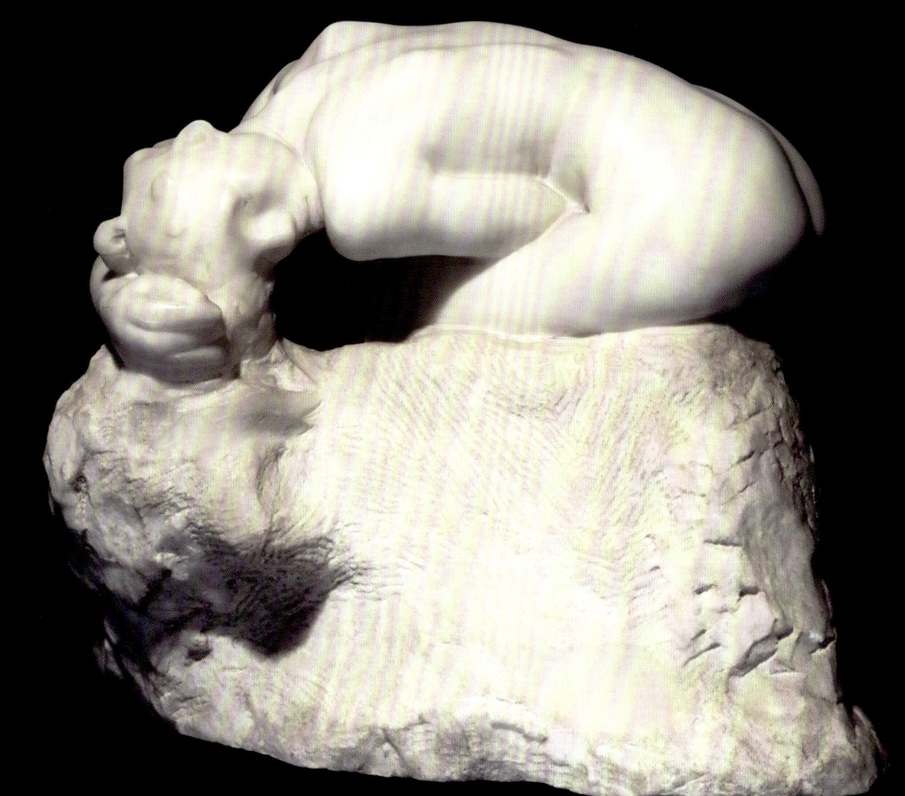

Andromeda

Andromède

c. 1885, Marble/Marbre, 27 cm, Private collection

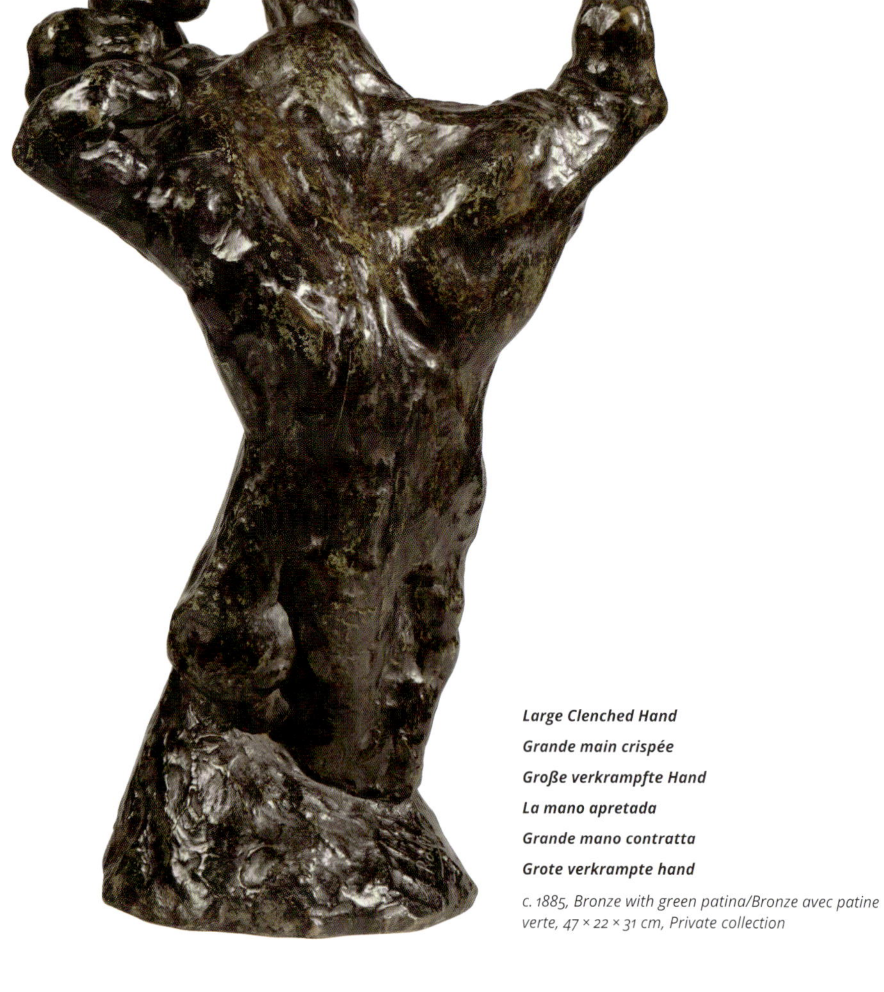

Large Clenched Hand

Grande main crispée

Große verkrampfte Hand

La mano apretada

Grande mano contratta

Grote verkrampte hand

c. 1885, Bronze with green patina/Bronze avec patine verte, 47 × 22 × 31 cm, Private collection

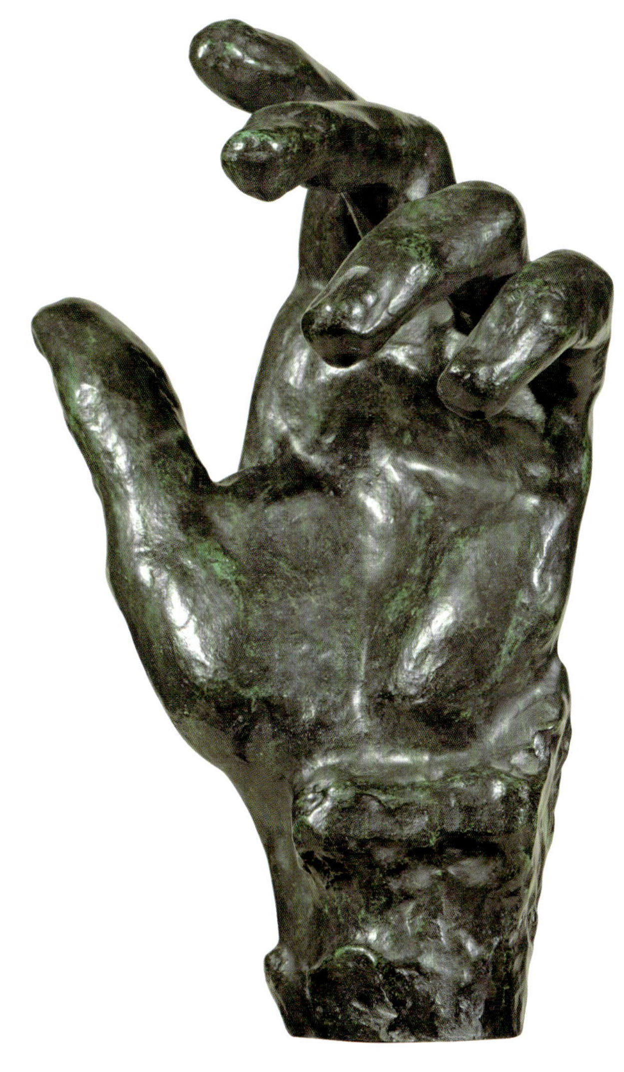

Hand	***Hand***	***Mano***
Main	***Mano***	***Hand***

Bronze, 27 cm, Private collection

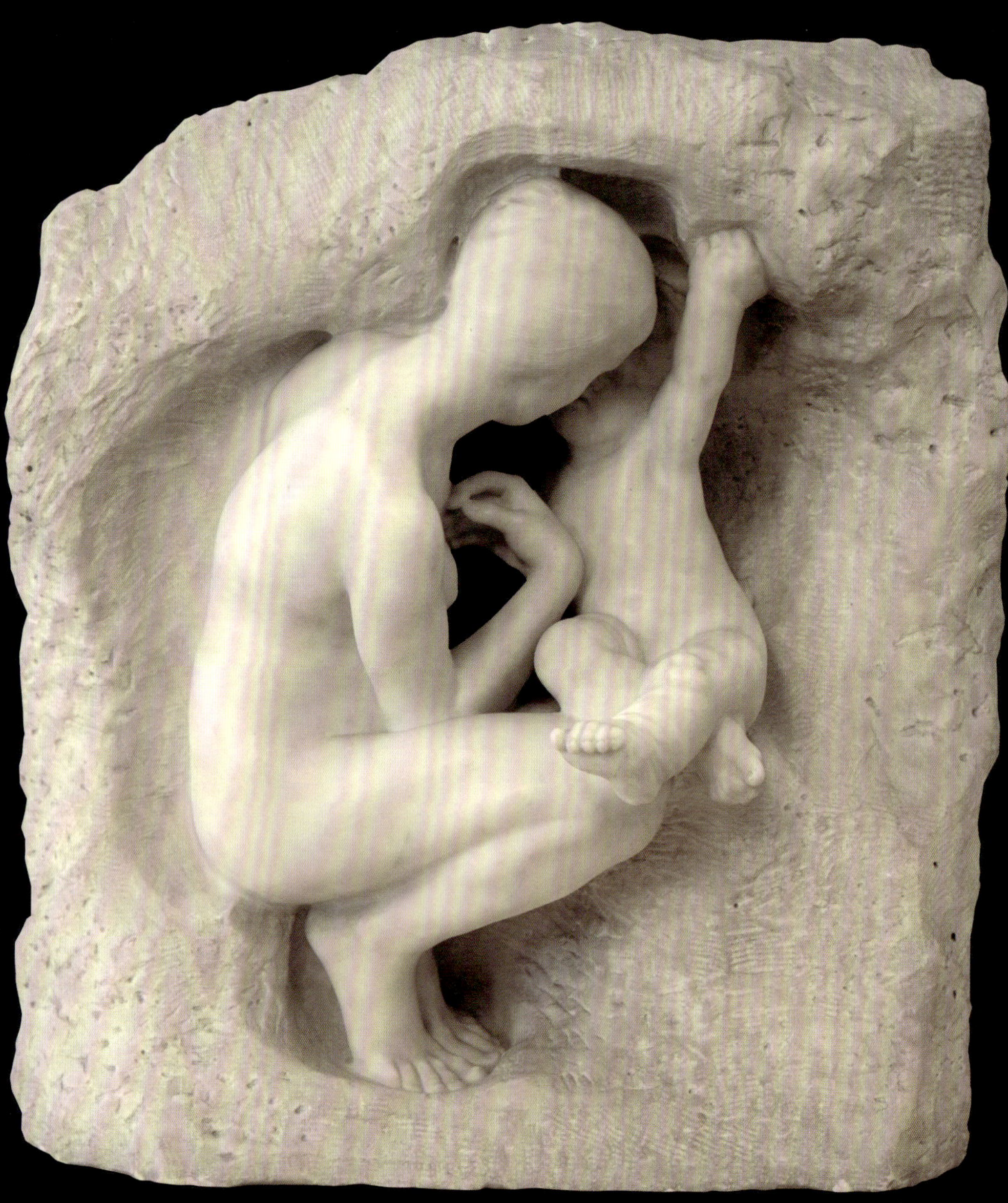

Mother and Child in the Cave
Jeune mère à la grotte
Mutter und Kind in der Grotte
Joven madre en la gruta
Madre e figlio nella grotta
Moeder en kind in de grot

c.1885, Marble/Marbre,
Private Collection

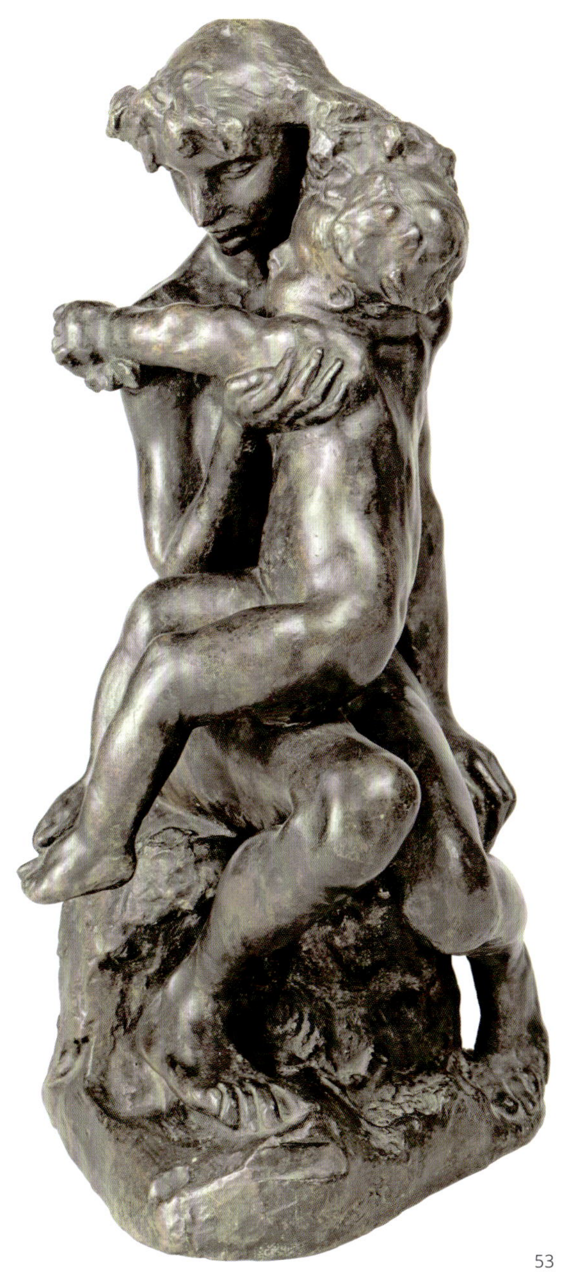

Brother and Sister
Frère et Sœur
Bruder und Schwester
Hermano y hermana
Fratello e sorella
Broer en zuster

c. 1890, Bronze, 38,3 × 18 × 20,5 cm,
Musée Marmottan Monet, Paris

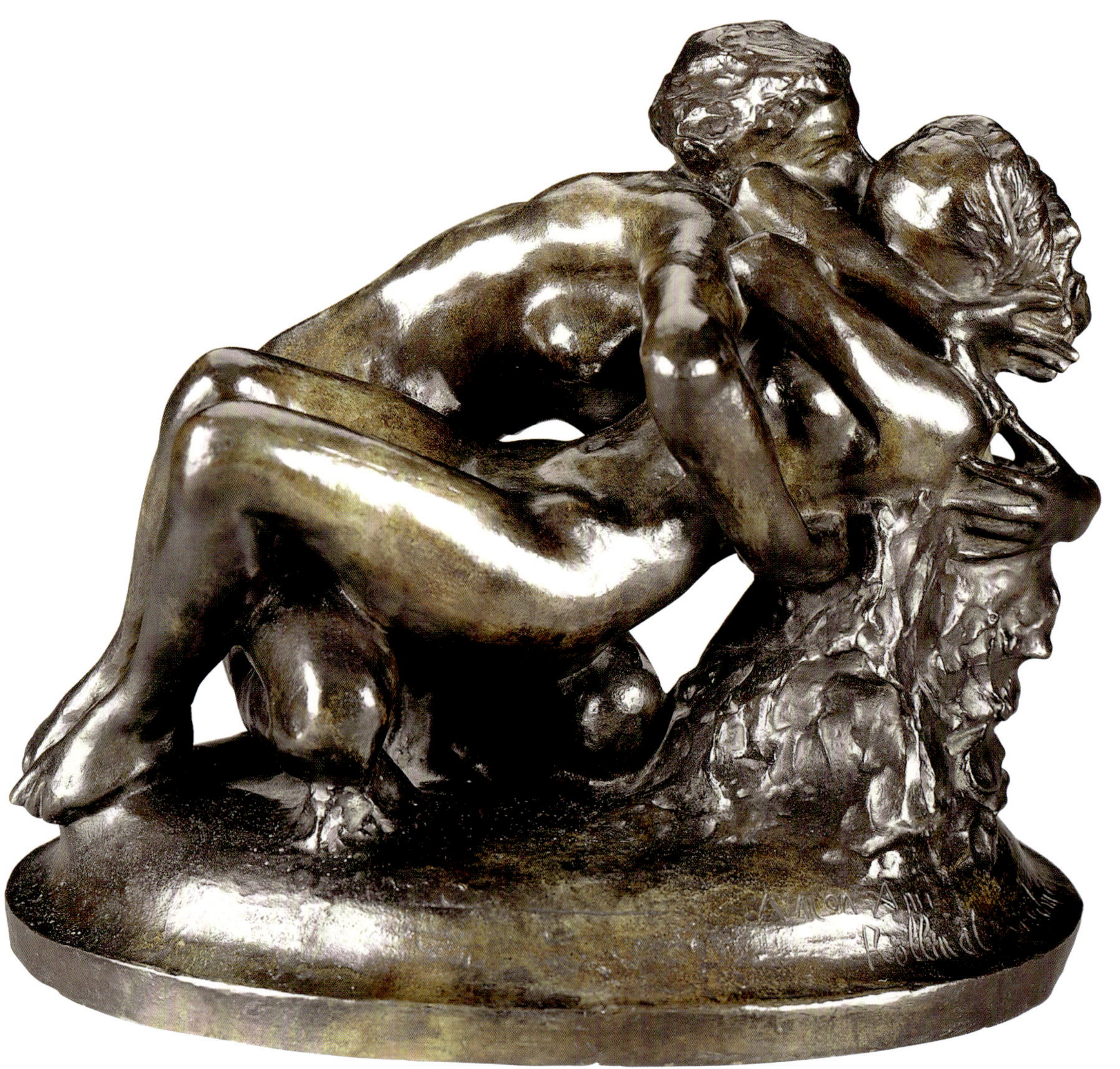

Ovid's Metamorphoses ***Ovids Metamorphosen*** ***Le metamorfosi di Ovidio***
Les Métamorphoses d'Ovide ***Las metamorfosis de Ovidio*** ***Ovidius' Metamorfosen***

c. 1892–99, Bronze with green patina/Bronze avec patine verte, 31,1 cm, Private collection

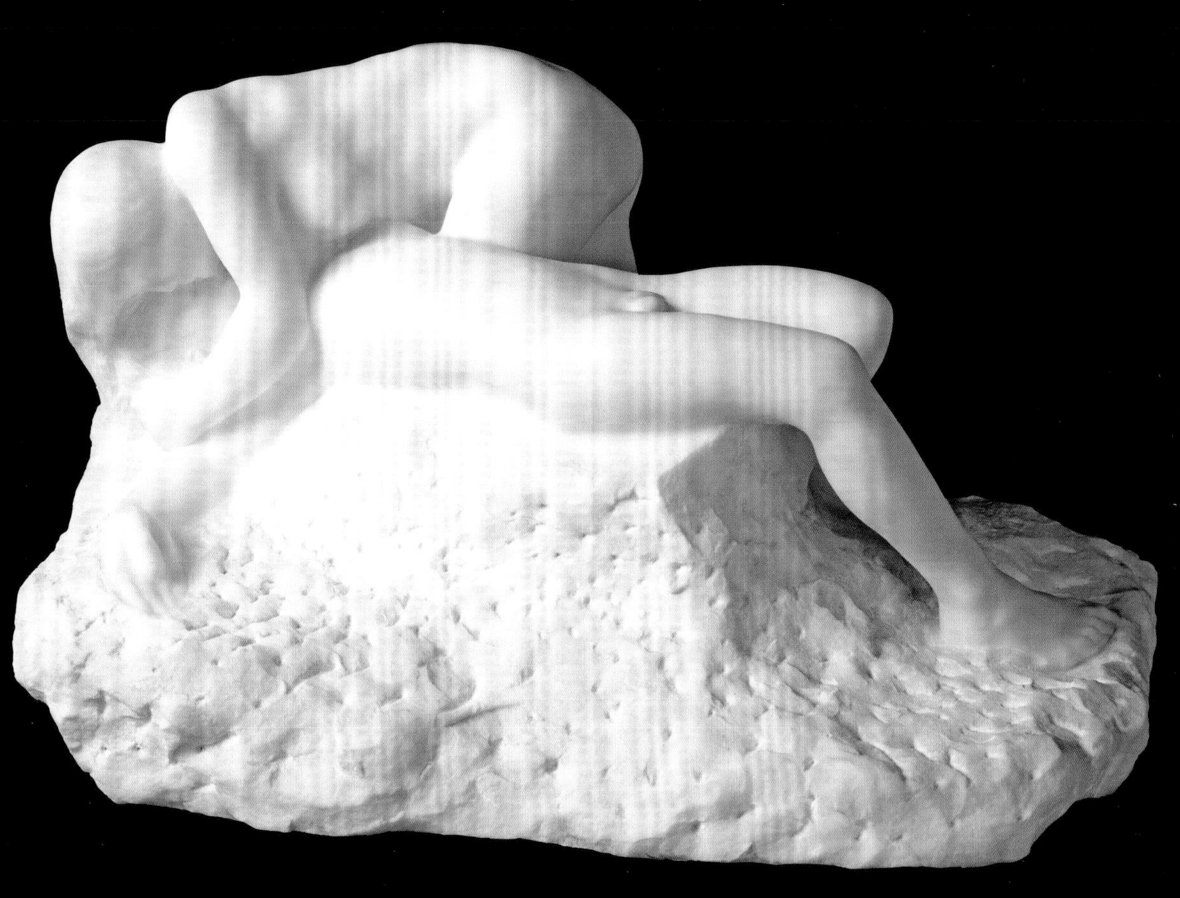

The Death of Adonis

La Mort d'Adonis* ou *Adonis pleuré par Vénus

Der Tode des Adonis

La muerte de Adonis

La morte di Adone

De dood van Adonis

1891, Marble/Marbre, 36,2 × 61,5 × 37,5 cm, Musée Rodin, Paris

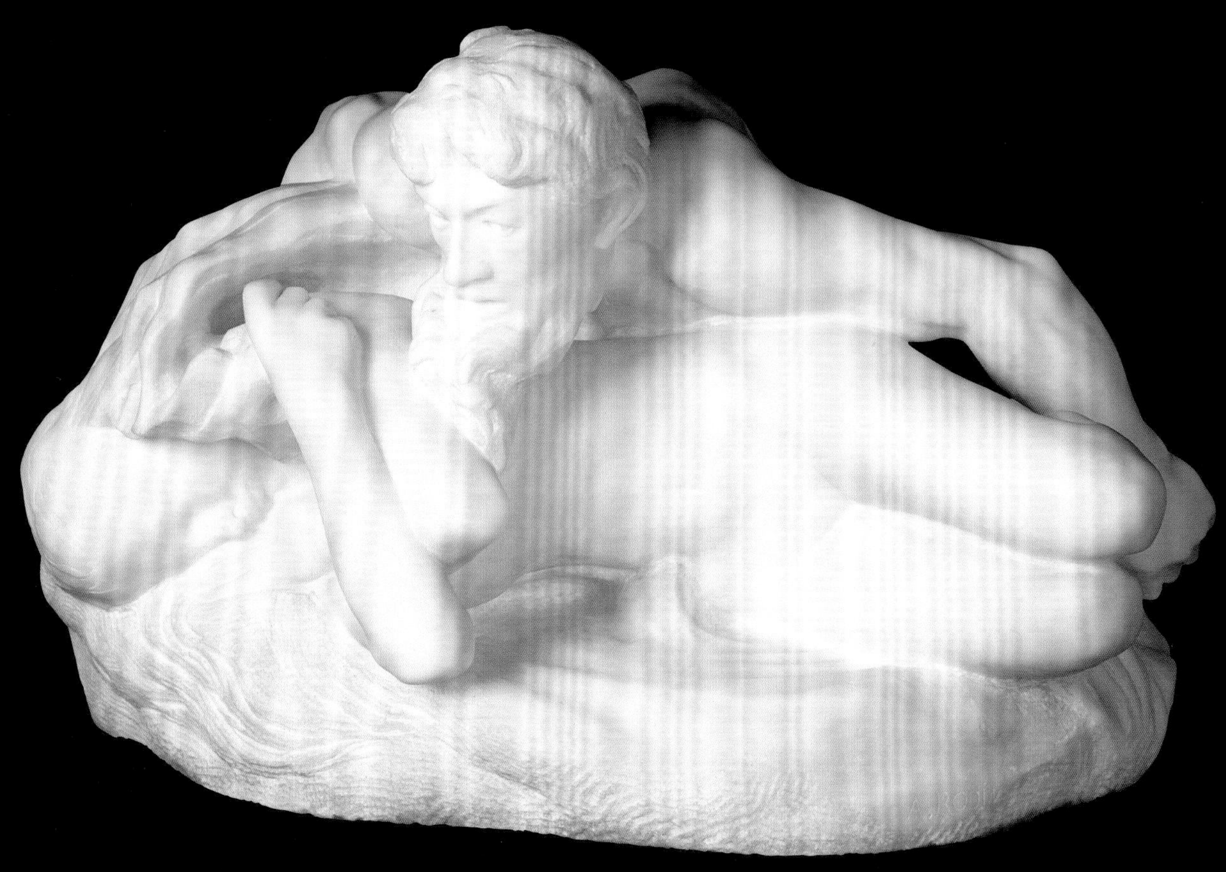

Psyche* or *The Surprised Nymph

Psyché-Printemps* ou *La Nymphe surprise

Psyche* oder *Die überraschte Nymphe

Psyche* o *La ninfa sorprendida

Psiche* o *La ninfa sorpresa

Psyche* of *De verraste nimf

1886, Marble/Marbre, 29,6 × 48 × 40,3 cm, Musée Rodin, Paris

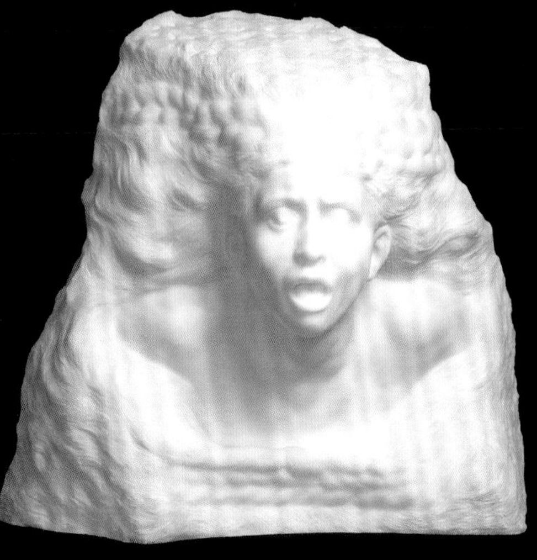

The Storm

La Tempête* ou *L'Épouvante* ou *Le Coureur de Marathon

Der Sturm

La tempestad

La tempesta

De storm

c. 1898, Marble/Marbre, 44,3 × 50,3 × 29,3 cm, Musée Rodin, Paris

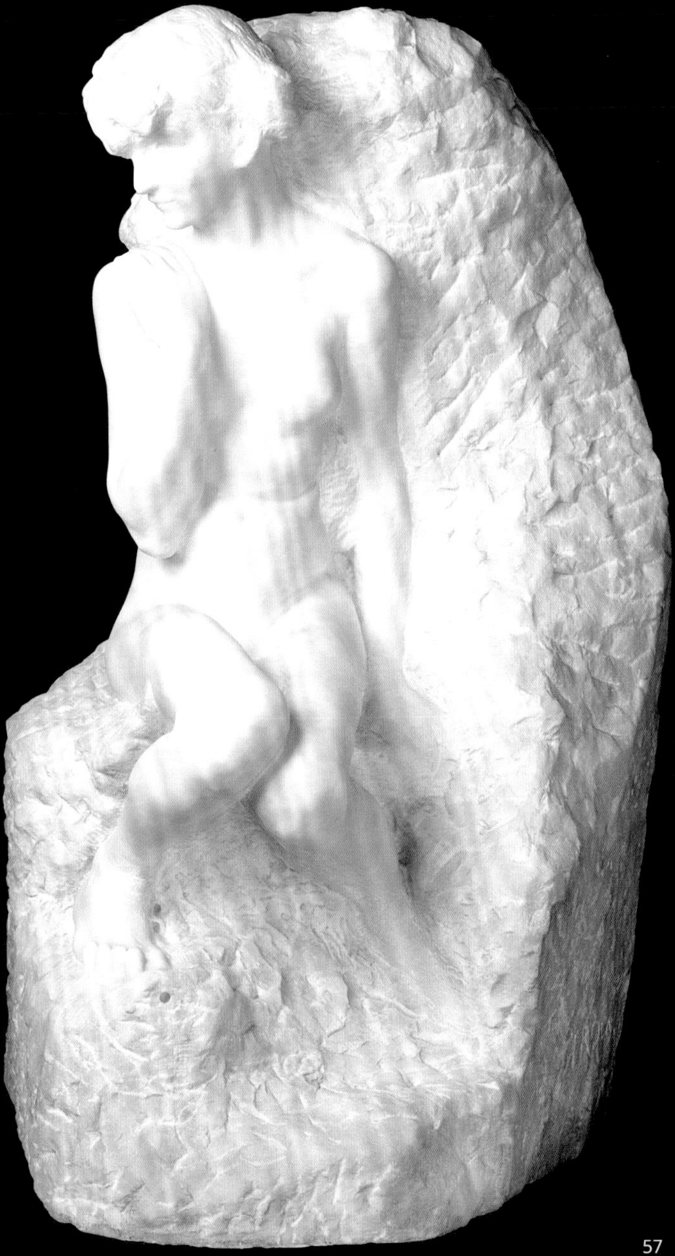

Galatea

Galatée

c. 1887, Marble/Marbre, 60,8 × 40,6 × 39,5 cm, Musée Rodin, Paris

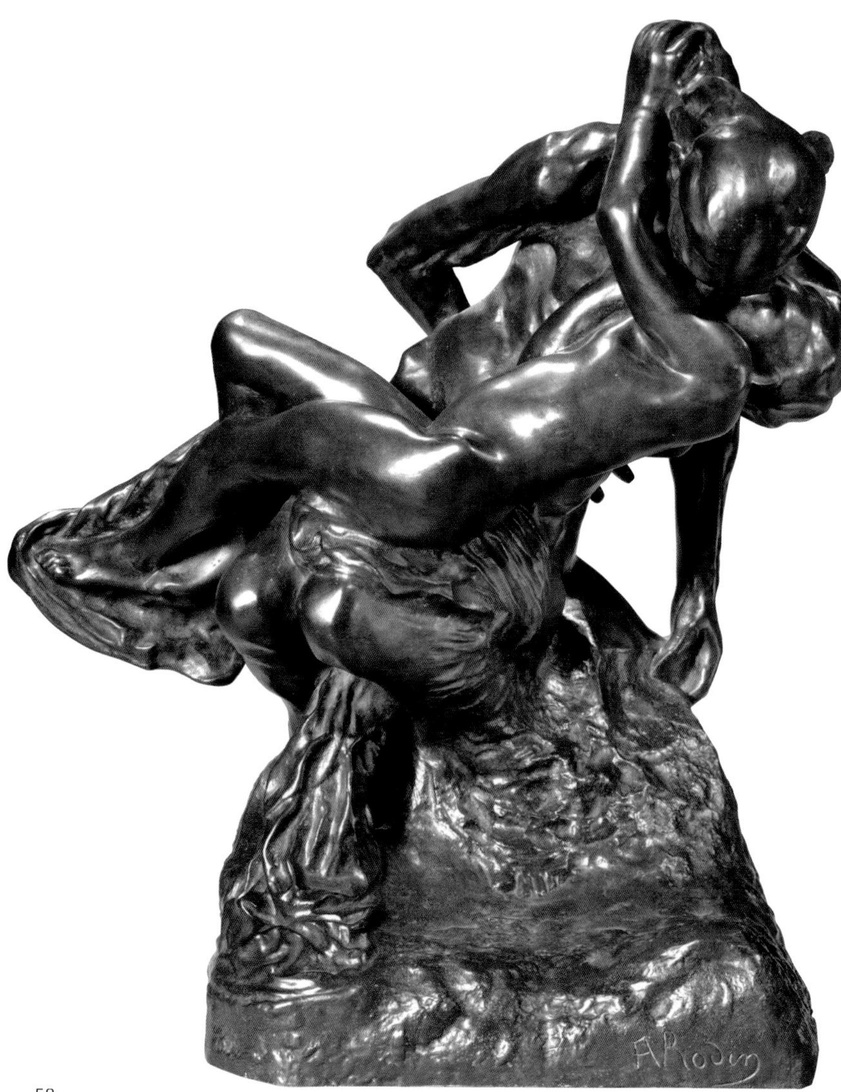

Triumphant Youth

***Jeunesse triomphante** ou*
La Parque et la Convalescente

Triumphierende Jugend

Juventud triunfante

Gioventù trionfante

Triomferende jeugd

c. 1894, Bronze, 52,1 cm,
Cleveland Museum of Art, Cleveland

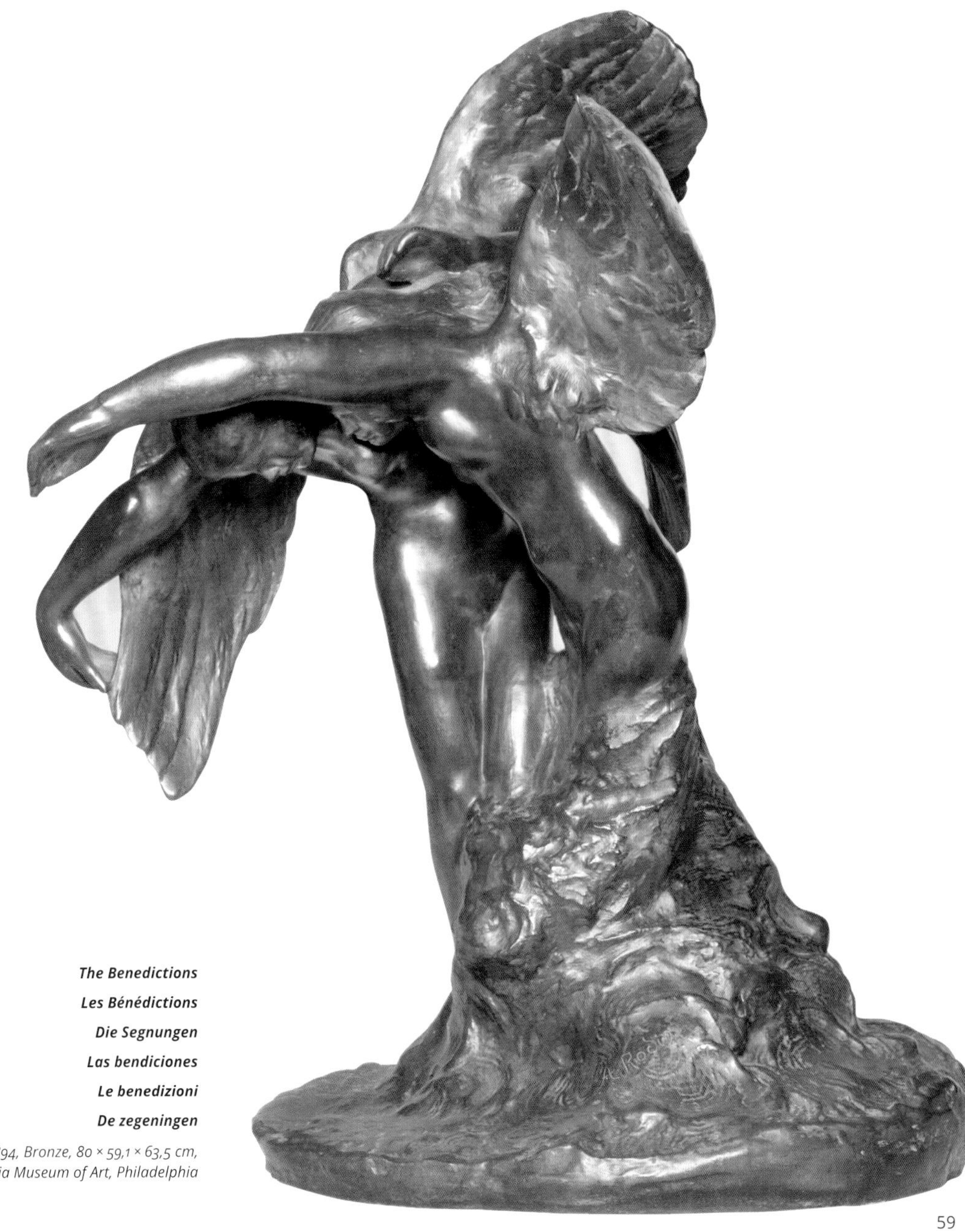

The Benedictions

Les Bénédictions

Die Segnungen

Las bendiciones

Le benedizioni

De zegeningen

1894, Bronze, 80 × 59,1 × 63,5 cm, Philadelphia Museum of Art, Philadelphia

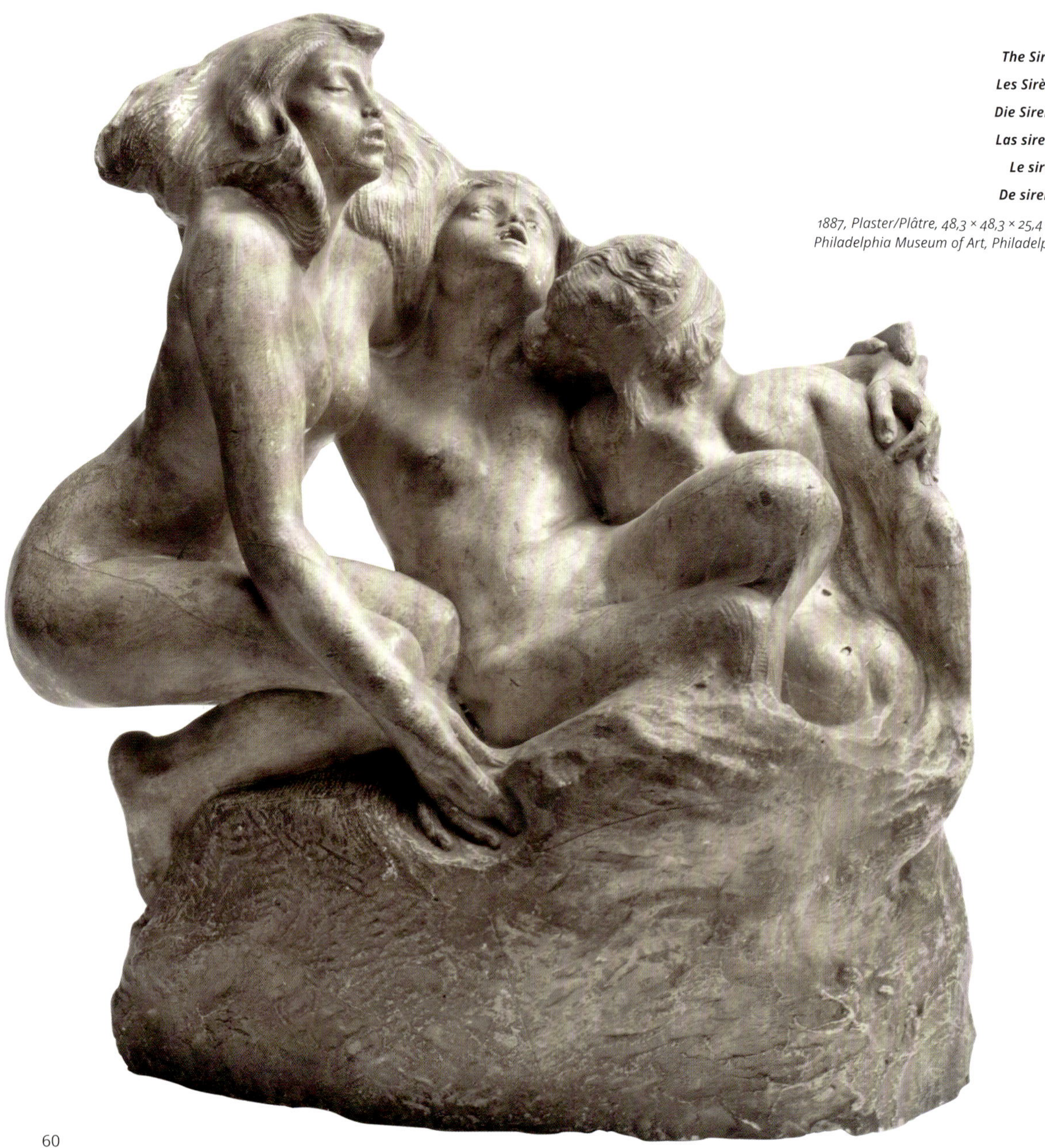

The Sirens

Les Sirènes

Die Sirenen

Las sirenas

Le sirene

De sirenen

1887, Plaster/Plâtre, 48,3 × 48,3 × 25,4 cm, Philadelphia Museum of Art, Philadelphia

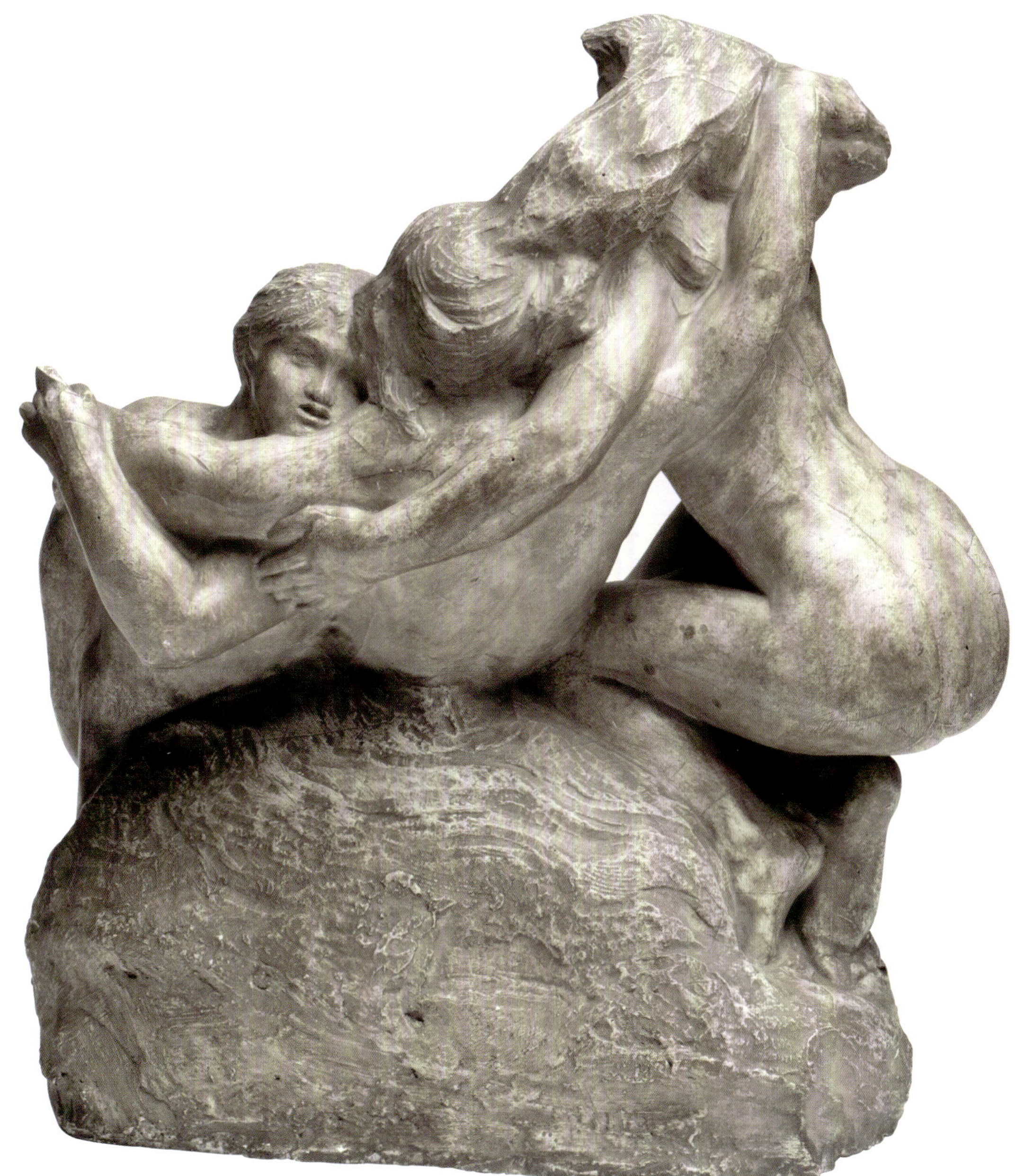

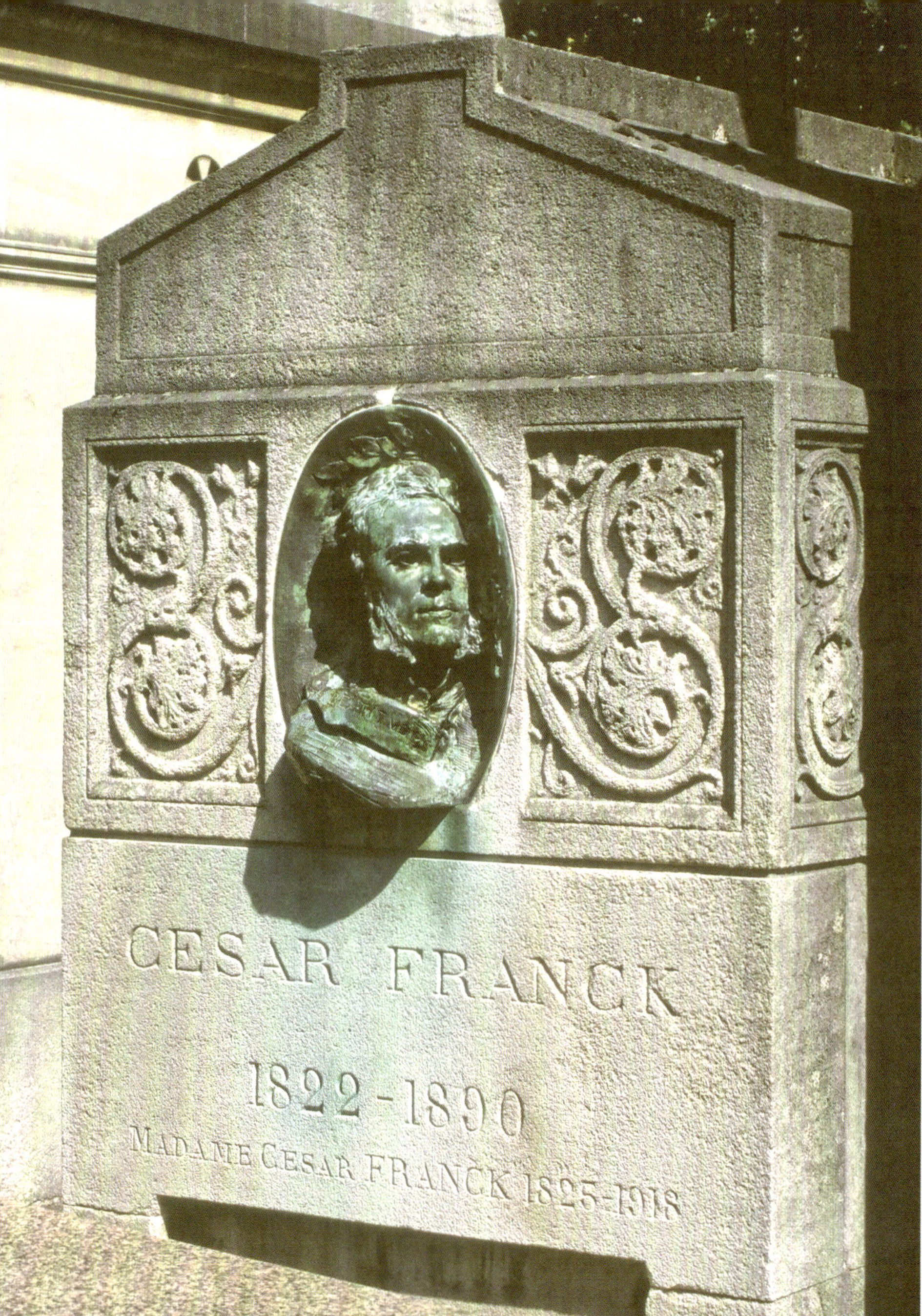

Medallion of the composer César Franck

Médaillon du compositeur César Franck

Grabmal mit Porträtmedaillon des Komponisten César Franck

Medallón del compositor César Franck

Medaglione del compositore César Franck

Medaillon van de componist César Franck

1890, Cimetière du Montparnasse, Paris

Pierre Puvis de Chavannes

1890–1901, Bronze, 51,3 × 51 × 34,4 cm, Musée d'Orsay, Paris

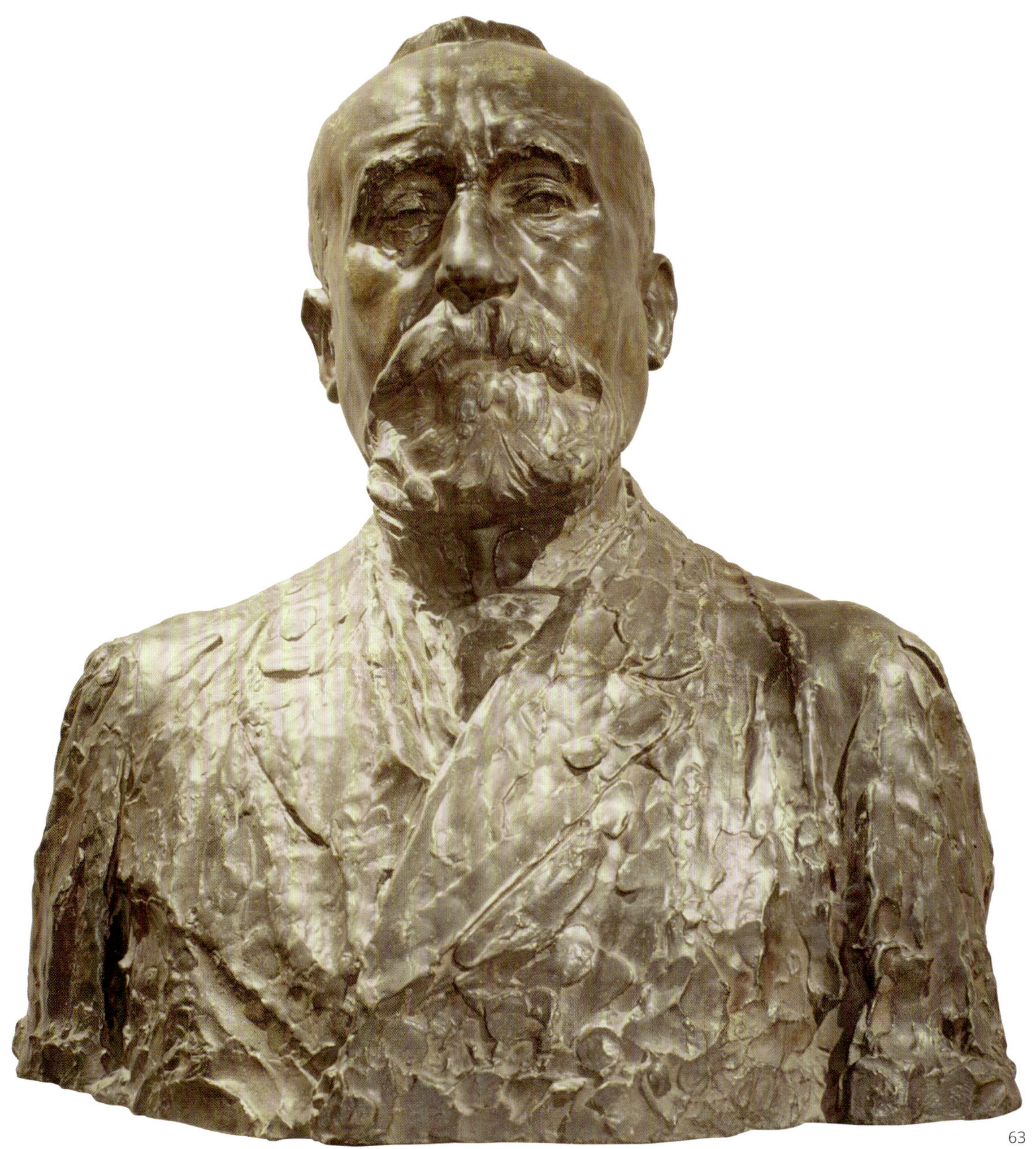

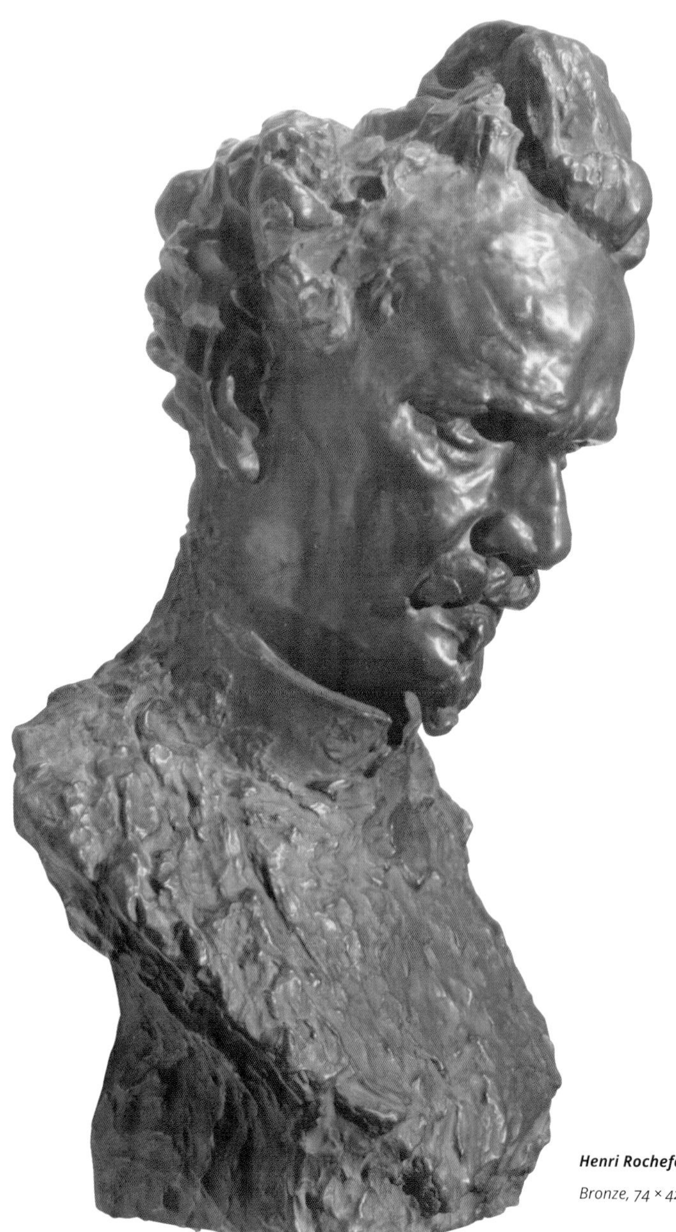

Henri Rochefort

Bronze, 74 × 42 × 34 cm, Musée d'Art et d'Histoire, Genève

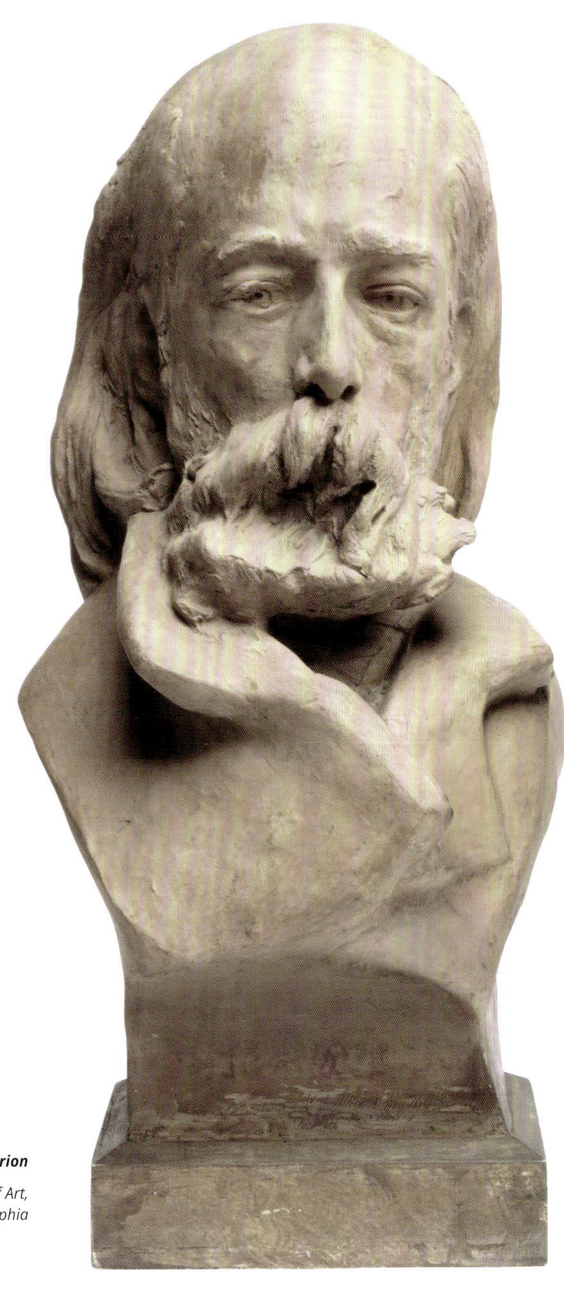

Henry Thorion

1880, Terra cotta/Terre cuite, 52,1 × 21,6 × 21,6 cm, Philadelphia Museum of Art, Philadelphia

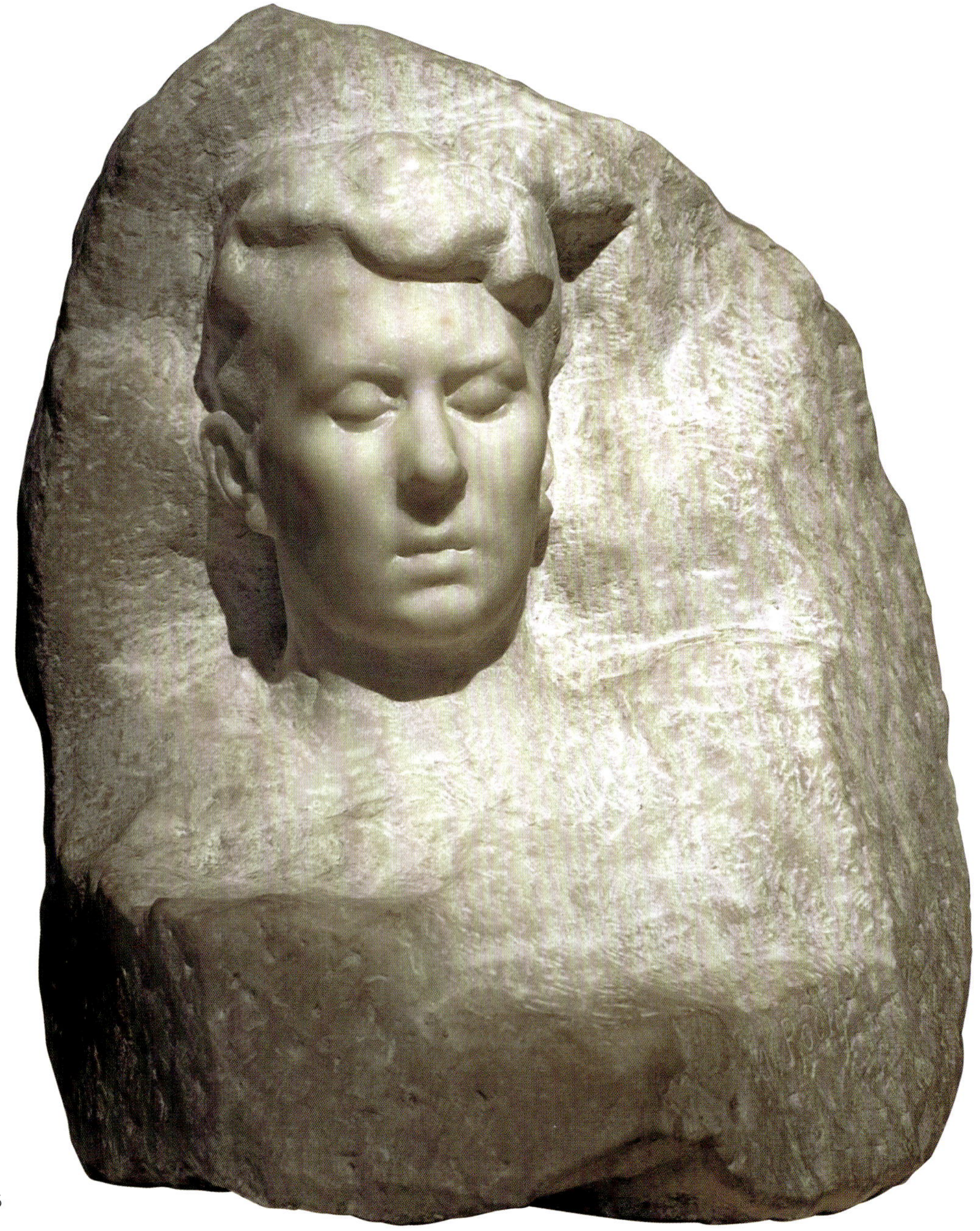

Rose Beuret

*1898, Marble/Marbre,
51,5 × 41 × 38 cm, Musée Rodin,
Paris*

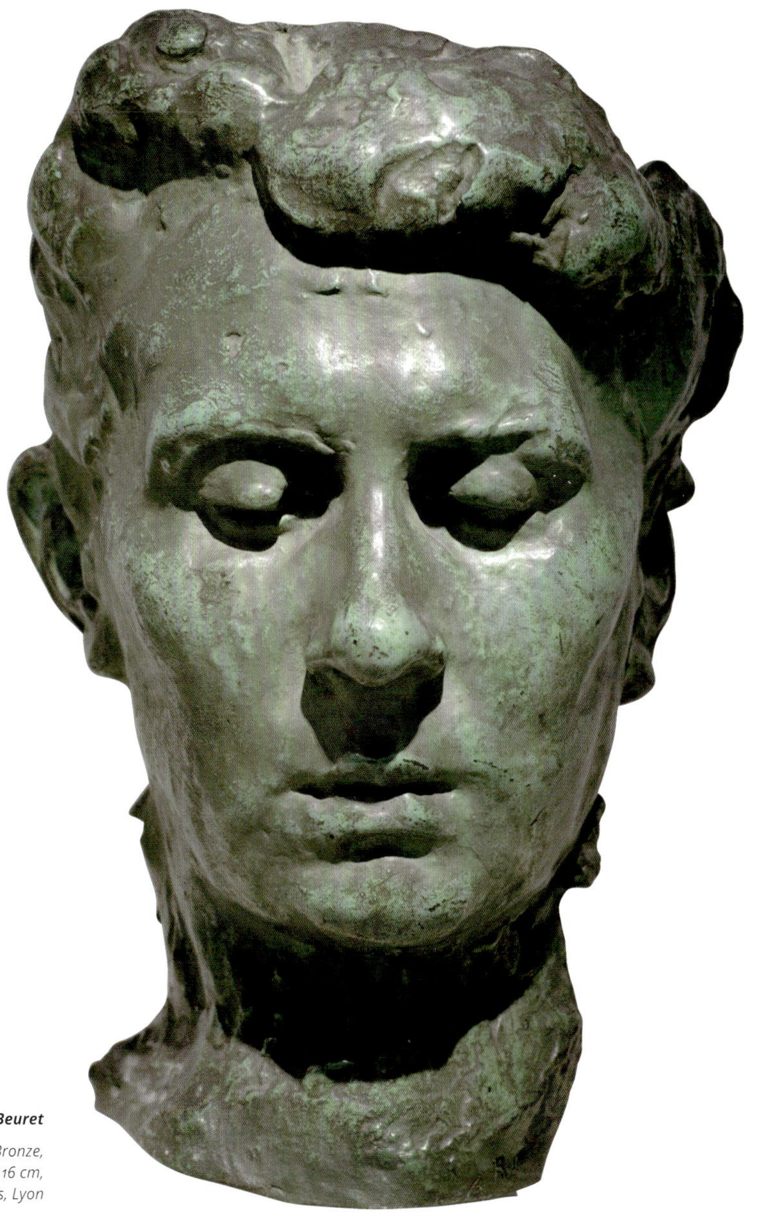

Rose Beuret

*c. 1891, Bronze,
29 × 18 × 16 cm,
Musée des Beaux-Arts, Lyon*

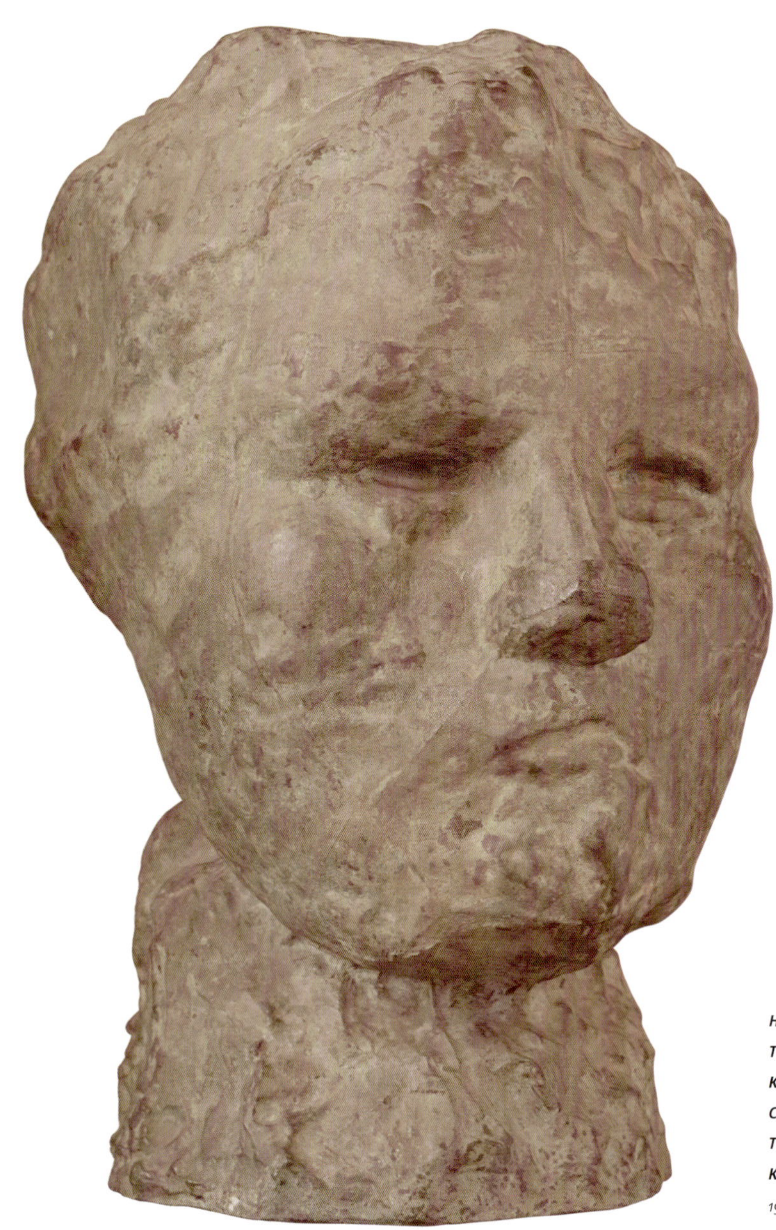

Head of Iris

Tête monumentale d'Iris

Kopf der Iris

Cabeza de Iris

Testa di Iris

Kop van Iris

1911, Bronze, 60 × 38 × 38 cm, Musée Rodin, Paris

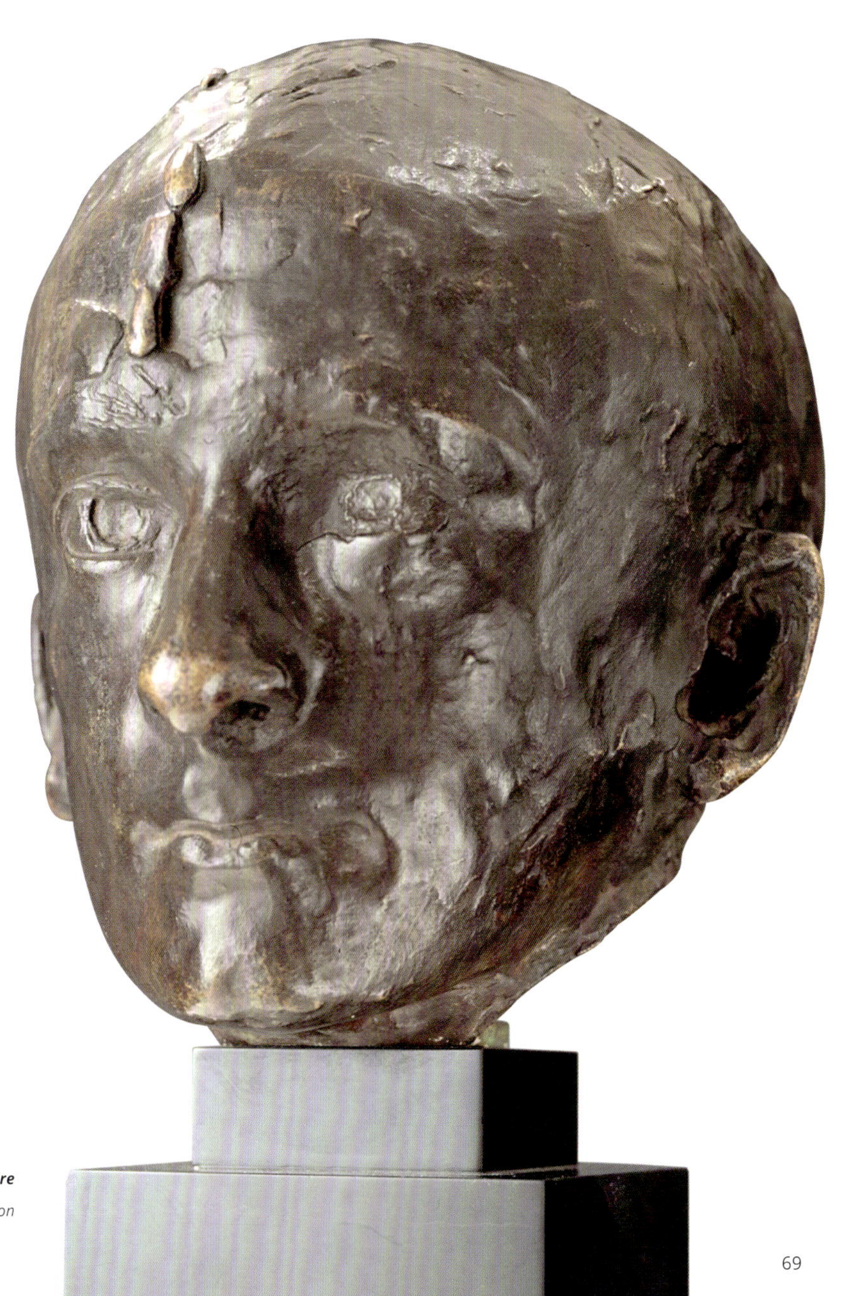

Charles Baudelaire

c. 1892, Bronze, Private collection

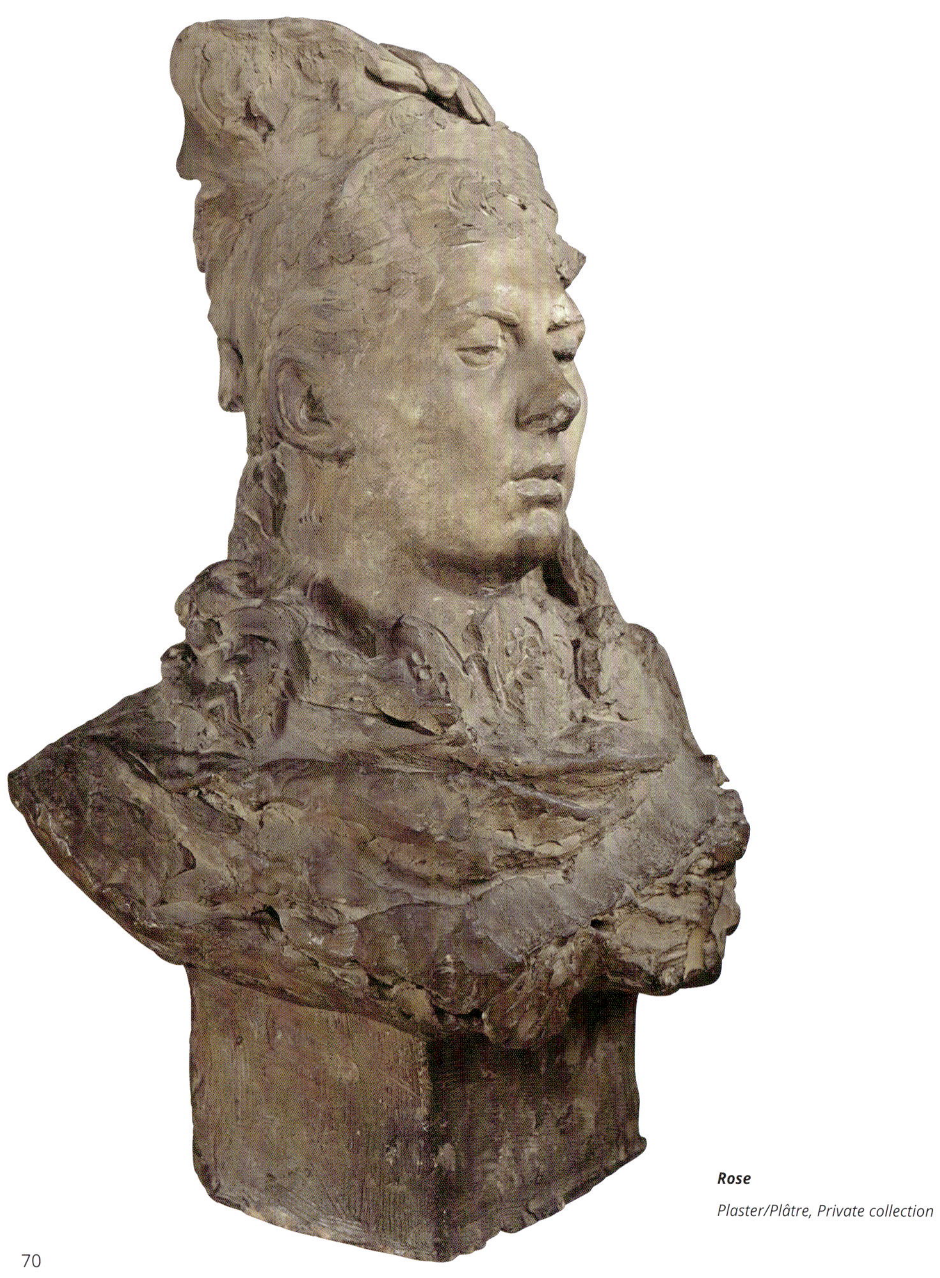

Rose

Plaster/Plâtre, Private collection

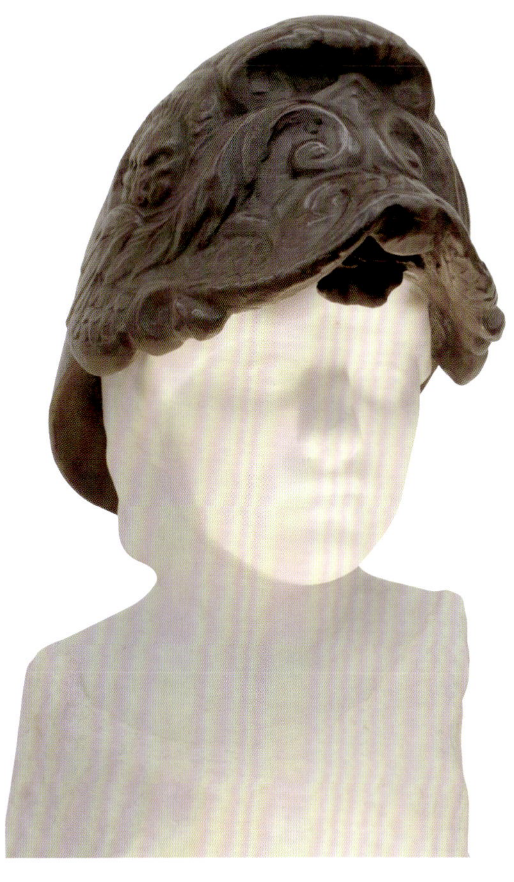

Minerva with Helmet

Minerve* ou *Pallas au casque

Minerva mit Helm

Minerva con casco

Minerva con l'elmo

Gehelmde Minerva

1905–07, Marble and bronze/Marbre et bronze, Walker Art Gallery, Liverpool

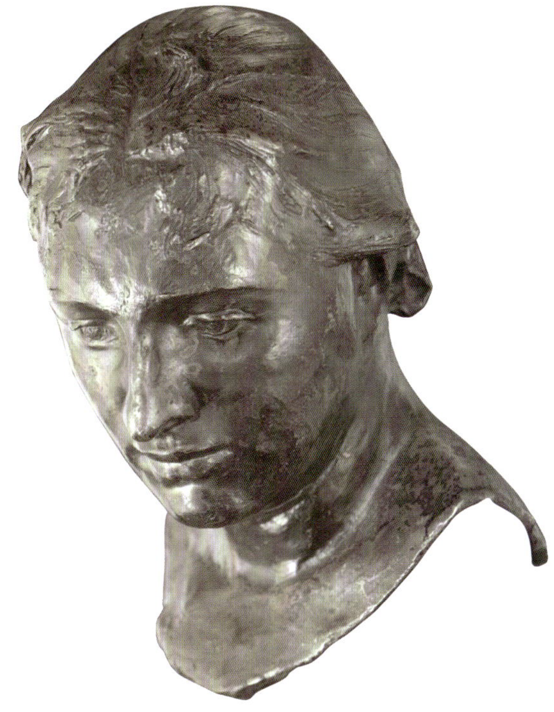

Mrs. John Russell

1888/89, Bronze, Private collection

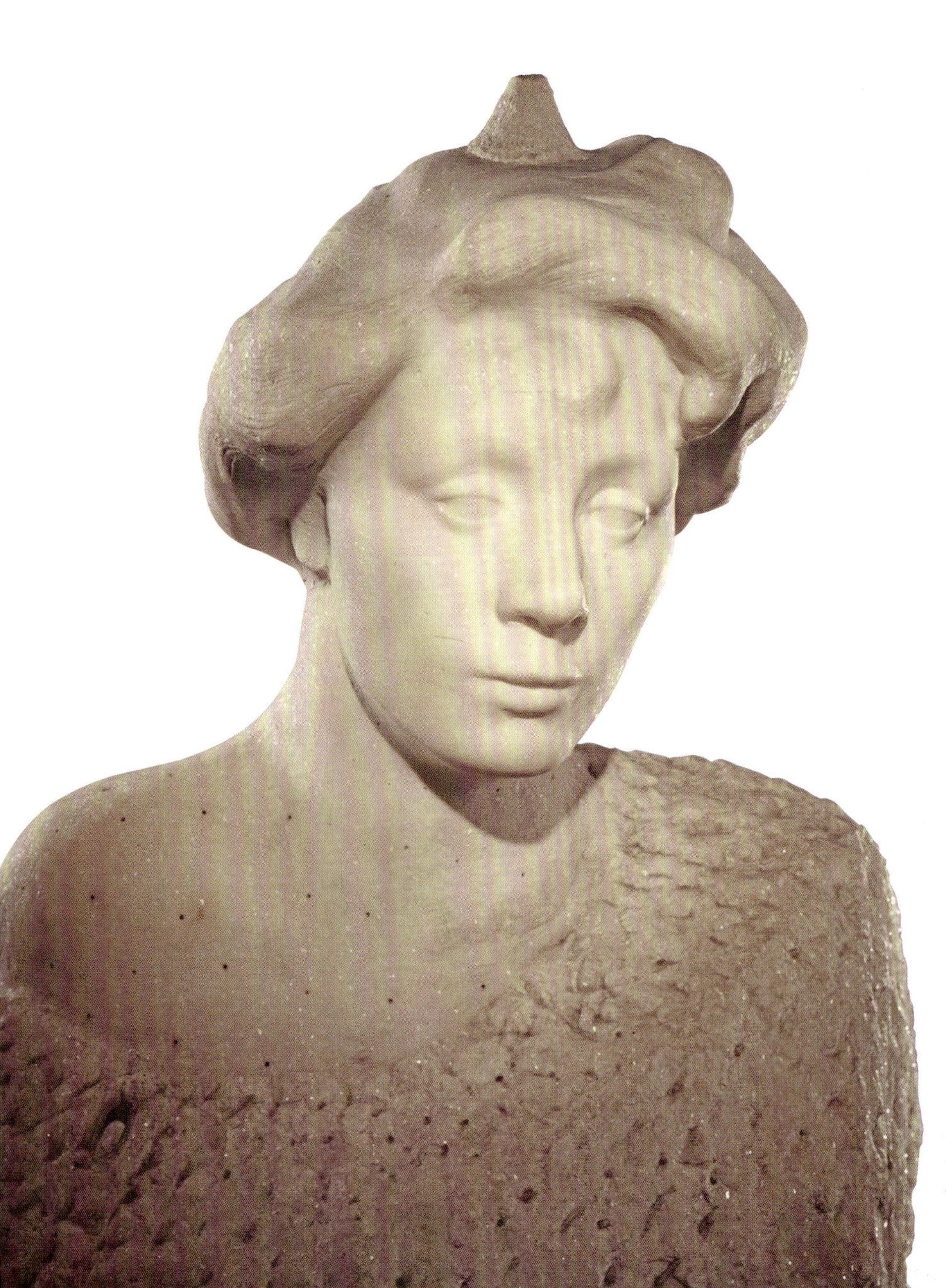

Ève Fairfax

1905, Marble/Marbre,
54,4 × 54 × 43,9 cm, Musée Rodin, Paris

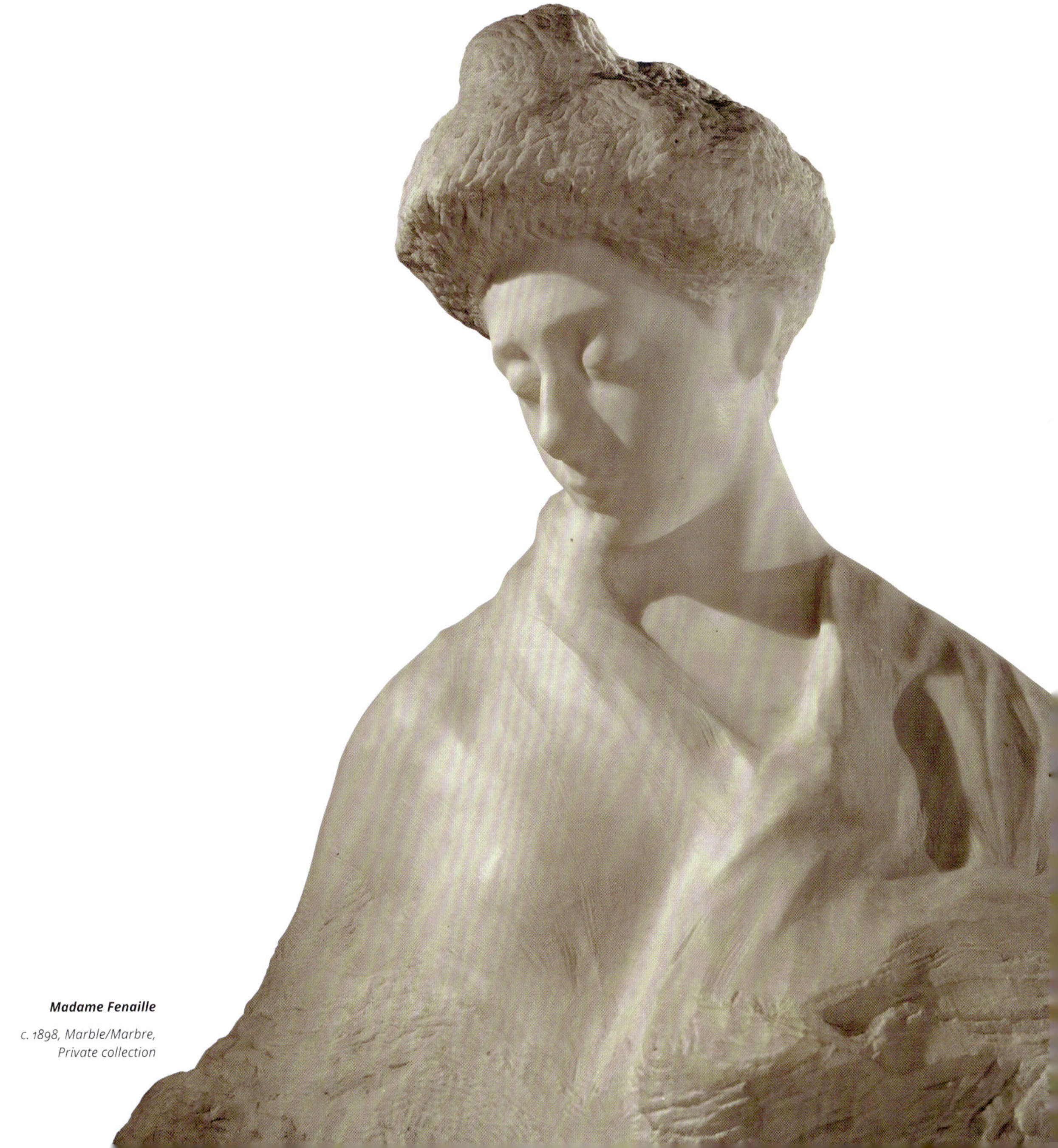

Madame Fenaille

c. 1898, Marble/Marbre,
Private collection

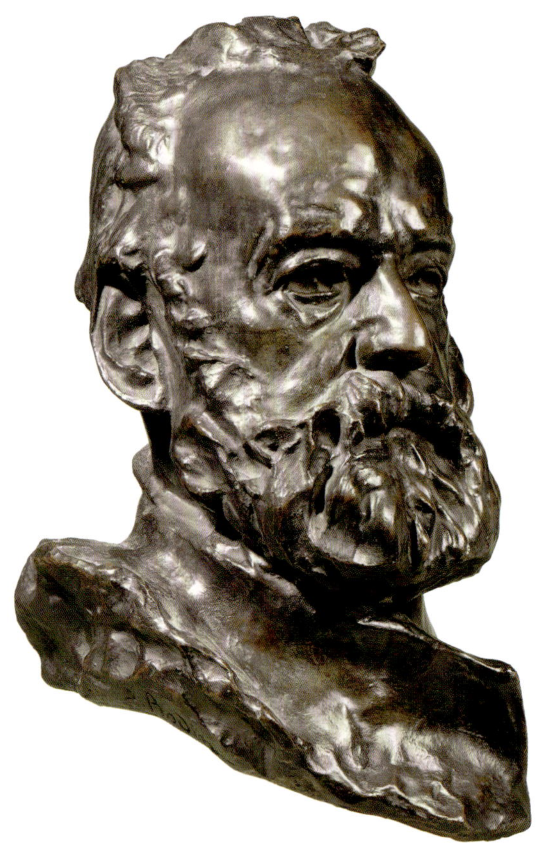

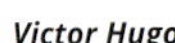

Victor Hugo

1883, Bronze with brown patina/Bronze avec patine brune, 53,3 cm, Private collection

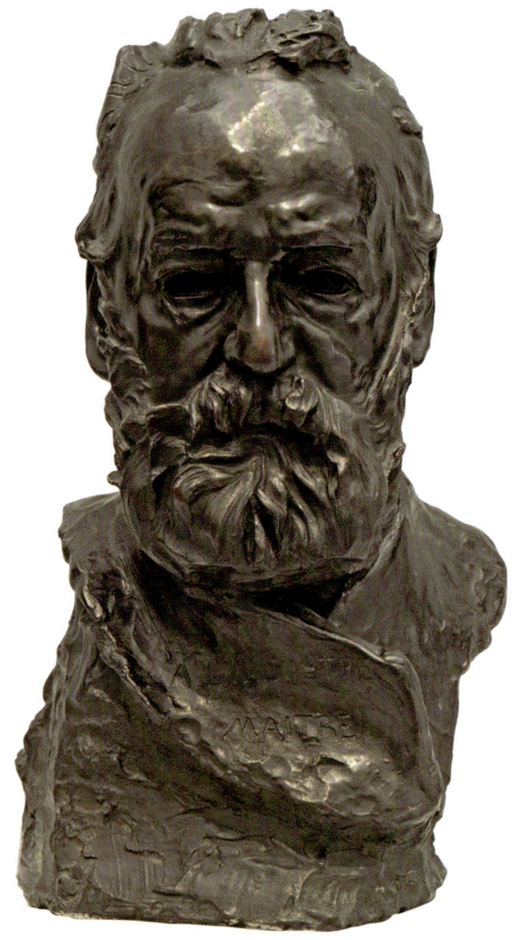

Victor Hugo – For the Famous Master

Victor Hugo – À l'Illustre Maître

Victor Hugo – Dem berühmten Meister

Victor Hugo – Al famoso maestro

Victor Hugo – Al famoso maestro

Victor Hugo – Voor de beroemde meester

1883, Bronze, 48,5 × 29 × 30,5 cm, Musée Rodin, Paris

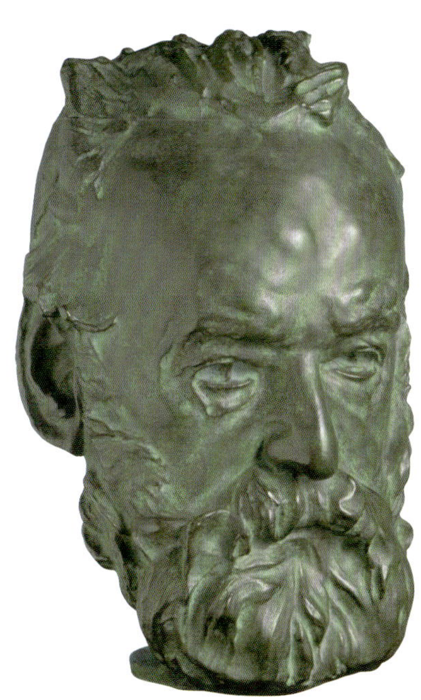

Victor Hugo

1883, Bronze, 51,4 cm, National Museum Cardiff, Cardiff

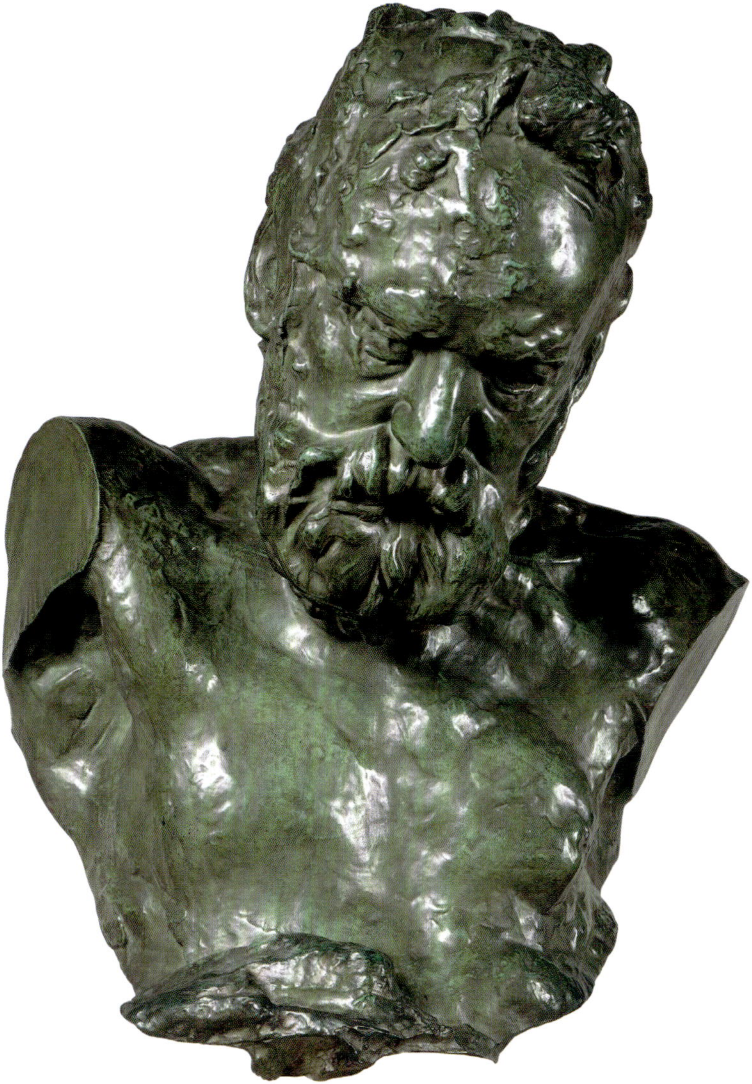

Victor Hugo

1902–08, Bronze, 83 × 56 × 65 cm, Maison de Victor Hugo, Paris

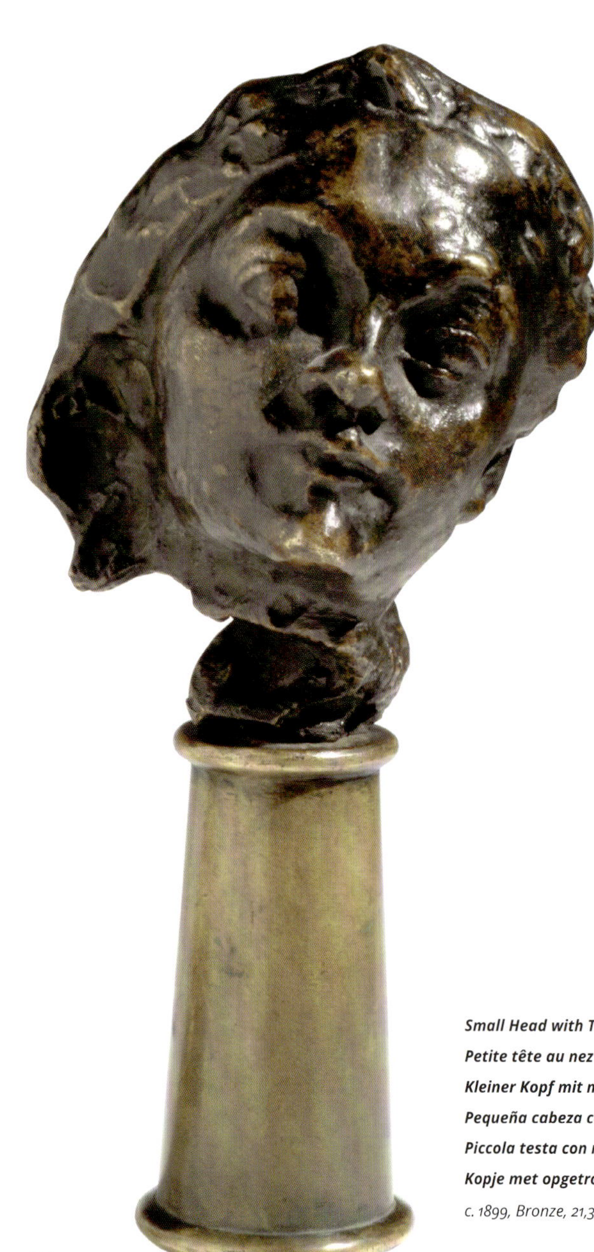

Small Head with Turned-Up Nose

Petite tête au nez retroussé

Kleiner Kopf mit nach oben gerichteter Nase

Pequeña cabeza con nariz arrugada

Piccola testa con naso all'insù

Kopje met opgetrokken neus

c. 1899, Bronze, 21,3 × 10,5 × 7 cm, Philadelphia Museum of Art, Philadelphia

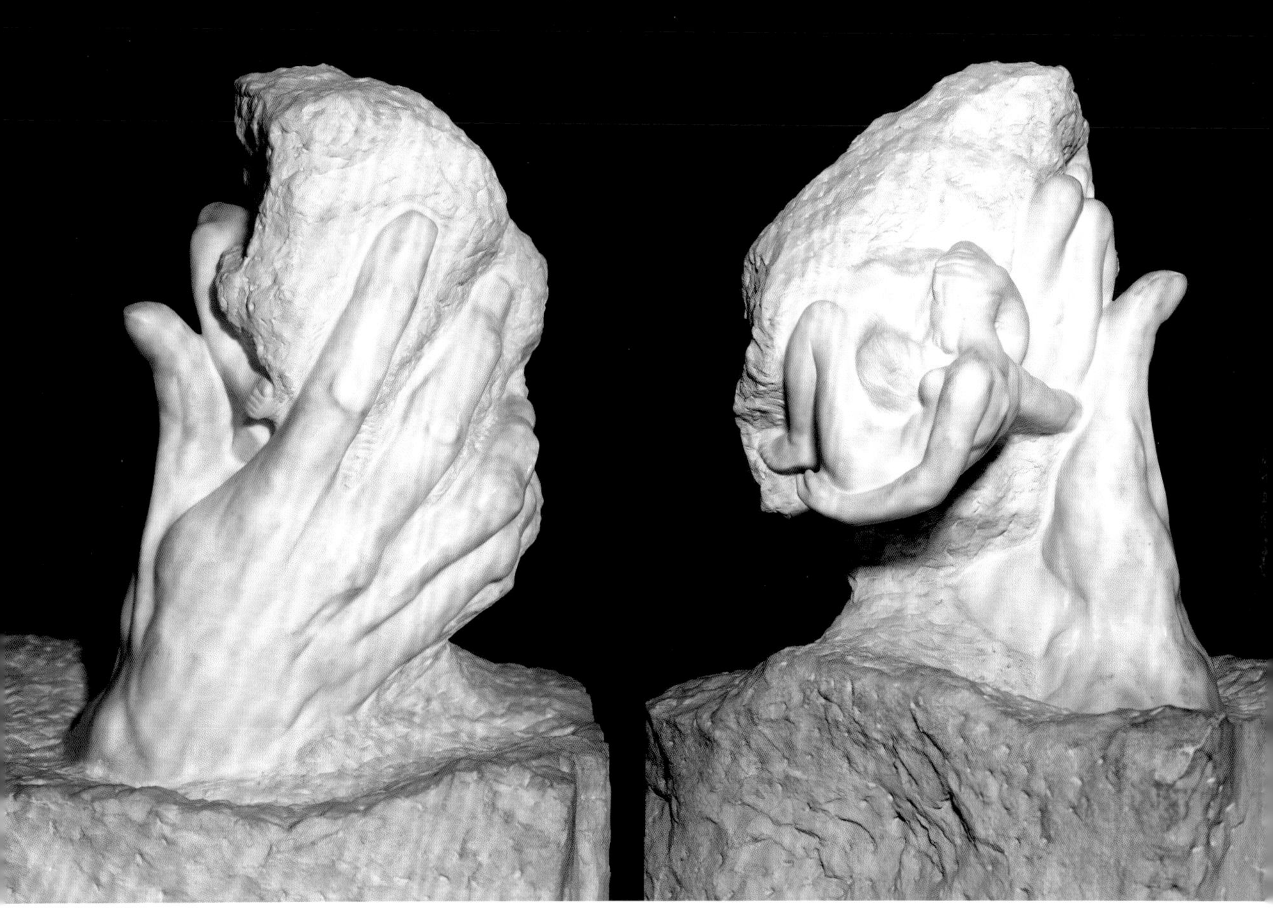

The Hand of God

La Main de Dieu **ou** ***La Création***

Die Hand Gottes

La mano de Dios

La Mano di Dio

De hand Gods

c. 1896, Marble/Marbre, 94 × 82,5 × 54,9 cm, Musée Rodin, Paris

The Thinker
When people speak of Rodin, most think first of *The Thinker,* a work that became a classic almost as soon as it appeared, even though it was also thoroughly modern. Originally conceived as a central element of *The Gates of Hell,* the sculpture came to stand on its own early on.

The Thinker had been intended for the top of the portal, depicting the poet Dante seated and reflecting on his work, the Divine Comedy, and the finite nature and futility of all human action and existence. It was only after some time that the sculpture's meaning was separated from this original concept and was given the more generic name *The Thinker.*

If the seated pose of *The Thinker* echoes the classical models of Michelangelo's *Moses* or the *Torso of Belvedere,* it

Le Penseur
Quand on parle de Rodin, il est impossible de ne pas mentionner *Le Penseur :* c'est une icône de la sculpture – une œuvre de part en part moderne, mais devenue un « classique » aussitôt que terminée et présentée. Initialement conçue comme élément culminant de *La Porte de l'Enfer,* elle s'est avérée très tôt trop puissante et trop autonome pour rester seulement une partie d'un ensemble gigantesque.

Le Penseur était conçu pour le sommet de la porte monumentale : le poète Dante devait être assis là, méditant sur son œuvre, *La Divine Comédie,* comme sur la finitude et la vanité de l'action et de l'existence de l'homme. Au bout de quelque temps cependant, la signification même de la sculpture se détacha de cette conception restrictive, pour devenir un

Der Denker
Am *Denker* ist, sprechen wir von Rodin, nicht vorbeizukommen; eine Ikone der Bildhauerei ist er geworden, ein Werk, das, wenn auch durch und durch modern, bereits unmittelbar nach seiner Fertigstellung klassisch wurde. Ursprünglich konzipiert als zentrales Element des *Höllentors,* erwies sich die Skulptur bereits früh als zu autonom und zu stark, als nur Teil eines riesenhaften Ensembles zu bleiben.

Gedacht war *Der Denker* für die Spitze des Portals; dort sollte der Dichter Dante sitzen und über sein Werk, die *Göttliche Komödie,* ebenso nachdenken wie über die Endlichkeit und Vergeblichkeit allen menschlichen Tuns und Daseins. Erst nach einiger Zeit löste sich die Bedeutung der Skulptur von dieser

El pensador
Hablando de Rodin, no podemos pasar por alto *El pensador;* se ha convertido en un icono de la escultura, una obra que, aunque completamente moderna, era clásica inmediatamente después de su finalización. Originalmente concebido como un elemento central de *La puerta del infierno,* ya en su origen resultó la escultura ser demasiado fuerte en cuanto a forma autónoma como para permanecer solo como una parte de un conjunto gigantesco.

La idea era que *El pensador* estuviera en la parte alta del portal; allí el poeta Dante debía sentarse a trabajar en la *Divina Comedia,* y también pensar en la naturaleza finita y la inutilidad de toda acción y existencia humana. Sólo después de

Il Pensatore
Parlando di Rodin, non si può ignorare il *Pensatore;* è diventata un'icona della scultura, un'opera che pur essendo profondamente moderna, già subito dopo la sua ultimazione divenne classica. Concepita in origine come elemento centrale della *Porta dell'inferno,* la scultura si rivelò ben presto come troppo autonoma e troppo forte per rimanere solo una parte di un gigantesco gruppo.

Il Pensatore fu concepito come la punta del portale; là doveva sedere il poeta Dante a riflettere sulla sua opera, la *Divina Commedia,* come sulla limitatezza e l'inutilità di tutte le azioni e le esistenze umane. Solo dopo qualche tempo il significato della scultura si distaccò da questa concezione limitata e divenne la scultura autonoma e molto più comunemente collocata *Il Pensatore.*

De denker
Als we aan Rodin denken, denken we aan *De denker:* een icoon van de beeldhouwkunst, dat weliswaar door en door modern was maar meteen na zijn voltooiing klassiek was geworden. Oorspronkelijk was het beeld bedoeld als centrale figuur op *De Hellepoort,* maar al vroeg bleek het té autonoom en te overheersend om louter als onderdeel van een reusachtig ensemble te dienen.

De denker was bestemd als bekroning van het portaal, waar de dichter Dante zou zitten om daar niet alleen te reflecteren op zijn werk de *Goddelijke Komedie,* maar ook op de eindigheid en vergeefsheid van al het menselijk zijn en handelen. Pas na enige tijd maakte de positie van dit beeldhouwwerk zich los van deze beperkte rol en werd als afzonderlijke sculptuur met een veel algemenere betekenis opgevat, als *De denker.*

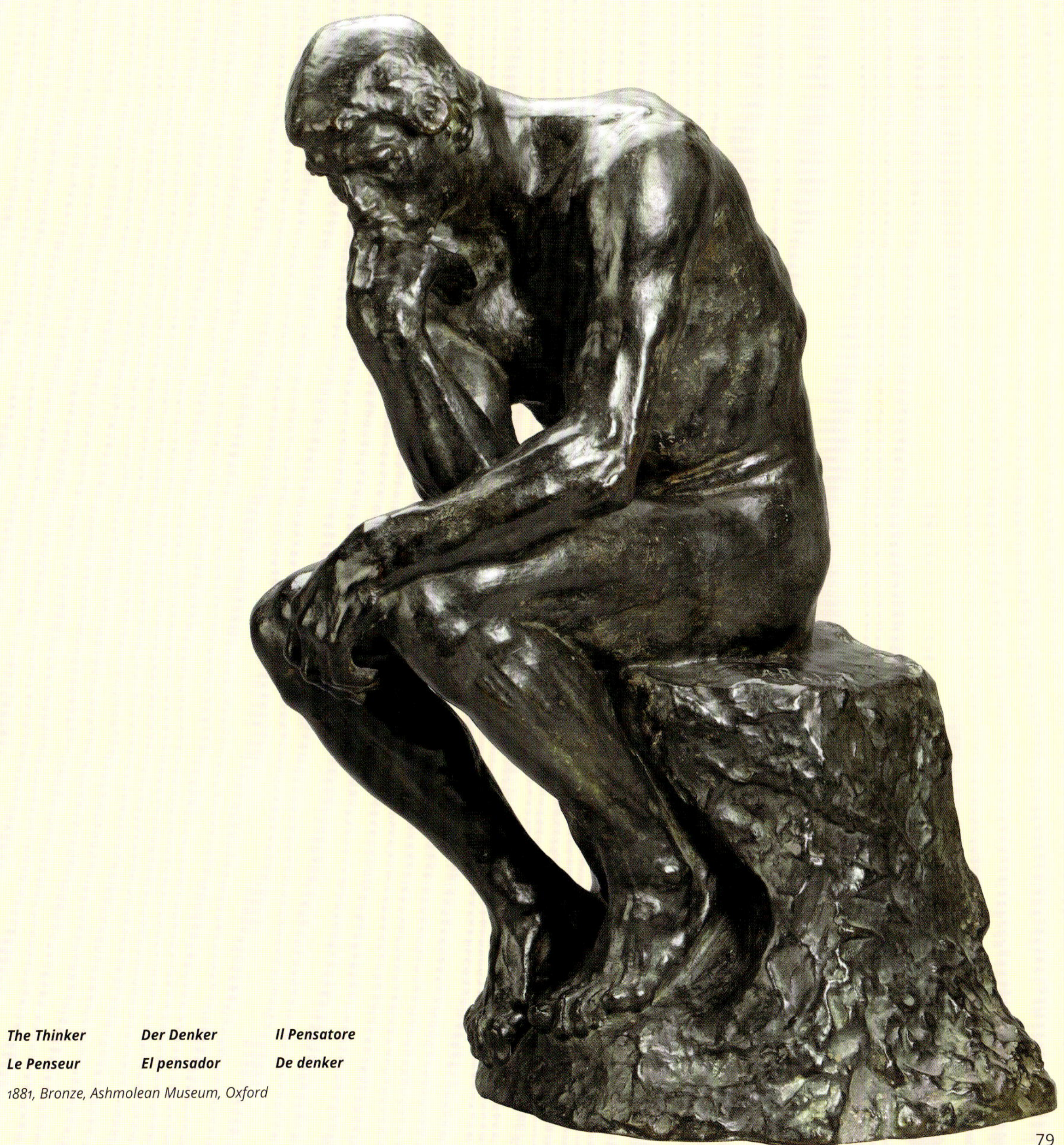

The Thinker ***Der Denker*** ***Il Pensatore***
Le Penseur ***El pensador*** ***De denker***

1881, Bronze, Ashmolean Museum, Oxford

is also a piece of radical modernity. In particular, the tension in the thinker's body reflects the connection between his mental activity and physical exertion that the artist wanted to highlight here.

The sculpture also seems to be ubiquitous, having been cast more than 20 times and displayed around the world. At the same time, it is also the one work by Rodin that has been most frequently mentioned, cited, and satirized in the popular culture of the 20th century.

véritable symbole – *Le Penseur,* œuvre autonome et de portée beaucoup plus générale.

Si la posture assise du *Penseur* trahit des échos de modèles classiques (comme le *Moïse* de Michel-Ange ou le *Torse du Belvédère*), tout le reste est ici d'une modernité radicale. L'énorme tension physique du personnage renvoie à l'union entre activité spirituelle et effort physique, que l'artiste a voulu mettre ici en valeur.

L'omniprésence de cette sculpture tient aussi au fait qu'on en a tiré plus de vingt copies par moulage, disséminées et visibles aujourd'hui dans le monde entier. Dans le même temps, c'est l'œuvre de Rodin la plus citée (et la plus brocardée) dans la culture populaire du XXe siècle.

engen Konzeption und wurde zu der autonomen und viel allgemeiner angelegten Plastik *Der Denker.*

Wenn *Der Denker* in seiner sitzenden Pose auch noch Anklänge an klassische Vorbilder verrät (etwa an Michelangelos *Moses* oder den *Torso von Belvedere*), so ist alles andere an ihm von radikaler Modernität. Vor allem die enorme Körperspannung des Denkenden verweist auf die Verbindung zwischen geistiger Tätigkeit und körperlicher Anstrengung, die der Künstler hier hervorheben wollte.

Zu der gefühlten Omnipräsenz dieser Skulptur mag auch beigetragen haben, dass sie in mehr als 20 Abgüssen über die ganze Welt verstreut gesehen werden kann. Zugleich ist es aber auch dasjenige unter Rodins Werken, das in der Populärkultur des 20. Jahrhunderts am häufigsten zitiert, erwähnt und persifliert wurde.

algún tiempo se salió el significado de la escultura de esta concepción estrecha y se convirtió en la escultura autónoma y mucho más general a escala *El pensador.*

Si *El pensador* en su actitud asentada traiciona incluso ecos de los modelos clásicos (*Moisés* de Miguel Ángel o el *Torso del Belvedere*), por todo lo que tiene de modernidad radical. En particular, la enorme tensión del cuerpo del pensador se refiere a la conexión entre la actividad mental y el esfuerzo físico que ha querido destacar aquí el artista.

A la ubicuidad percibida de esta escultura también puede haber contribuido el hecho de que se puede ver más de 20 vaciados diseminados por todo el mundo. Al mismo tiempo, también se trata de lo que se menciona y parodia de las obras de Rodin, el más citado en la cultura popular del siglo XX.

Sebbene *Il Pensatore* nella sua posa seduta rimandi ancora a reminiscenze di modelli classici (come il *Mosè* di Michelangelo o il *Torso del Belvedere*), tutto il resto rivela una modernità radicale. Specialmente l'enorme tensione corporale del pensatore rimanda al legame tra l'attività spirituale e la fatica fisica, che l'artista qui volle mettere in risalto.

All'ubiquità provata di questa scultura può anche aver contribuito il fatto che sia stata disseminata in tutto il mondo in più di venti calchi. Nel contempo è però anche l'unica tra le opere di Rodin che viene citata, menzionata e canzonata con maggiore frequenza nella cultura popolare del XX secolo.

Hoewel *De denker* in zijn zittende pose op klassieke voorbeelden aansluit (zoals Michelangelo's *Mozes* of de *Torso van de Belvedère*), is alles aan het werk radicaal modern. De enorme spanning van de denkende man drukt het verband tussen geestelijke en lichamelijke inspanning uit die de kunstenaar hier wilde benadrukken.

De niet weg te denken plaats van dit werk in de kunstgeschiedenis is wellicht ook de danken aan het feit dat er ruim twintig afgietsels van werden vervaardigd, die over de hele wereld werden verspreid en nu worden bewonderd. Deze sculptuur is dan ook 'de Rodin' die in de populaire cultuur van onze tijd het vaakst wordt genoemd, geciteerd en gepersifleerd.

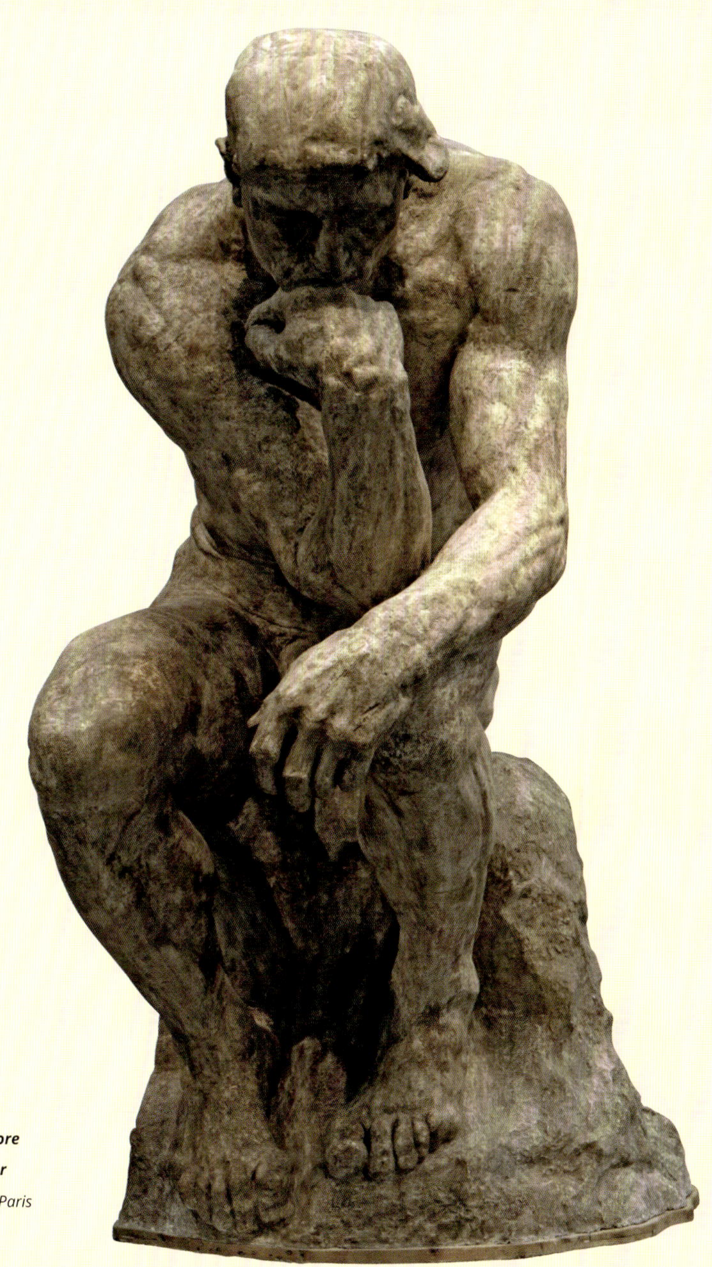

The Thinker	***Der Denker***	***Il Pensatore***
Le Penseur	***El pensador***	***De denker***

1903, Plaster/Plâtre, 182 × 108 × 141 cm, Musée Rodin, Paris

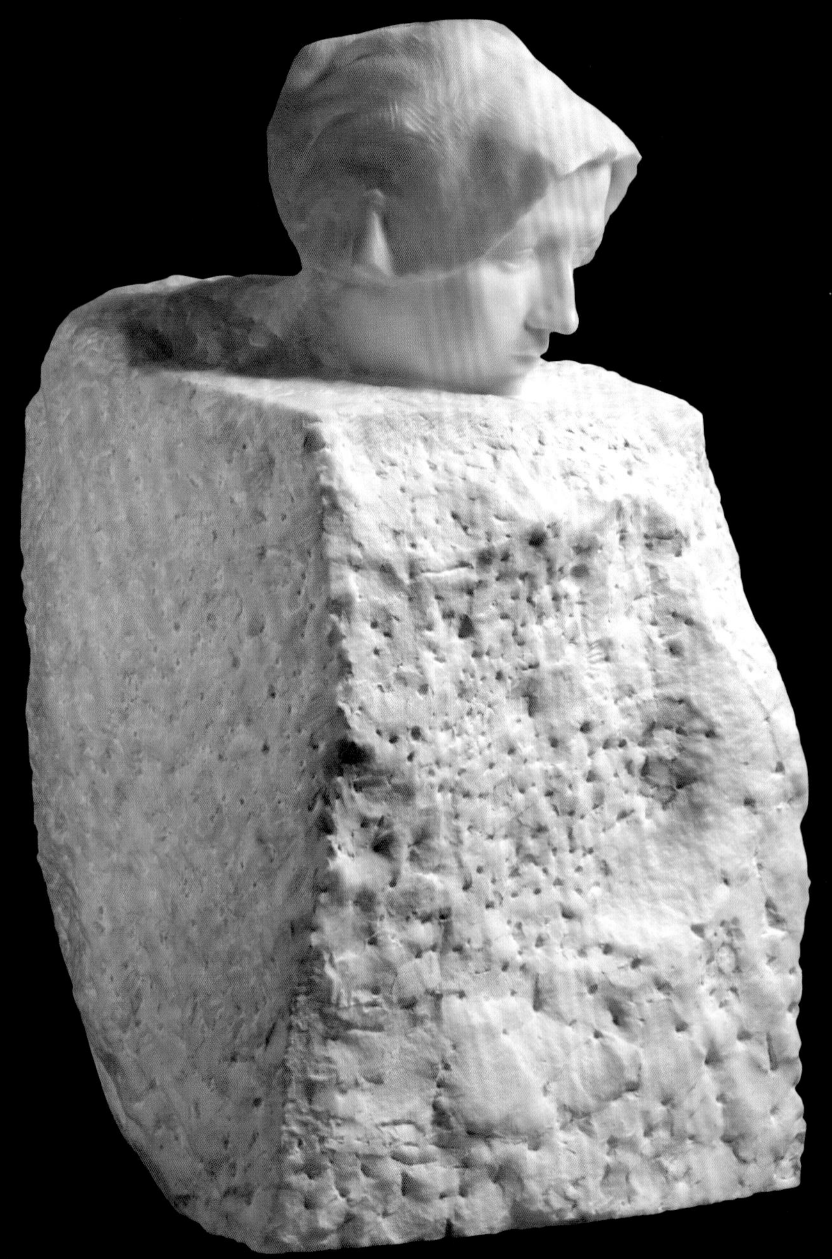

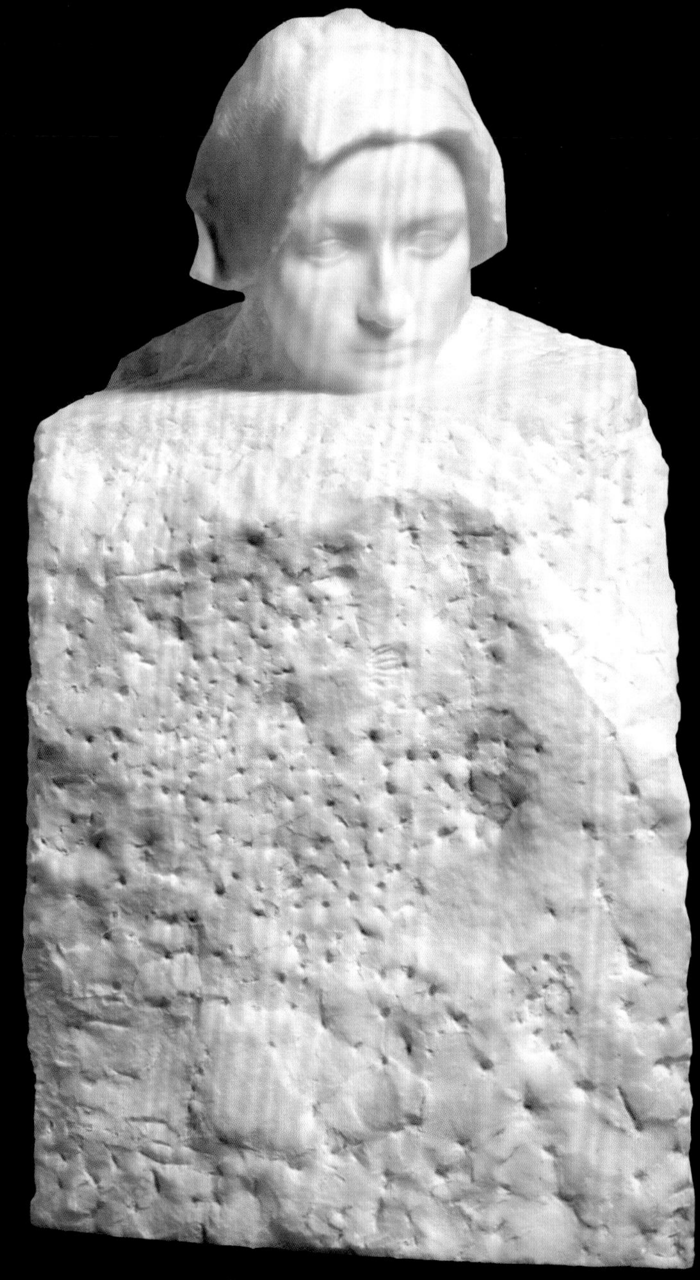

Thought

La Pensée

Der Gedanke

El pensamiento

Il Pensatore

De gedachte

1895, Marble/Marbre, 74 × 43,4 × 26,1 cm, Philadelphia Museum of Art, Philadelphia

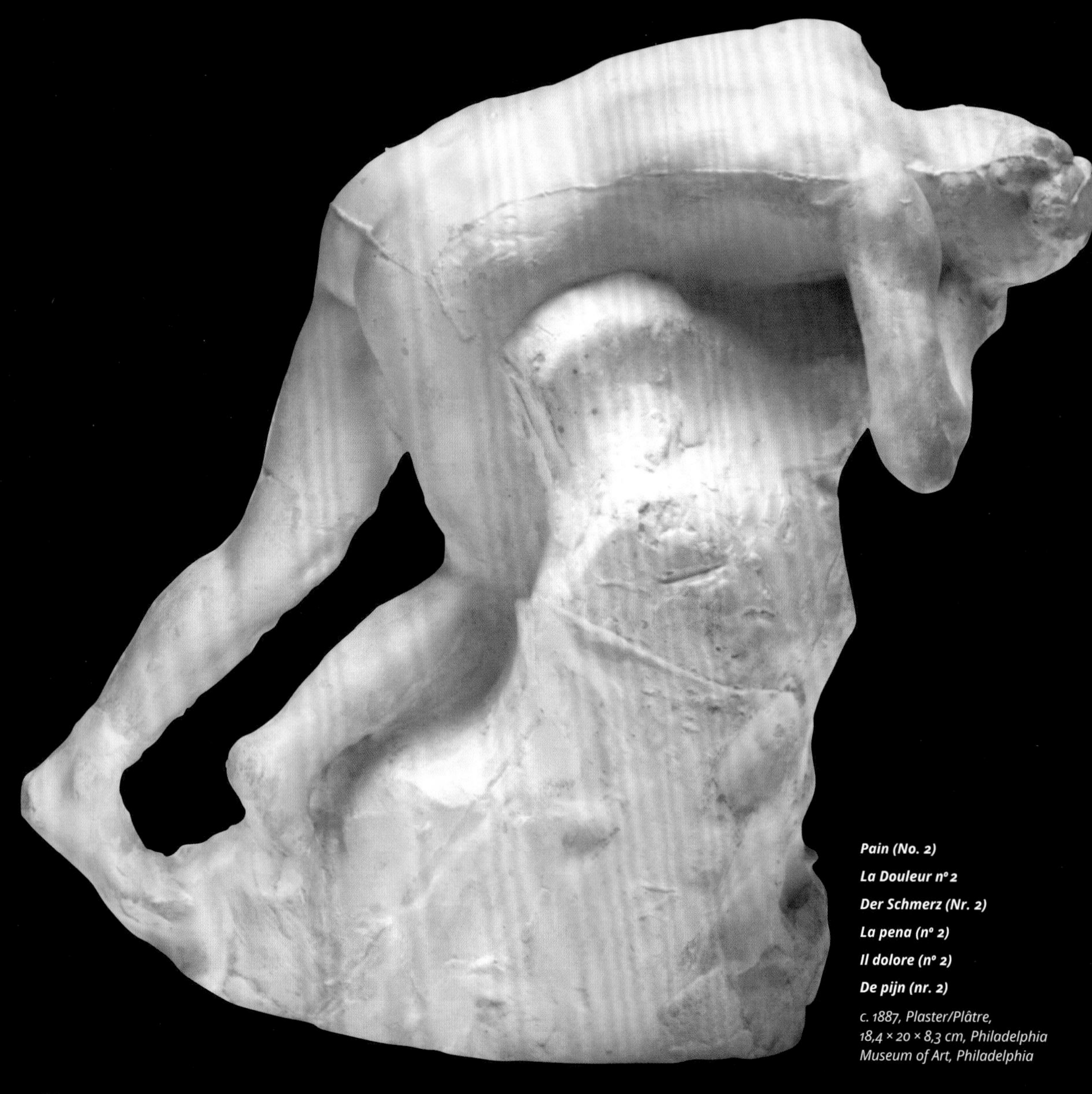

Pain (No. 2)

La Douleur n° 2

Der Schmerz (Nr. 2)

La pena (n° 2)

Il dolore (n° 2)

De pijn (nr. 2)

c. 1887, Plaster/Plâtre, 18,4 × 20 × 8,3 cm, Philadelphia Museum of Art, Philadelphia

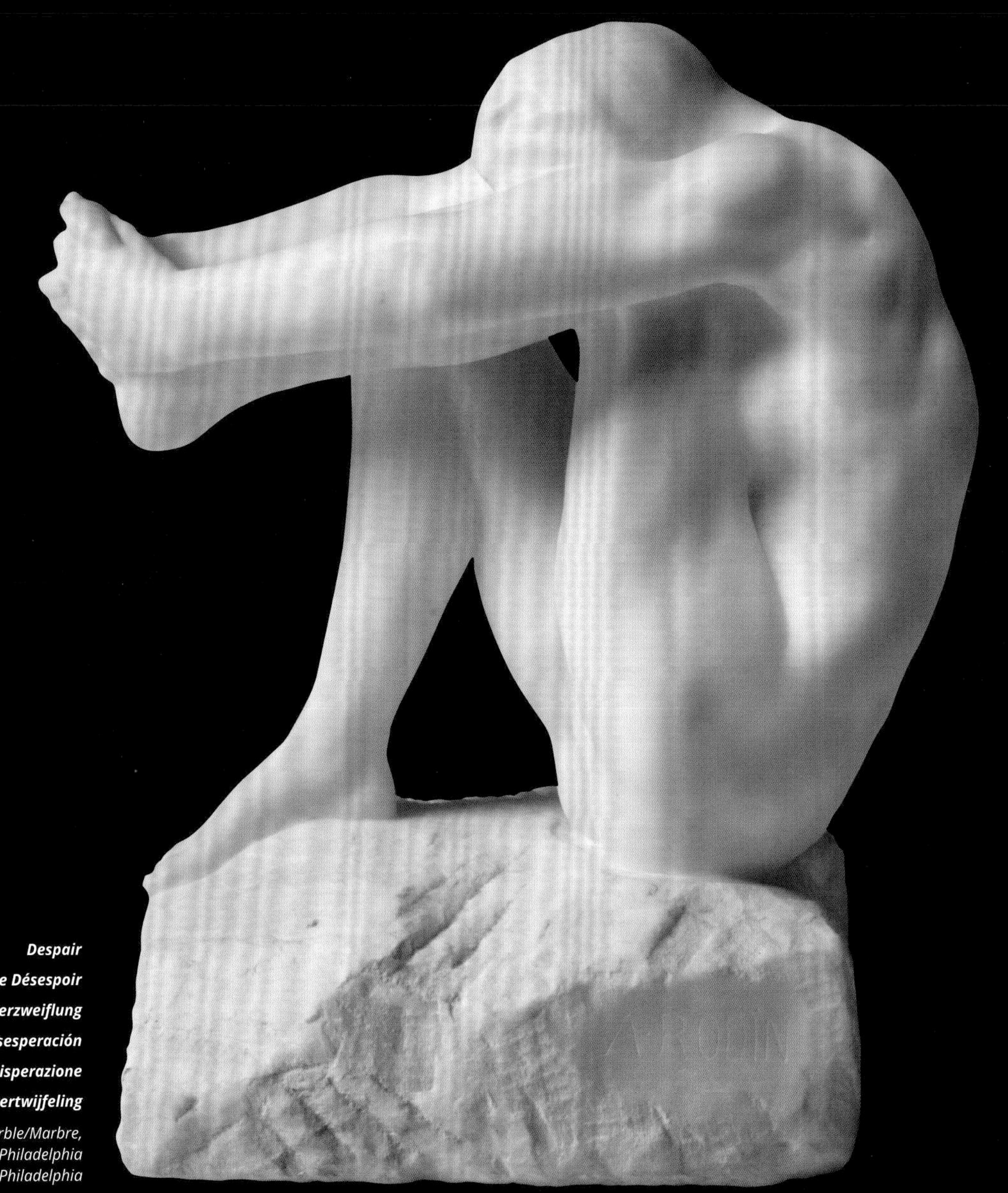

Despair
Le Désespoir
Die Verzweiflung
La desesperación
La disperazione
De vertwijfeling

1890, Marble/Marbre, 29,2 × 25,4 × 11,1 cm, Philadelphia Museum of Art, Philadelphia

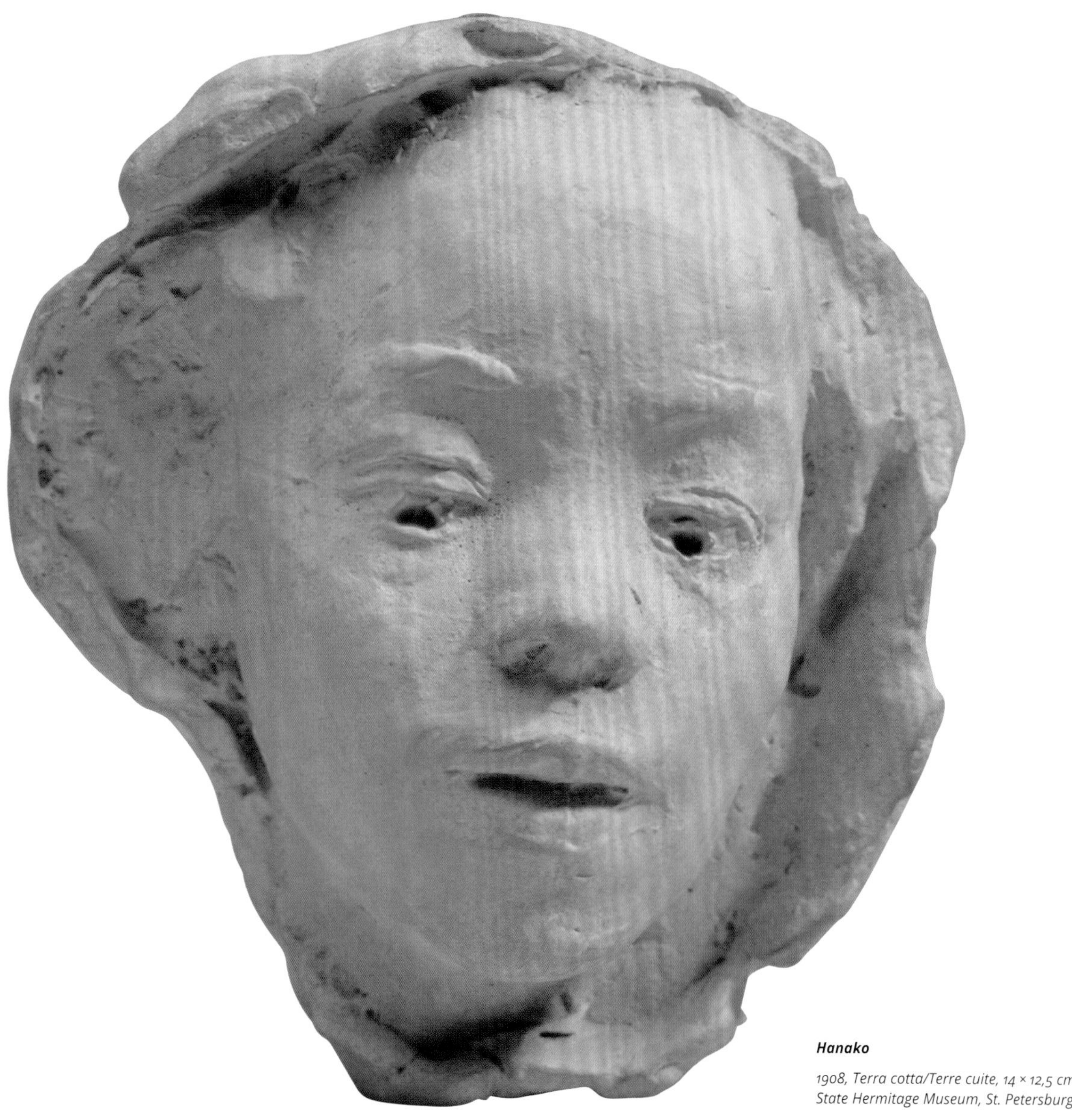

Hanako

1908, Terra cotta/Terre cuite, 14 × 12,5 cm, State Hermitage Museum, St. Petersburg

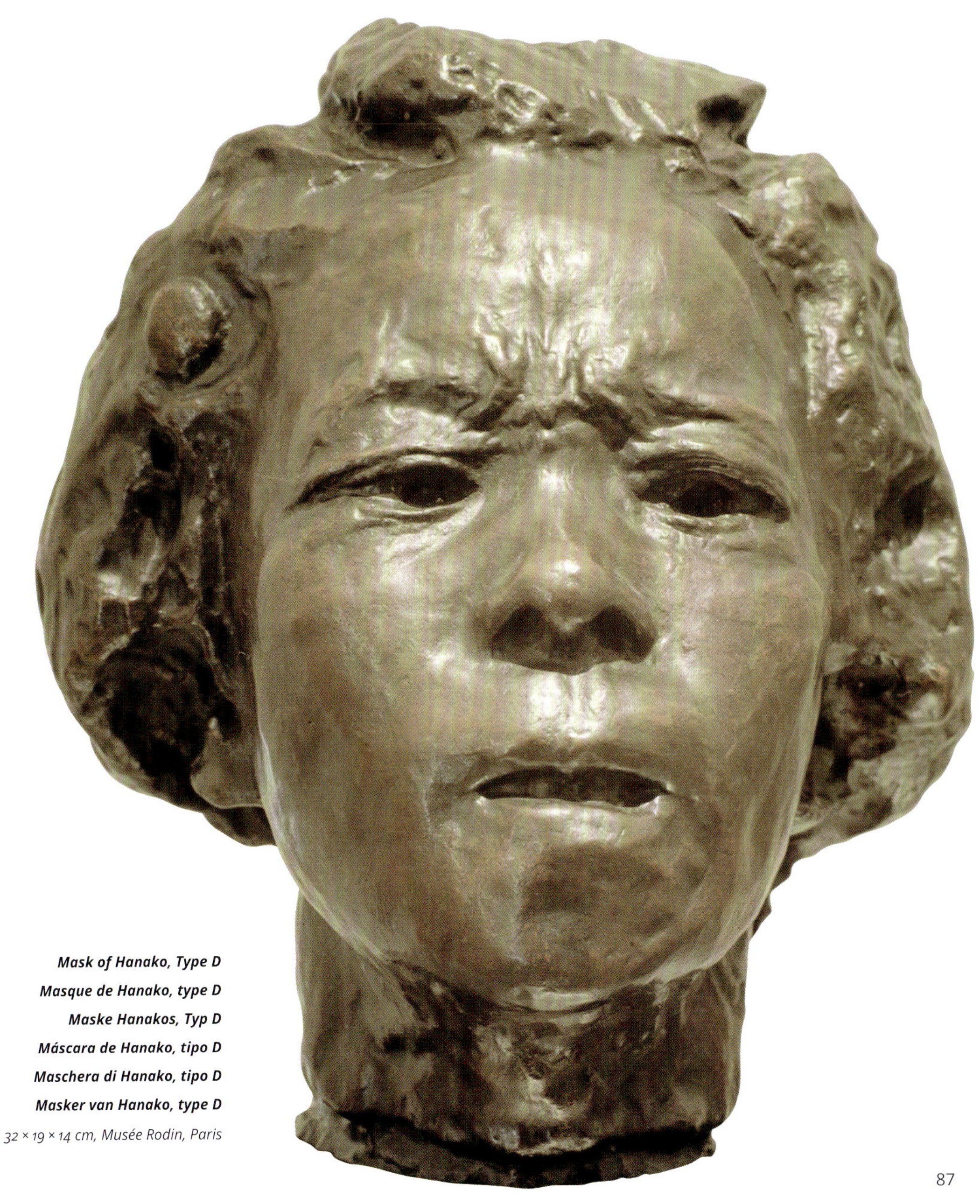

Mask of Hanako, Type D

Masque de Hanako, type D

Maske Hanakos, Typ D

Máscara de Hanako, tipo D

Maschera di Hanako, tipo D

Masker van Hanako, type D

1907/08, Bronze, 32 × 19 × 14 cm, Musée Rodin, Paris

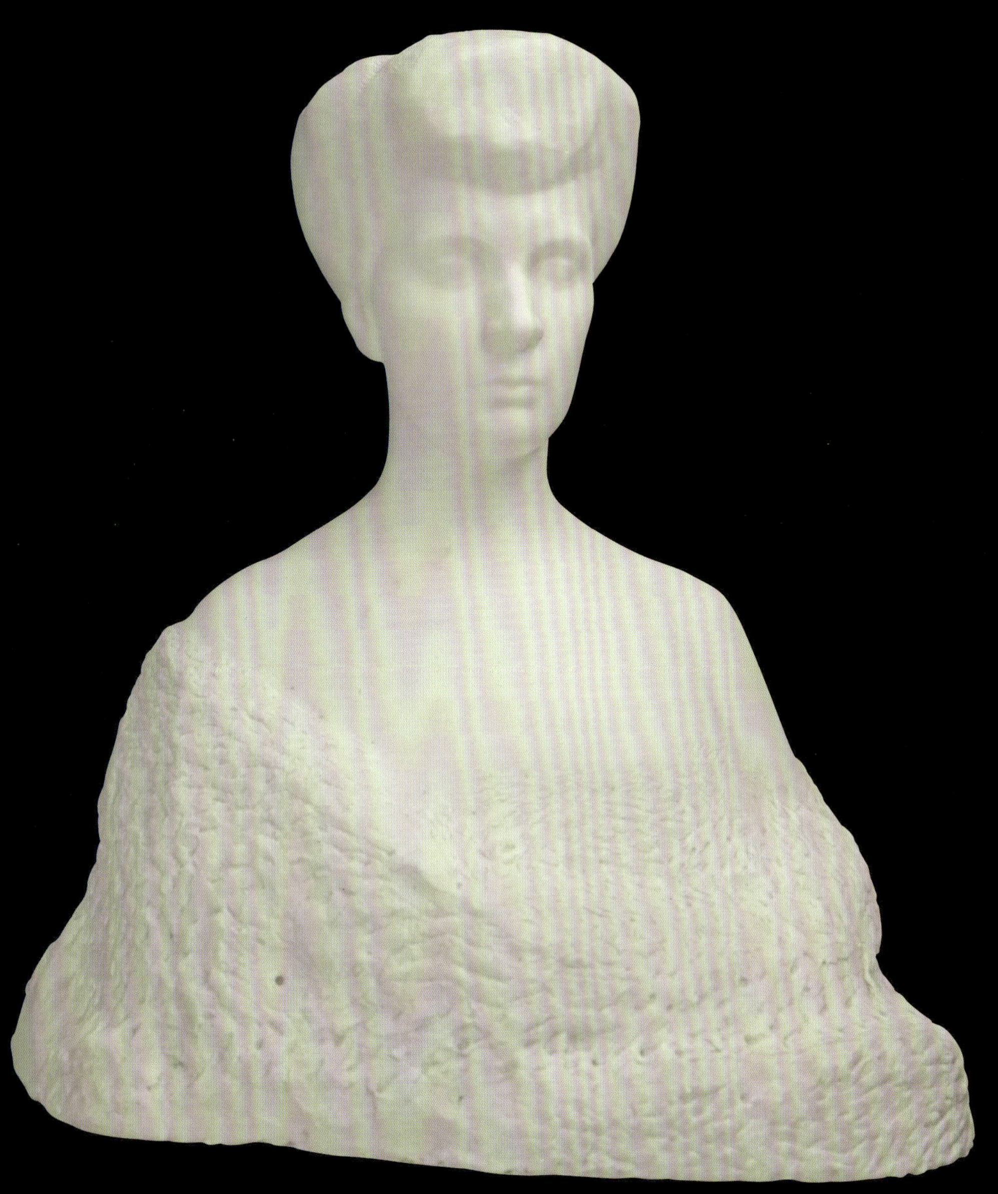

Varvara Yeliseyeva

1906, Marble/Marbre, 63 cm, State Hermitage Museum, St. Petersburg

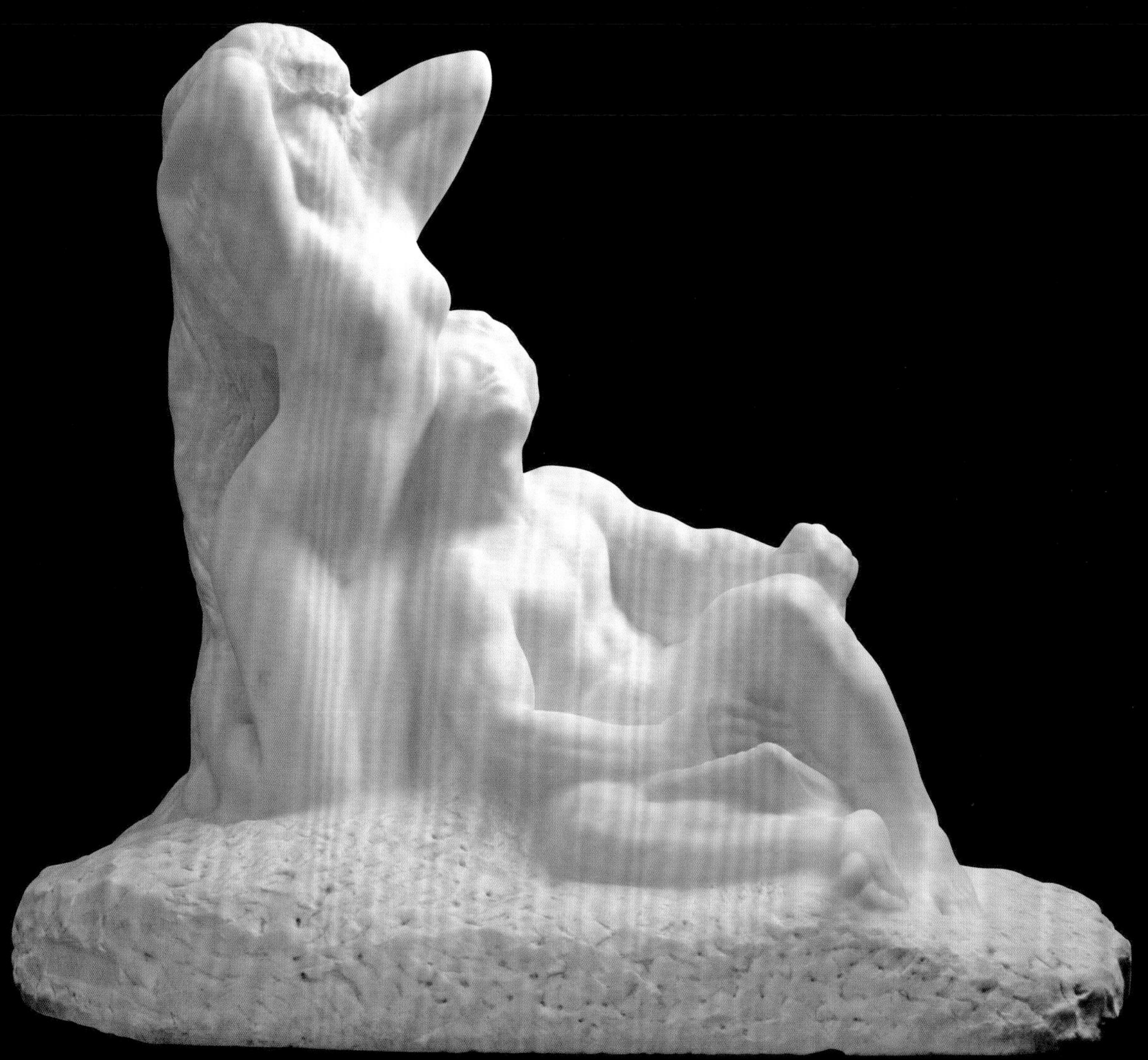

Poet and Muse ***Dichter und Muse*** ***Poeta e musa***
Le Poète et la Muse ***El poeta y la musa*** ***Dichter en muze***
c. 1905, Marble/Marbre, 63 cm, State Hermitage Museum, St. Petersburg

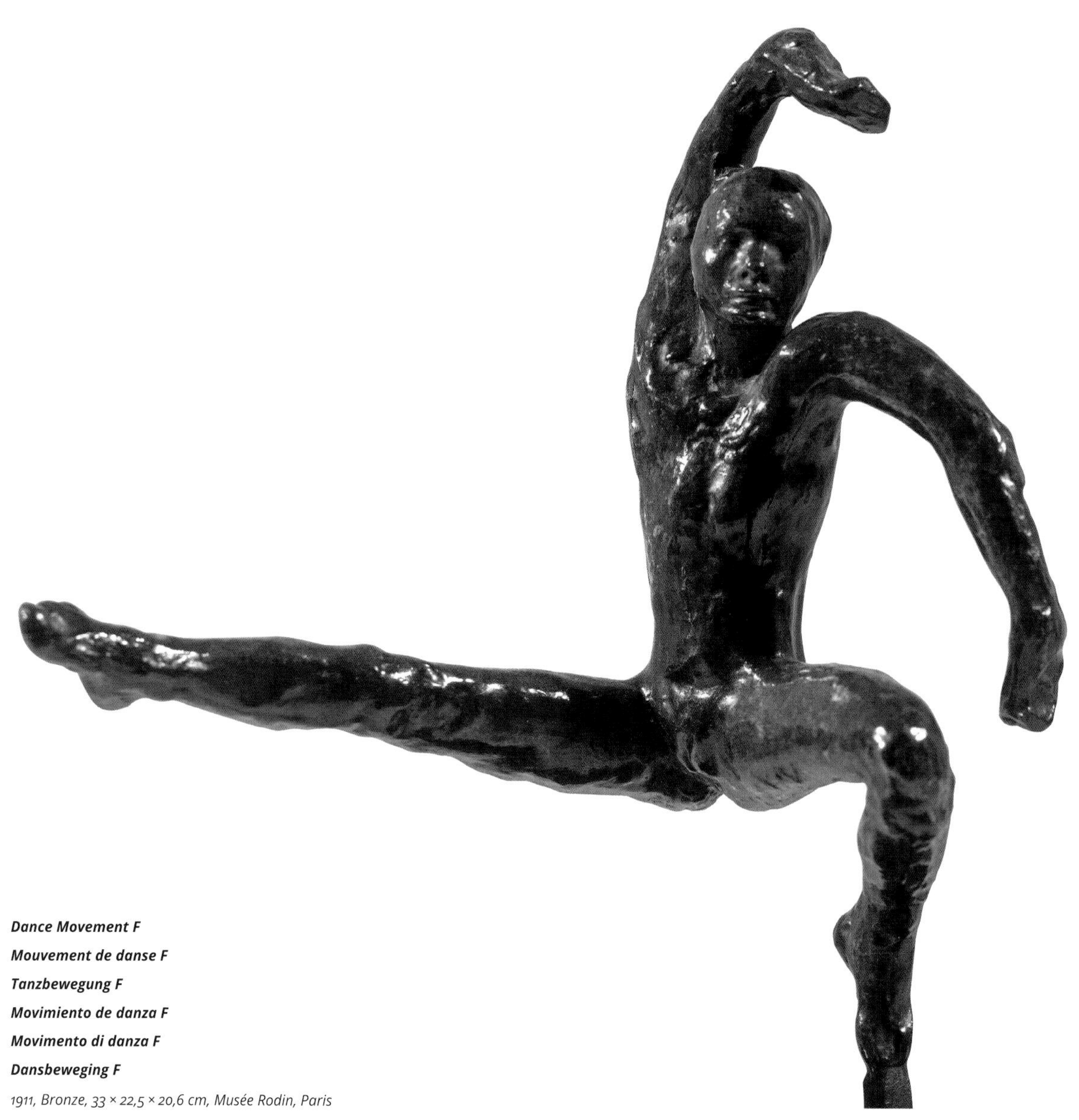

Dance Movement F

Mouvement de danse F

Tanzbewegung F

Movimiento de danza F

Movimento di danza F

Dansbeweging F

1911, Bronze, 33 × 22,5 × 20,6 cm, Musée Rodin, Paris

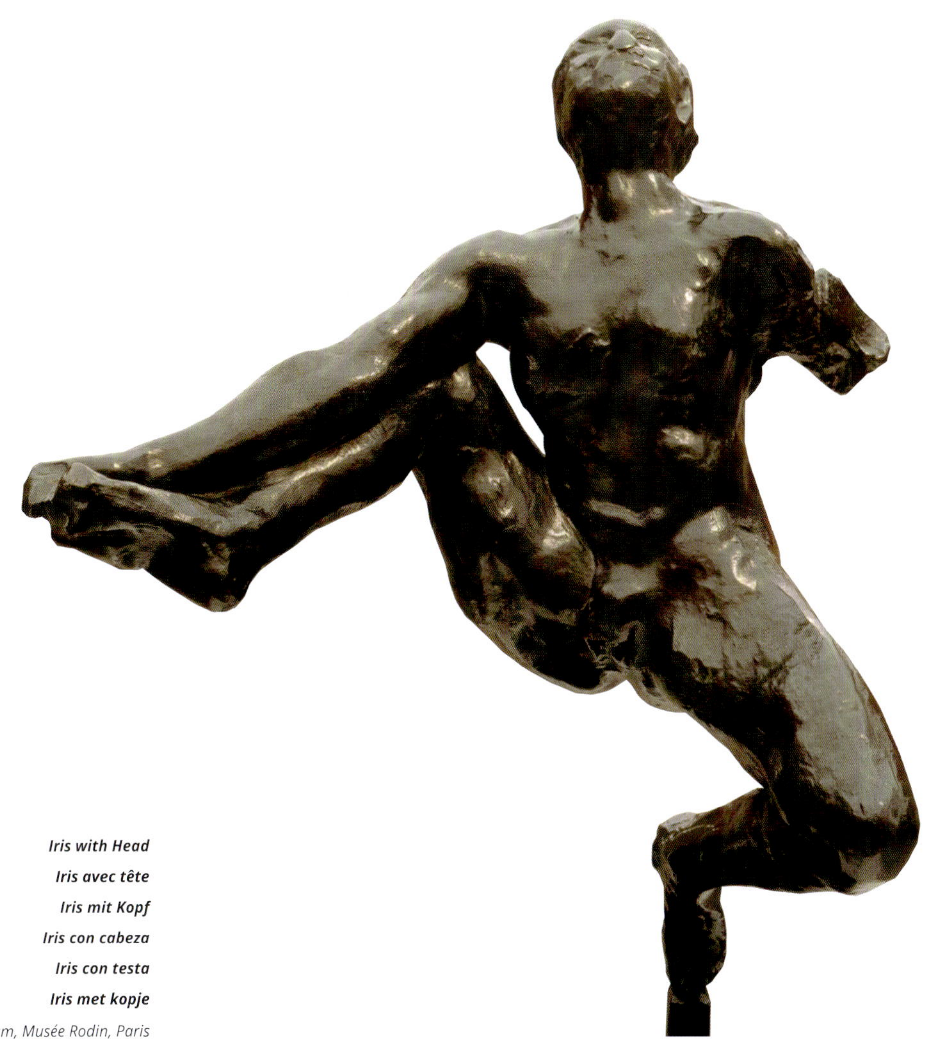

Iris with Head

Iris avec tête

Iris mit Kopf

Iris con cabeza

Iris con testa

Iris met kopje

1891, Bronze, 46 × 39,5 × 23 cm, Musée Rodin, Paris

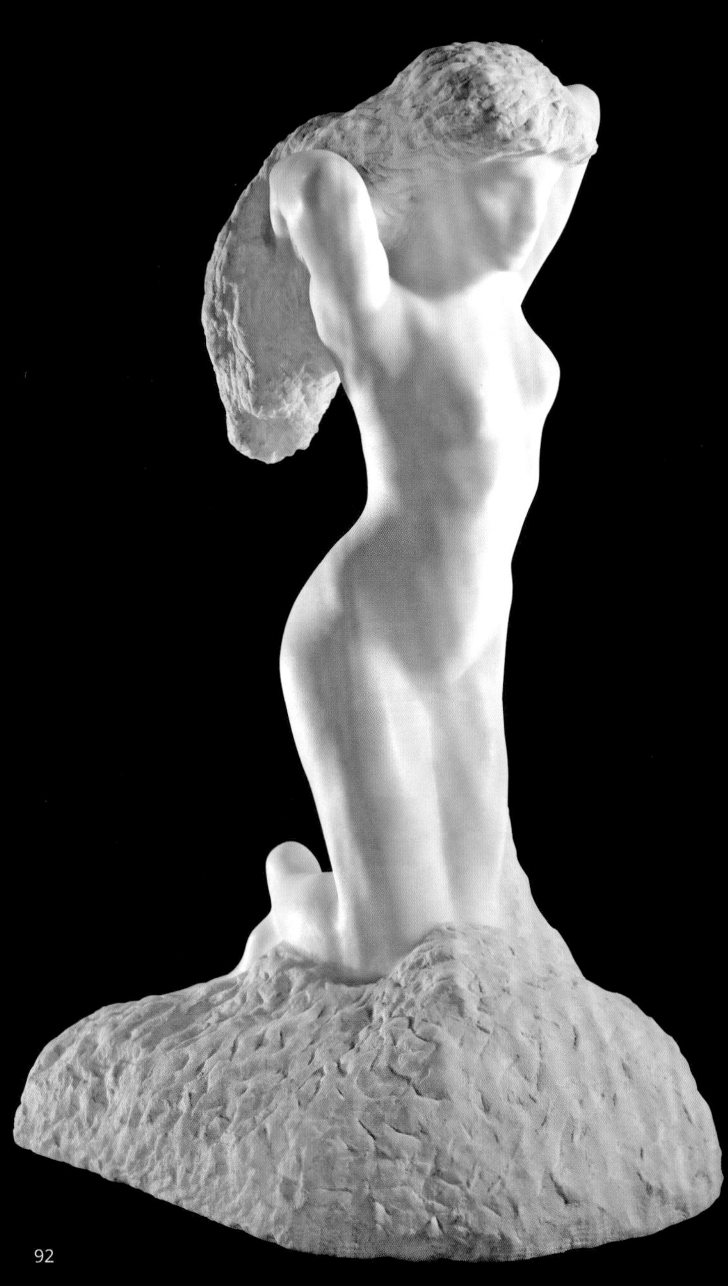

The Nymph

La Nymphe

Die Nymphe

La ninfa

La ninfa

De nimf

1906, Marble/Marbre, 59,5 cm, Private collection

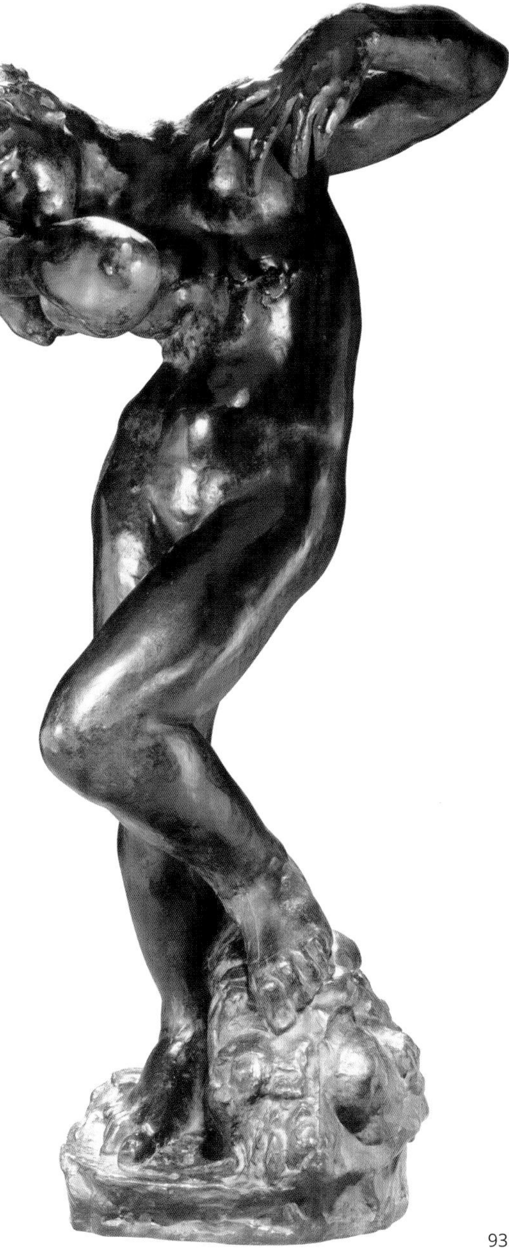

Meditation

Méditation* ou *La Voix intérieure

Meditation

Meditación

Meditazione

Meditatie

1885, Bronze, 74,6 cm, Private collection

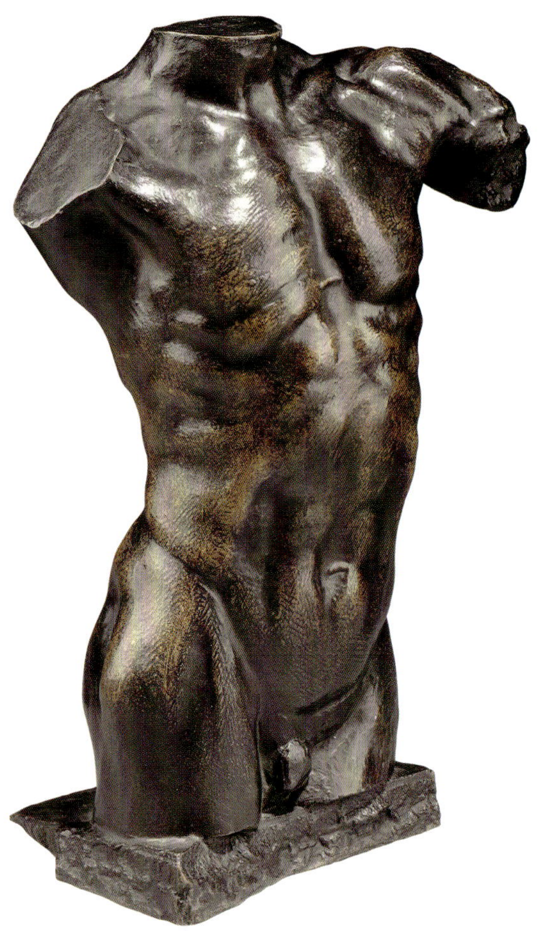

Male Torso

Torse masculin, nouveau modèle

Männlicher Torso

Torso masculino

Torso maschile

Mannelijke torso

c. 1885, Bronze with brown patina/Bronze avec patine brune, 27 cm, Private collection

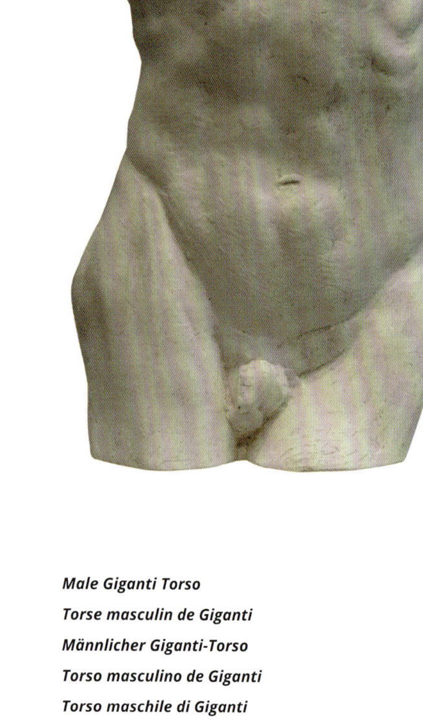

Male Giganti Torso

Torse masculin de Giganti

Männlicher Giganti-Torso

Torso masculino de Giganti

Torso maschile di Giganti

Mannelijke Gigantitorso

1885, Plaster/Plâtre, 26,7 × 18,6 × 10 cm, Musée Rodin, Paris

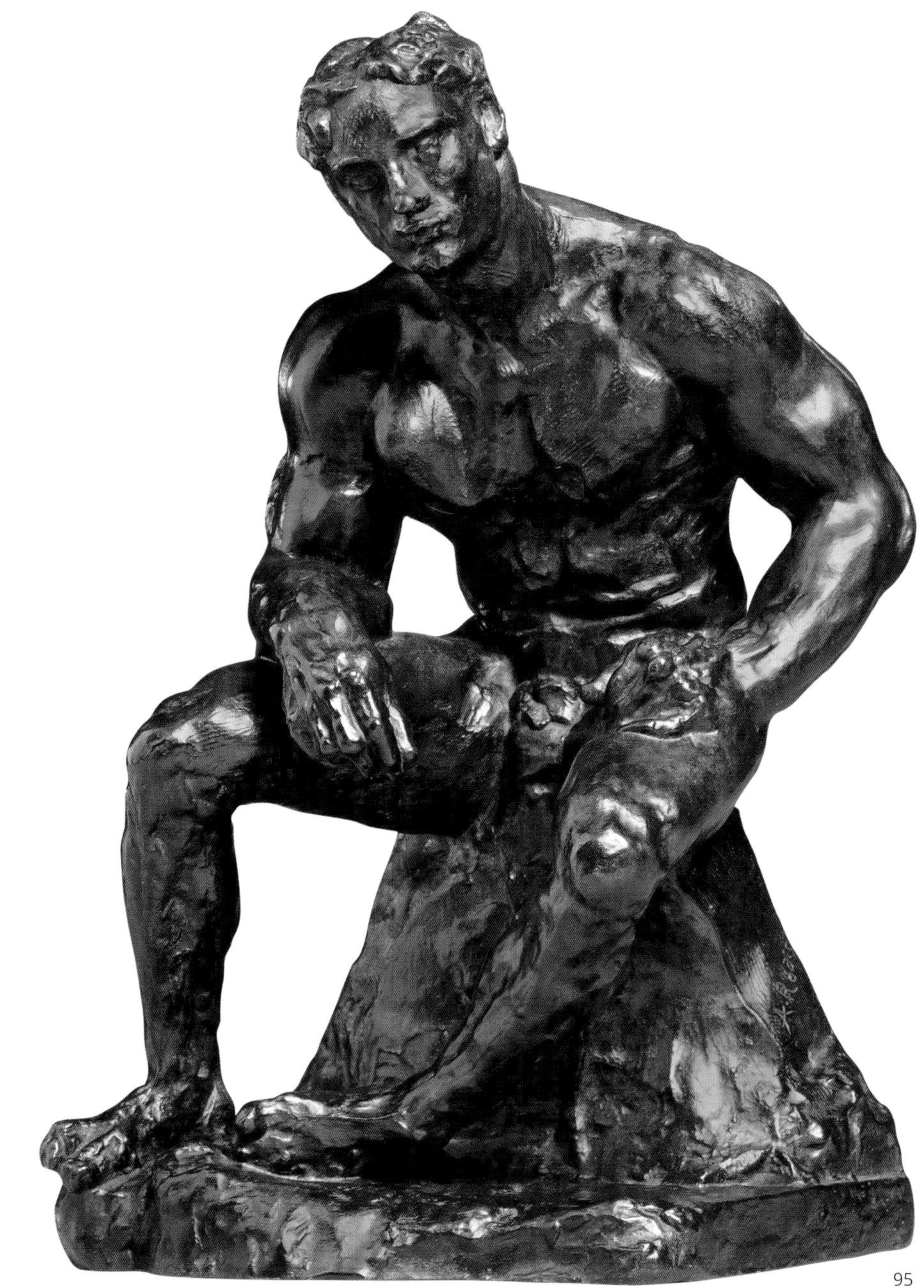

American Athlete, type A

L'Athlète américain, type A

Amerikanischer Athlet, Typ A

El atleta americano, tipo A

Atleta americano, tipo A

Amerikaanse atleet, type A

1901, Bronze with brown and green patina/Bronze avec patine brune et verte, 40 cm, Private collection

The Gates of Hell

Just a few years after his success with *The Age of Bronze,* Rodin received another prestigious commission. He was asked to create a portal for Paris's proposed museum of decorative arts. While the overall portal and the individual figures were originally mean to be inspired by the *Divine Comedy,* over time the work took on a life of its own with only fleeting references to Dante's work.

As such, it is not really surprising that Rodin worked on this piece until his death in 1917. His inspiration gradually shifted from Dante's tale of the circles of hell to the contemporary, immensely influential poems of Charles Baudelaire in *Les Fleurs du mal,* which many at that time saw as a modern version of

La Porte de l'Enfer

Quelques années seulement après le succès de *L'Âge d'airain,* Rodin reçoit de l'État une commande à la fois grandiose et prestigieuse : pour le futur musée des Arts décoratifs de Paris, il est chargé de concevoir et de réaliser une porte d'entrée monumentale. Le programme initial de la décoration tire son inspiration de la seule *Divine Comédie,* mais il se développe peu à peu dans des directions totalement nouvelles, si bien que l'œuvre de Dante n'est plus identifiable que dans certaines approches.

Rien d'étonnant, finalement, si l'on a en tête que l'artiste a travaillé sur cette œuvre jusqu'à sa mort, en 1917. L'inspiration des histoires infernales du Moyen Âge s'est trouvée peu à peu

Das Höllentor

Nur wenige Jahre nach seinem Erfolg mit *Das eherne Zeitalter* bekam Rodin einen prestigeträchtigen Großauftrag: Für das noch zu errichtende Musée des Arts décoratifs de Paris sollte er im staatlichen Auftrag ein Portal entwerfen. Bezog die gesamte Anlage des Tores wie auch das Figurenprogramm im Einzelnen ihre Inspiration zunächst nur aus der *Divina Commedia,* so entwickelte es sich mit der Zeit zu etwas vollständig Neuem.

Dies kann nicht weiter verwundern, hält man sich vor Augen, dass Rodin im Grunde bis zu seinem Tod im Jahr 1917 an diesem Werk arbeitete. Und so wurde seine Inspiration durch die mittelalterlichen Höllengeschichten nach und nach überlagert von den Gedichten Charles Baudelaires, den *Blumen des Bösen,* in denen nicht wenige schon zu jener Zeit eine moderne Version

La puerta del infierno

Sólo unos pocos años después de su éxito con *La edad de bronce,* Rodin consigue un importante y prestigioso encargo: debía diseñar por orden estatal un portal para el aún no construido Museo de Artes Decorativas de París. Tanto el sistema de la puerta como el programa en detalle de esculturas debían su inspiración en un principio sólo a la *Divina Comedia,* aunque evolucionó con el tiempo en algo completamente nuevo cuyos planteamientos son algo perceptibles en la obra de Dante.

Esto no puede sorprendernos, si se tiene en cuenta que Rodin trabajó en esta obra prácticamente hasta su muerte en 1917. Debido a esto, su inspiración fue eclipsada gradualmente por las historias medievales sobre el infierno de los poemas de Charles Baudelaire, *Las flores del mal,* en los cuales se percibía ya una

La Porta dell'inferno

Solo alcuni anni dopo il suo successo con *L'Età del bronzo* Rodin ricevette un grande e prestigioso incarico: doveva progettare un portale per il Museo di Arti Decorative di Parigi ancora da costruire, come incarico statale. All'inizio egli prese l'ispirazione dell'intera costruzione della porta, come anche del programma di figure singole, dalla *Divina Commedia,* ma con il tempo si sviluppò qualcosa di totalmente nuovo.

Questo non può certo stupire se si tiene conto che Rodin lavorò a fondo a quest'opera fino alla sua morte nel 1917. E così la sua ispirazione proveniente dalle storie infernali del Medioevo fu gradualmente oscurata dalle poesie di Charles Baudelaire, *I Fiori del male,* nelle quali già a quel tempo non pochi vedevano

De Hellepoort

Slechts een paar jaar na het succes van *Het bronzen tijdperk* kreeg Rodin een prestigieuze en omvangrijke opdracht: voor het op te richten Musée des arts décoratifs de Paris moest hij een portaal creëren. Hoewel de totaalopzet van het portaal en ook het programma voor de afzonderlijke figuren werden geïnspireerd door de *Divina Commedia,* ontwikkelde het geheel zich in de loop der tijd tot iets geheel nieuws.

Dat zal niet verbazen, als we bedenken dat Rodin er in feite tot aan zijn dood in 1917 aan bleef werken. Zo werd zijn inspiratie door dit middeleeuwse epos over de hel geleidelijk aan overvleugeld door de dichtbundel van Charles Baudelaire, *Les fleurs du mal,* die door velen ook toen al als een moderne

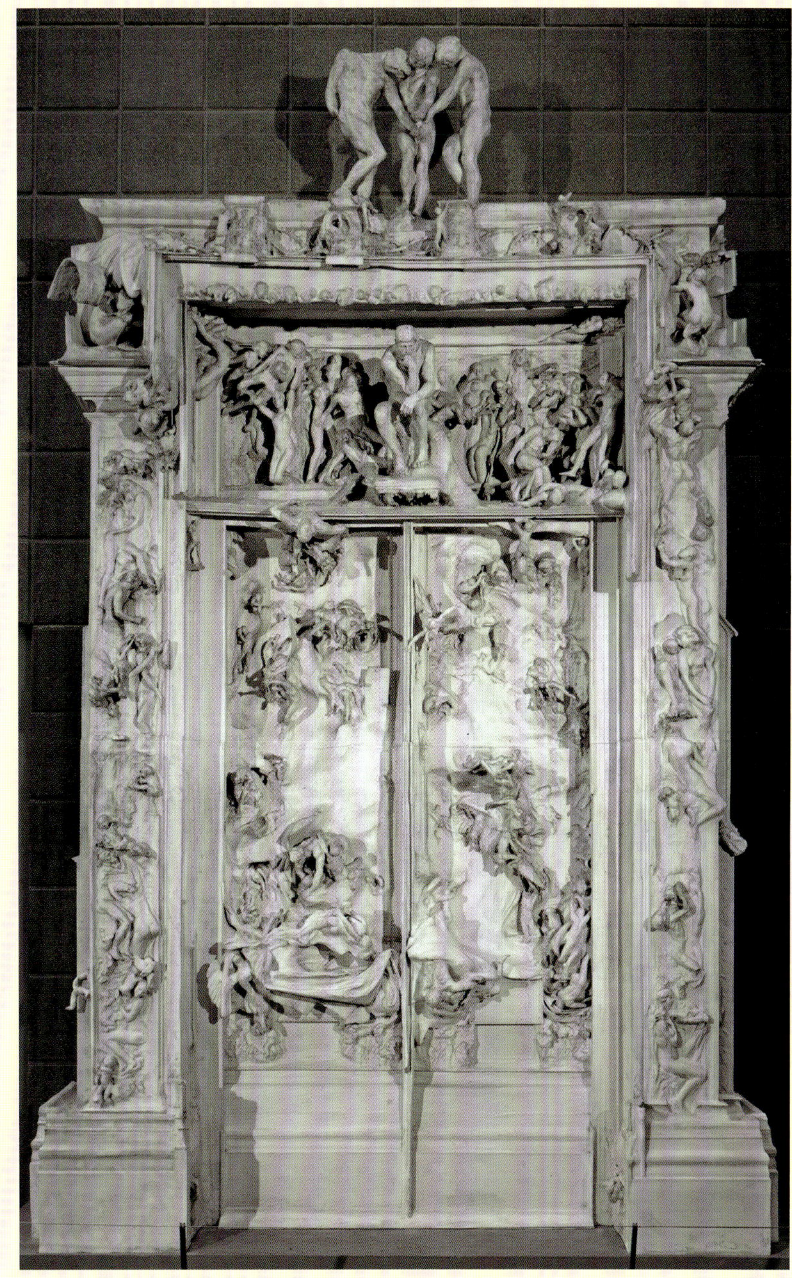

The Gates of Hell

La Porte de l'Enfer

Das Höllentor

La puerta del Infierno

La Porta dell'Inferno

De Hellepoort

*1880–1917, Plaster/Plâtre, 635 × 400 × 94 cm,
Musée d'Orsay, Paris*

Dante's journey. What links the two as impressively reflected impressively in *The Gates of Hell* is the intention of creating a large-scale panorama of human suffering and desires.

More than 200 figures, both individuals and groups, appear in this mammoth work, including some major works that enjoy a fame separate from the whole: not only *The Thinker,* but also *Ugolino* (1882), *The Kiss* (1886), *The Crouching Woman* (1882), and *The Danaid* (1885).

The start of Rodin's work on this piece coincided with his meeting the sculptor Camille Claudel, 24 years his junior, who soon not only became a part of his team, but also his mistress for a few years (without Rodin's ever having separated from Rose Beuret).

mêlée puis recouverte par l'immense influence des *Fleurs du mal* de Baudelaire, ensemble de poèmes dans lequel – de son temps déjà – beaucoup voyaient une version moderne du parcours infernal de Dante. Ce qui unit les deux sommes poétiques et qui se condense aussi dans *La Porte de l'Enfer* est bien l'intention de créer un panorama grandiose des souffrances et des désirs humains.

Dans cette création gigantesque, Rodin présente plus de deux cents personnages, isolés ou en groupes ; outre *Le Penseur,* d'autres sculptures remarquables, sorties du contexte du portail, atteignent aussi isolément à la célébrité, comme *Ugolin et ses enfants* (1881), *Le Baiser* (1881), *La Femme accroupie* (1882) et *La Danaïde* (1885).

von Dantes Höllenreise sahen. Was beide verbindet und was sich auch im Höllentor eindrucksvoll niederschlug, ist die Absicht, ein großangelegtes Panorama der menschlichen Leiden und Begierden zu erschaffen.

Über 200 Figuren, einzeln oder in Gruppen, zeigt Rodin in diesem Mammutwerk und neben dem *Denker* finden sich darin noch einige andere prominente Skulpturen, die auch alleinstehend, aus dem Portal herausgelöst, Berühmtheit erlangt haben, so *Ugolino* (1882), *Der Kuss* (1886), *Die Kauernde* (1882) und *Die Danaïde* (1885).

Der Beginn der Arbeiten am *Höllentor* fiel zusammen mit der Begegnung Rodins mit der 24 Jahre jüngeren Camille Claudel, die er schon bald nicht nur in sein Assistententeam aufnimmt, sondern die für einige Jahre auch seine Geliebte sein wird.

versión moderna de los viajes del infierno de Dante. Lo que los une y que se tradujo de forma impresionante en *La puerta del infierno,* es la intención de crear un panorama a gran escala del sufrimiento y la codicia humana.

Más de 200 figuras, individualmente o en grupos, exhibe Rodin en esta obra gigantesca y junto a los pensadores se encuentran en algunas otras esculturas prominentes también aisladas, extraídas del portal, que se han hecho famosas, como *Ugolino y sus hijos* (1882), *El beso* (1886), *Mujer en cuclillas* (1882) y *La Danaide* (1885).

El inicio de los trabajos sobre *La puerta del infierno* coincidió con la reunión de Rodin con la joven de 24 años Camille Claudel, que no solo entró a formar parte de su equipo auxiliar, sino que también será durante unos años su amante.

una moderna versione del viaggio all'inferno di Dante. Ciò che li unisce entrambi e che trovò espressione con grande effetto anche nella *Porta dell'inferno,* è l'intenzione di creare un panorama in grande stile delle sofferenze e dei desideri umani.

Rodin mostra in quest'opera imponente oltre 200 figure, singole o in gruppi, e oltre al *Pensatore* si trovano anche altre eminenti sculture, che pur restando da sole, separate dal portale, hanno conquistato la celebrità, come *Ugolino* (1882), *Il Bacio* (1886), *La Donna accovacciata* (1882) e *La Danaide* (1885).

L'inizio dei lavori per la *Porta dell'inferno* coincise con l'incontro di Rodin con Camille Claudel, più giovane dello scultore di 24 anni, che egli ben presto non solo accolse nel suo staff di assistenti, ma che divenne anche la sua amante per alcuni anni.

versie van Dante's Hel werd beschouwd. Wat beide dichters verbindt en wat ook in *De Hellepoort* op indrukwekkende wijze werd uitgedrukt, is de creatie van een overweldigend panorama van menselijk lijden en begeren.

Meer dan 200 figuren, individueel of in groepen, toont Rodin in zijn magnum epos, dat naast *De denker* nog andere beeldhouwwerken omvat die los van het portaal als afzonderlijke werken beroemd zijn geworden, zoals *Ugolino* (1882), *De kus* (1886), *Hurkend naakt* (1882) en *De Danaïde* (1885).

Het begin van het werk aan *De Hellepoort* viel samen met Rodins ontmoeting met de 24 jaar jongere Camille Claudel, die spoedig niet alleen een van zijn assistenten werd, maar enkele jaren zijn geliefde zou zijn.

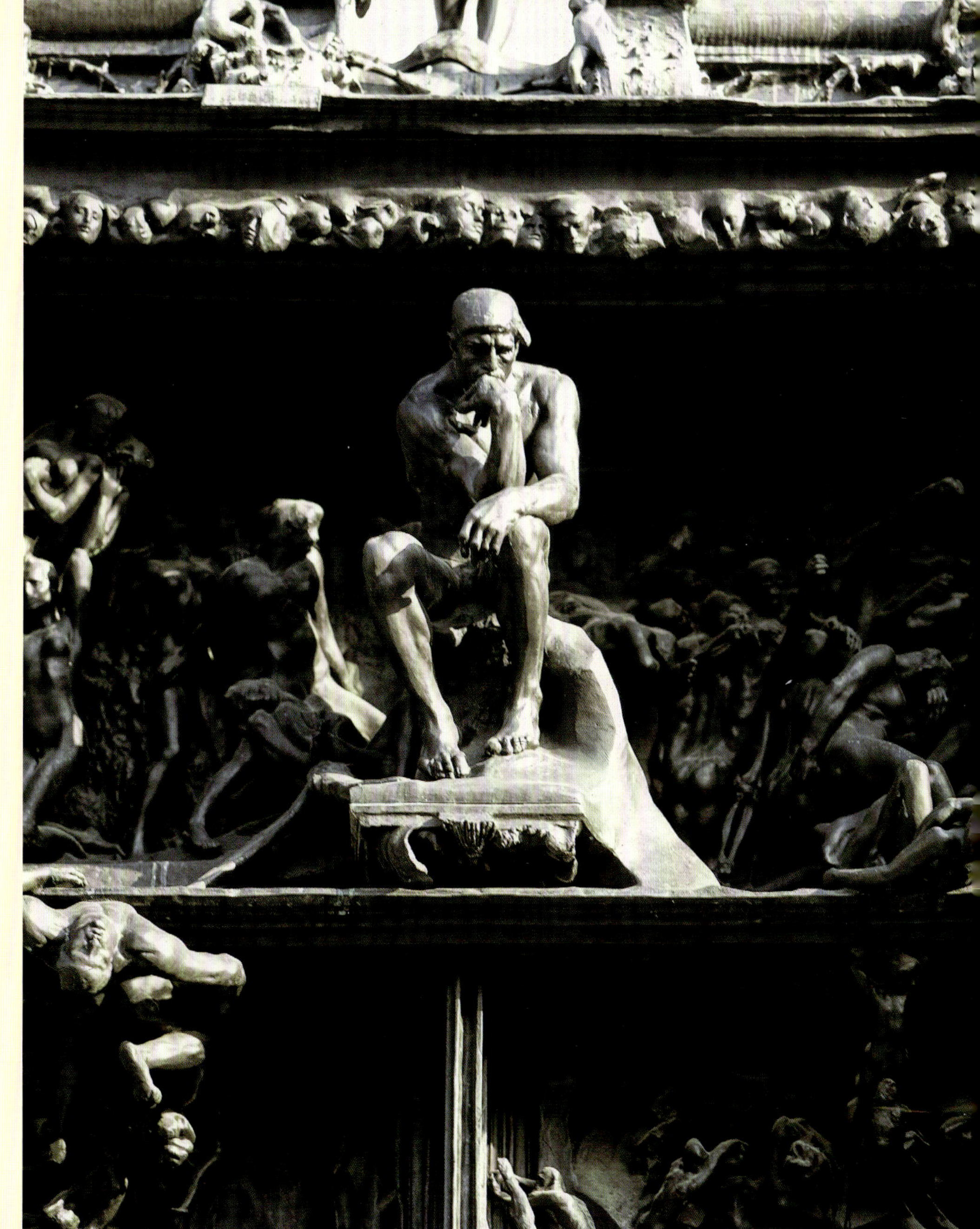

The Gates of Hell: The Thinker

La Porte de l'Enfer : Le Penseur

Das Höllentor: Der Denker

La puerta del Infierno: El pensador

La Porta dell'Inferno: Il Pensatore

De Hellepoort: De denker

1880–1917, Bronze, 635 × 400 × 85 cm, Musée Rodin, Paris

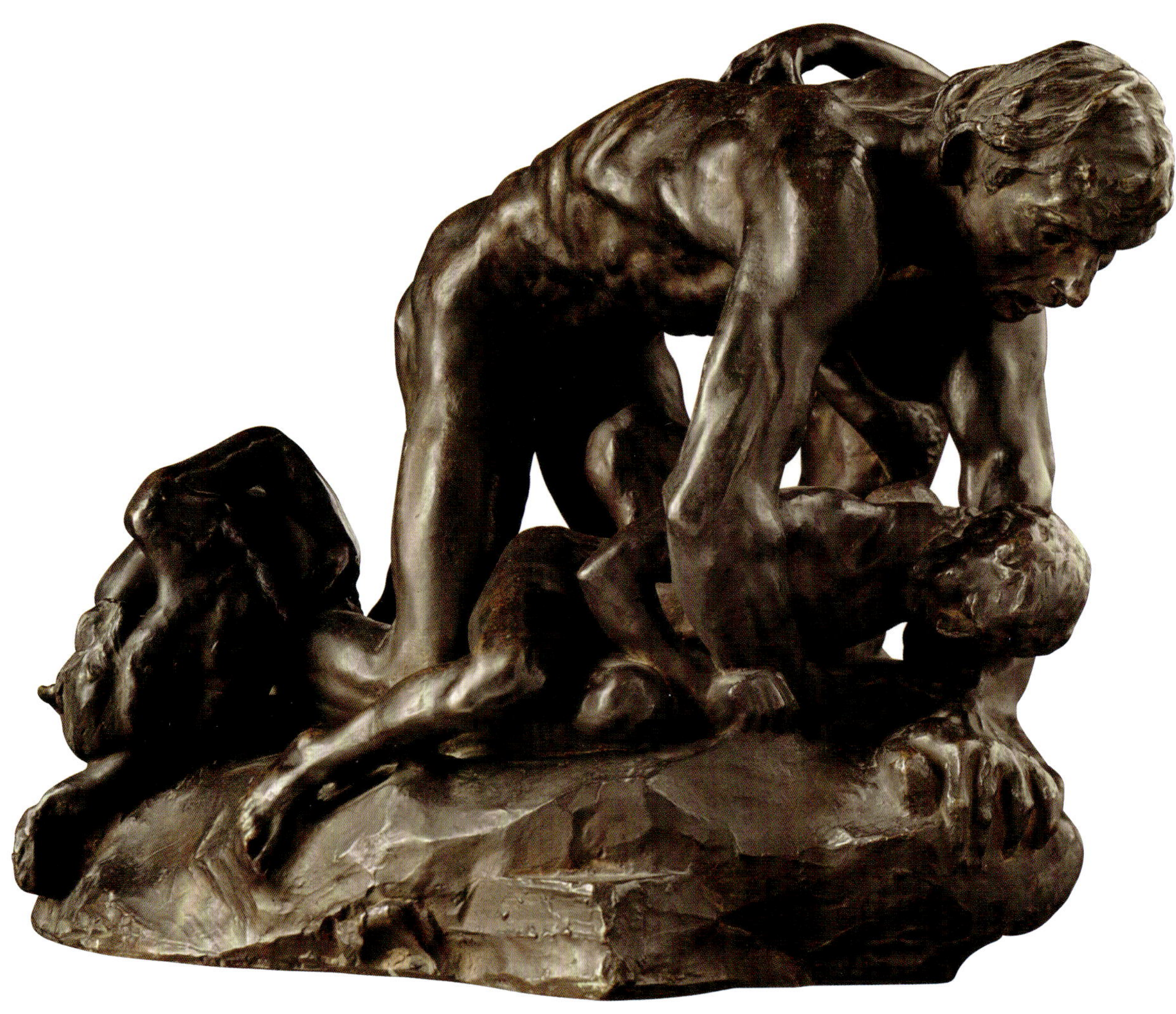

Ugolino and His Sons ***Ugolino und seine Söhne*** ***Ugolino ei suoi figli***
Ugolin et ses enfants ***Ugolino y sus hijos*** ***Ugolino en zijn zonen***

1882, Bronze, 41 × 61,5 × 41 cm, Musée Rodin, Paris

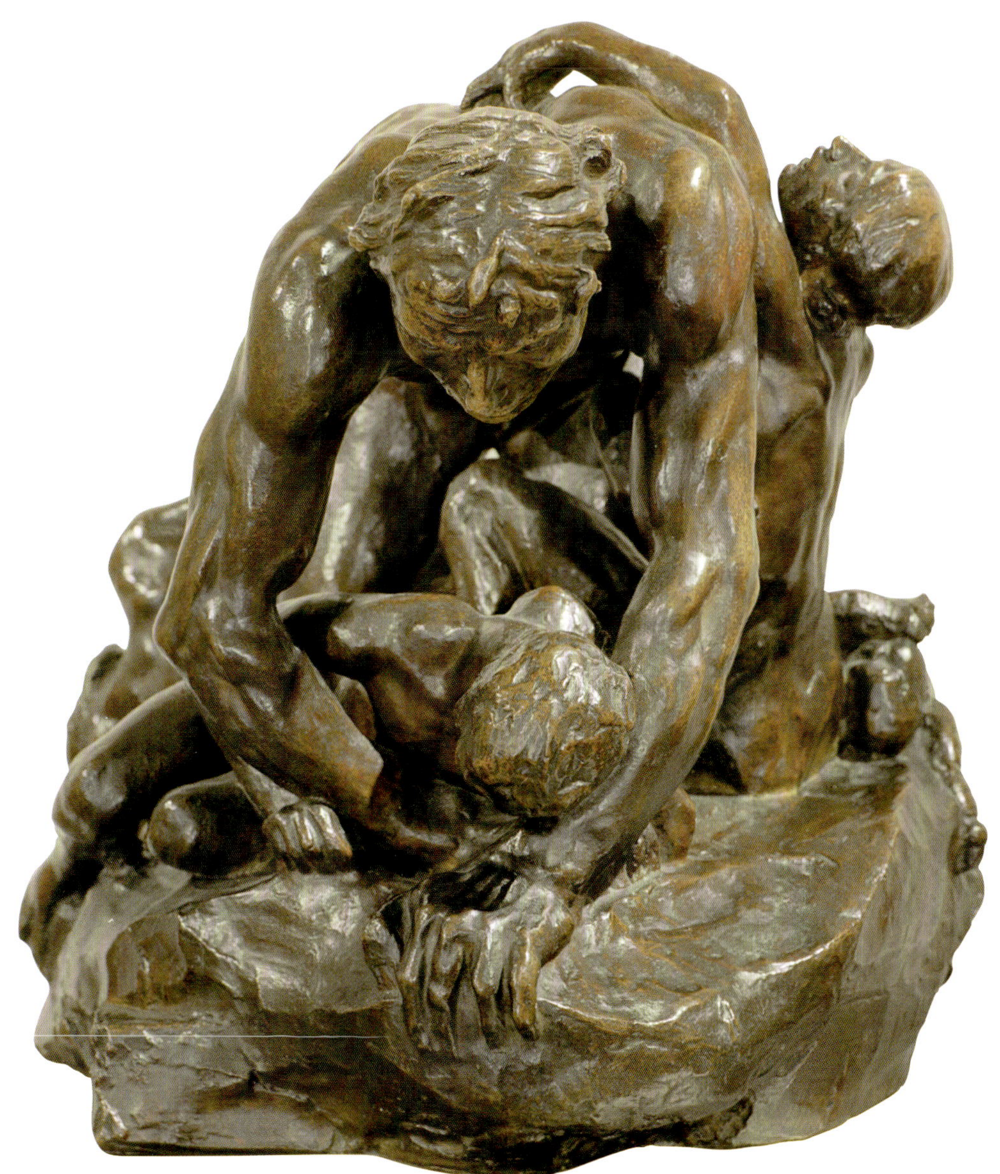

Ugolino and His Sons

Ugolin et ses enfants

Ugolino und seine Söhne

Ugolino y sus hijos

Ugolino ei suoi figli

Ugolino en zijn zonen

1882, Bronze, 41,3 × 42,5 × 50,3 cm, Private collection

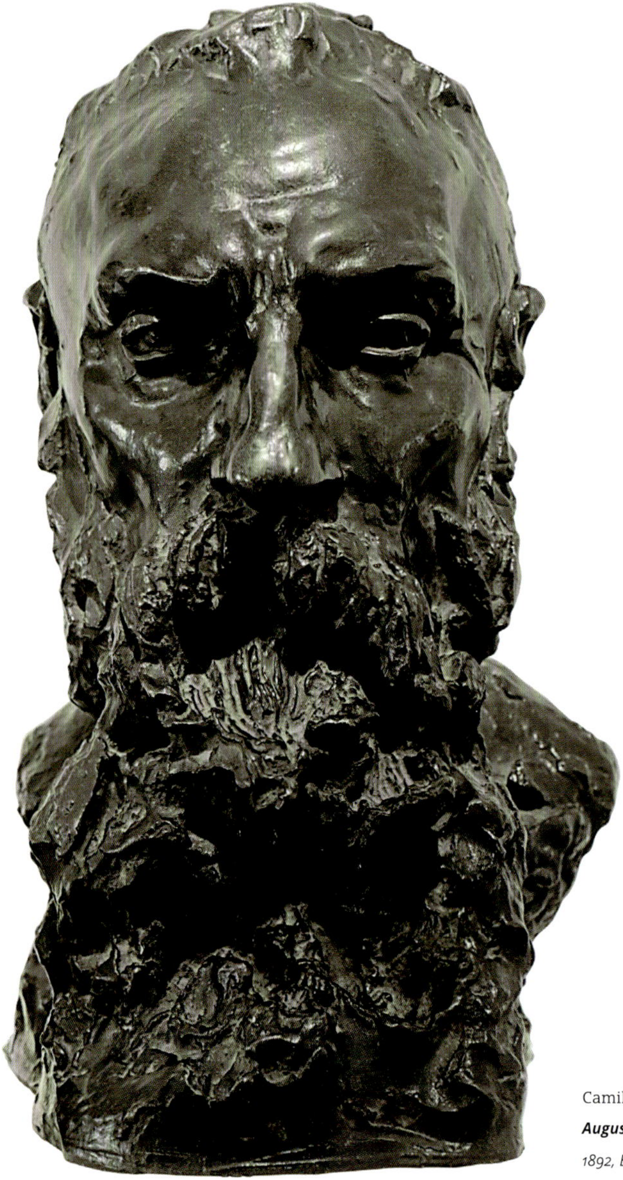

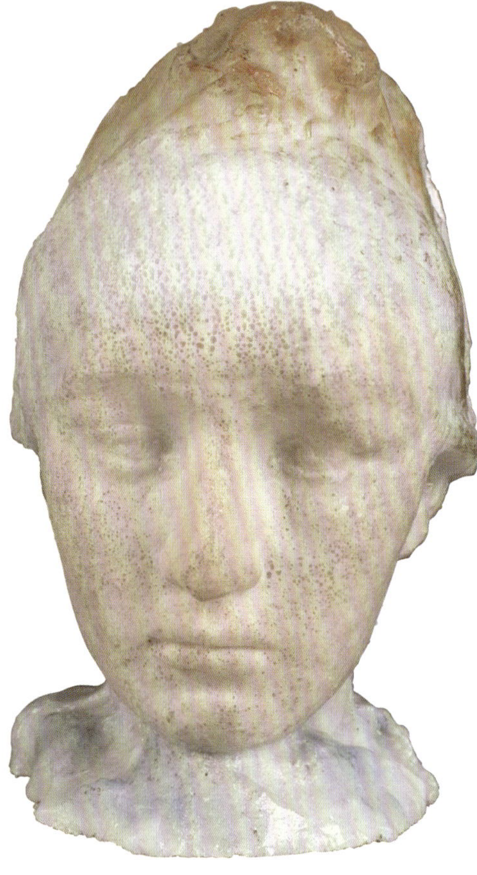

Camille Claudel

1911, Glass flux/Pâte de verre, 25 cm, Private collection

Camille Claudel (1864–1943)

Auguste Rodin

1892, Bronze, 40 × 24,6 × 28 cm, Musée Rodin, Paris

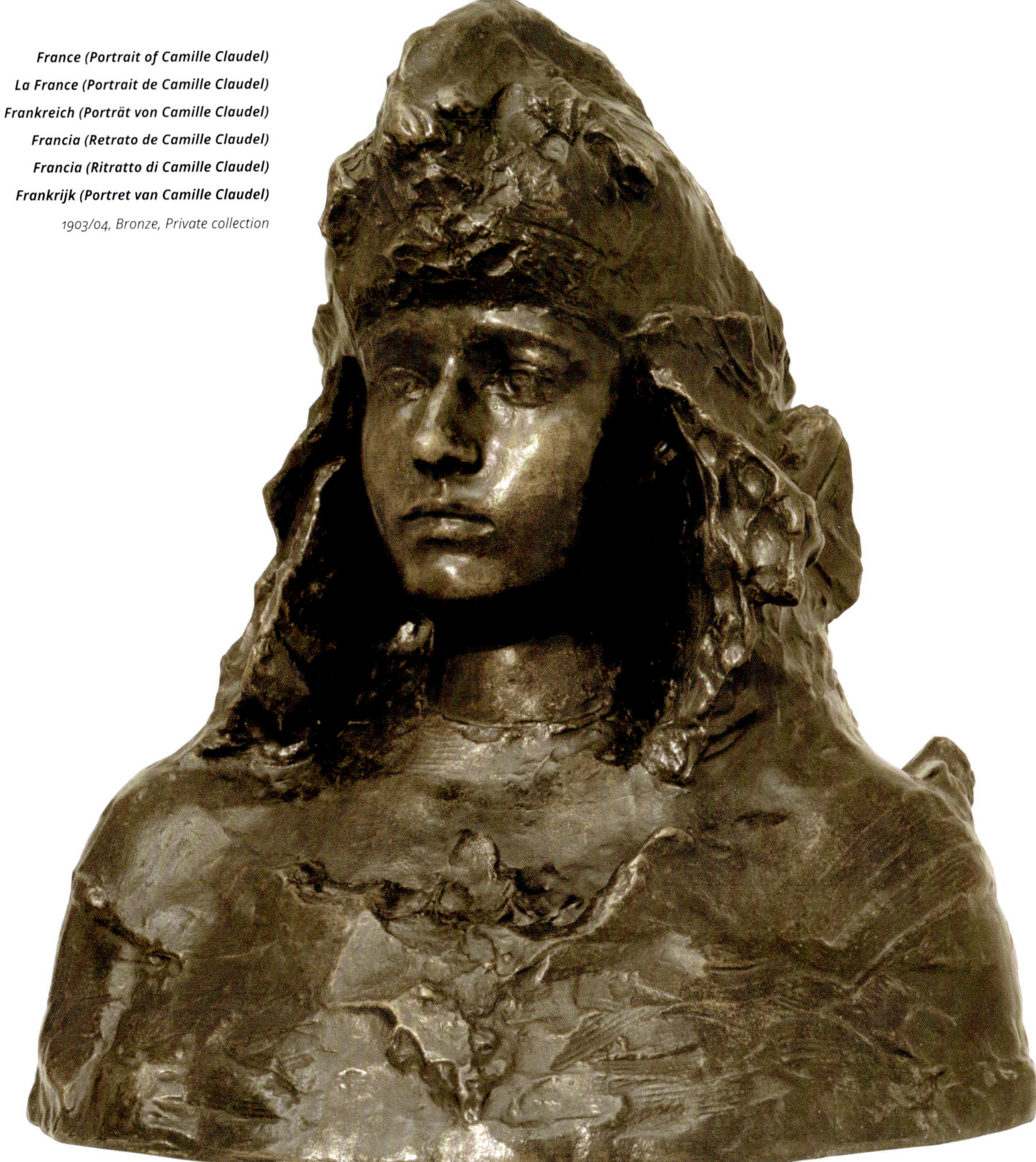

France (Portrait of Camille Claudel)
La France (Portrait de Camille Claudel)
Frankreich (Porträt von Camille Claudel)
Francia (Retrato de Camille Claudel)
Francia (Ritratto di Camille Claudel)
Frankrijk (Portret van Camille Claudel)
1903/04, Bronze, Private collection

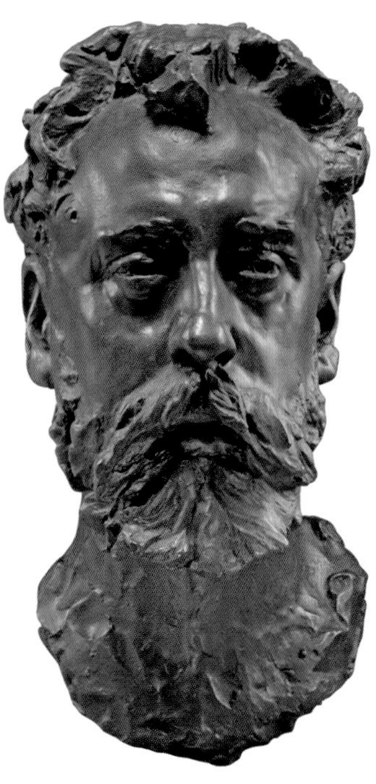

William E. Henley

1882, Bronze, 42,5 × 22,2 × 28,7 cm, Cleveland Museum of Art, Cleveland

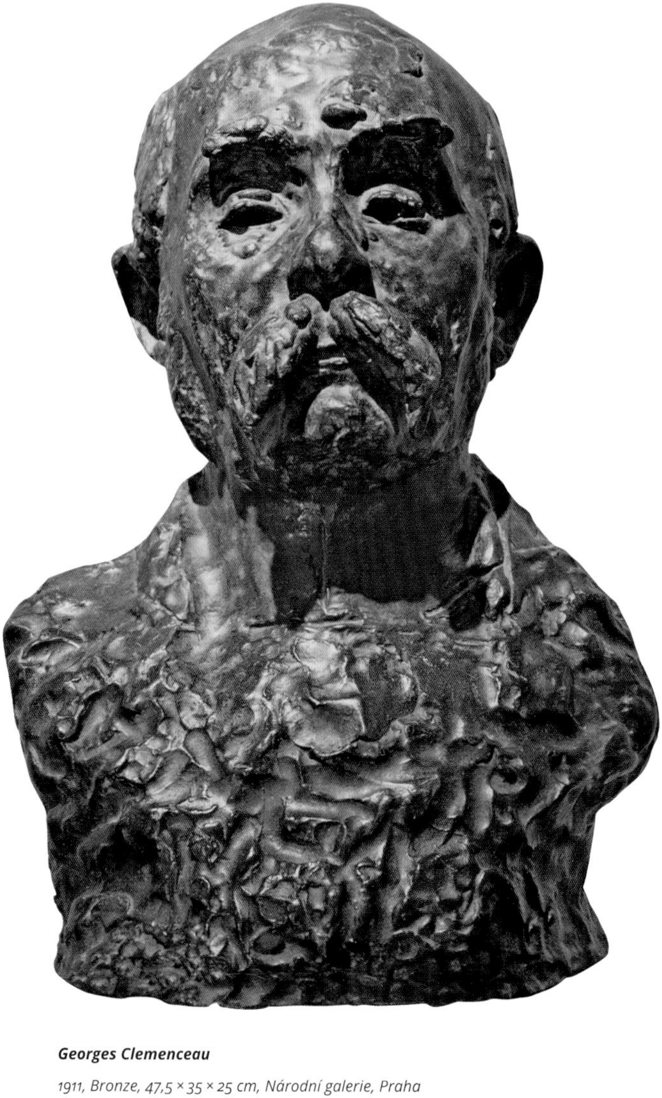

Georges Clemenceau

1911, Bronze, 47,5 × 35 × 25 cm, Národní galerie, Praha

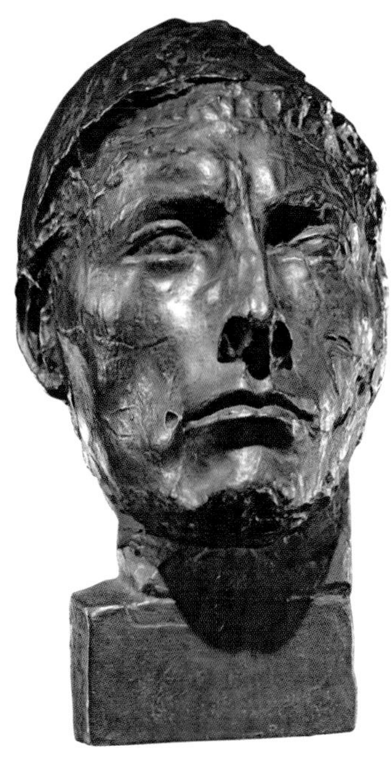

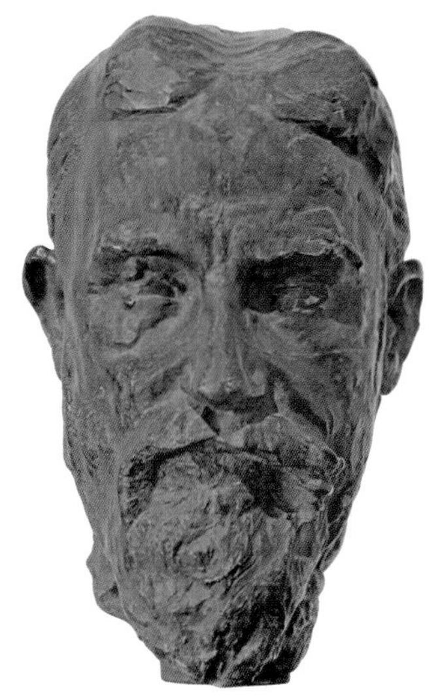

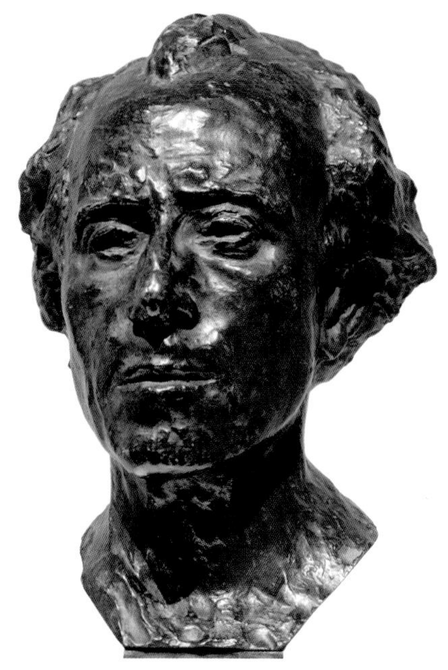

Pope Benedict XV

Le Pape Benoît XV

Papst Benedikt XV.

Papa Benedicto XV

Papa Benedetto XV

Paus Benedictus XV

1915, Bronze, 26 cm, Private collection

George Bernard Shaw

1906, Bronze, 28,5 × 17,8 × 19,7 cm, Musée Rodin, Paris

Gustav Mahler

1909, Bronze, 34 × 23 × 24 cm, Kunstmuseum, Winterthur

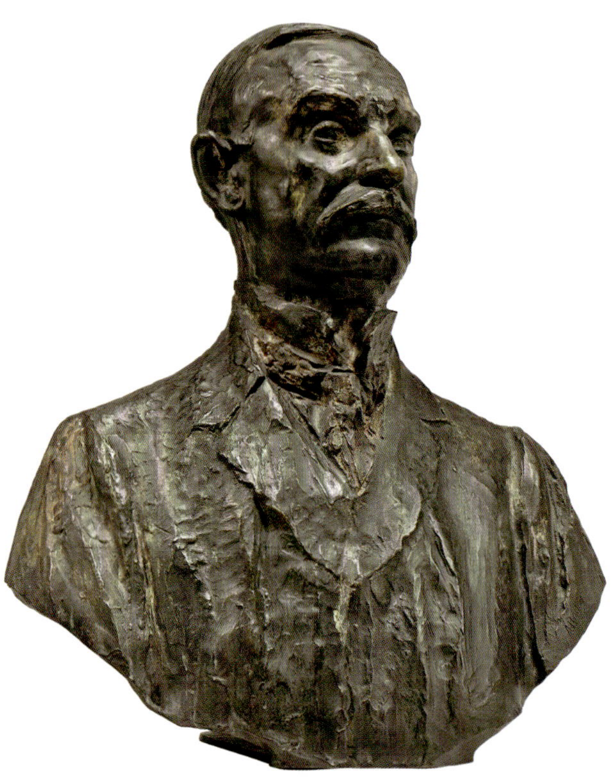

Thomas Fortune Ryan

1909–10, Bronze, 63 × 51,5 × 29,5 cm, National Gallery of Art, Washington

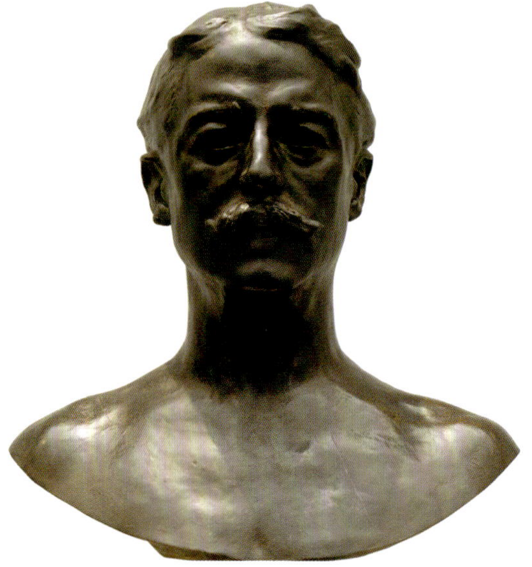

George Wyndham

1904, Bronze, 42 × 40 × 24 cm, Victoria & Albert Museum, London

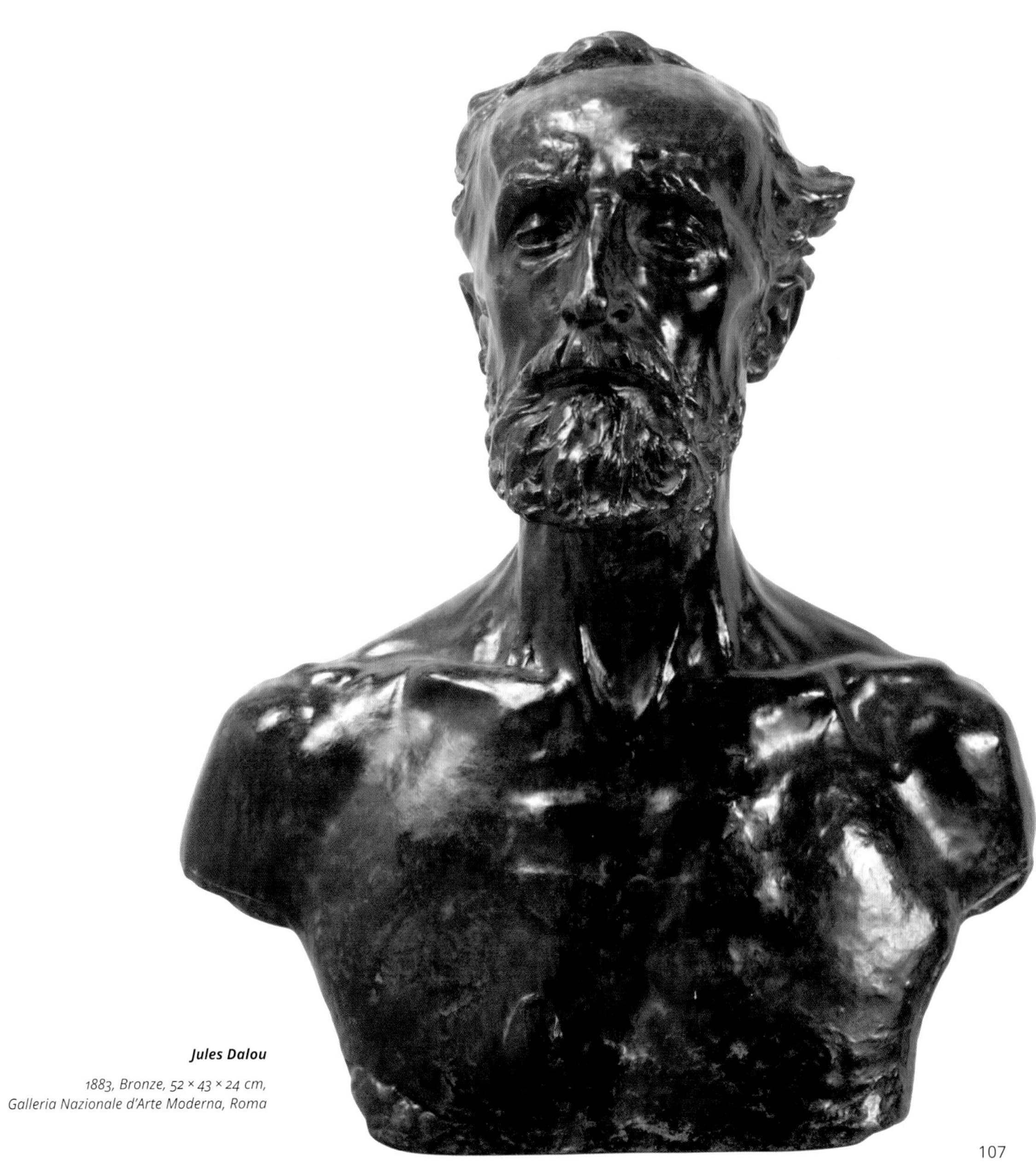

Jules Dalou

1883, Bronze, 52 × 43 × 24 cm,
Galleria Nazionale d'Arte Moderna, Roma

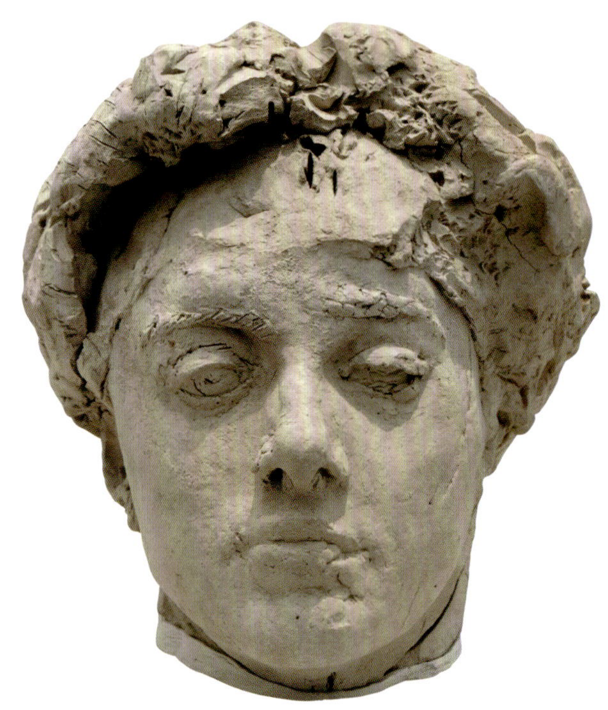

Lady Sackville **(Victoria Sackville-West)**

1913, Terra cotta/Terre cuite, 23,5 × 21,7 × 22,5 cm, Musée Rodin, Paris

Lady Sackville **(Victoria Sackville-West)**

1914, Plaster/Plâtre, 74 × 53 × 46 cm, Musée Rodin, Paris

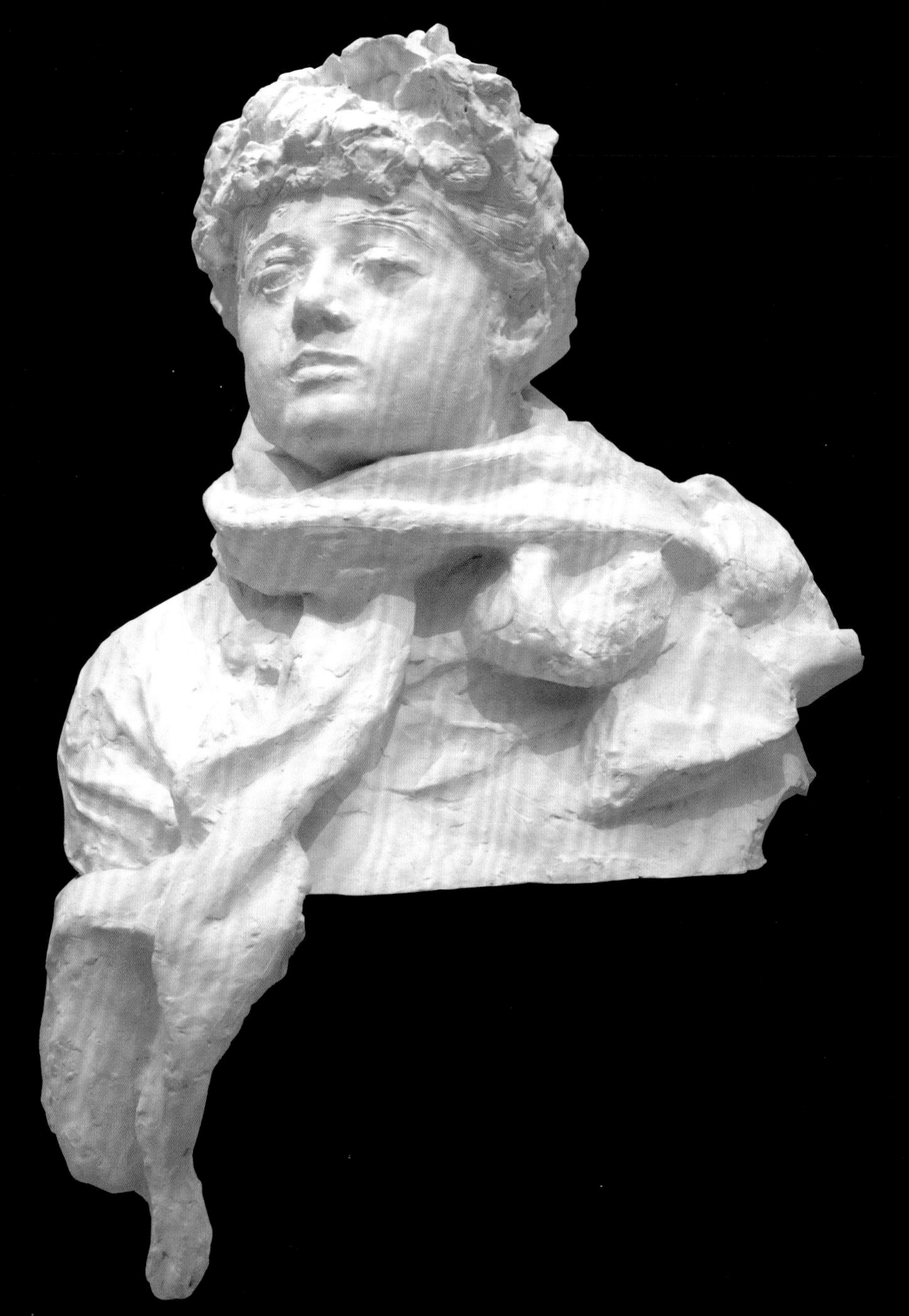

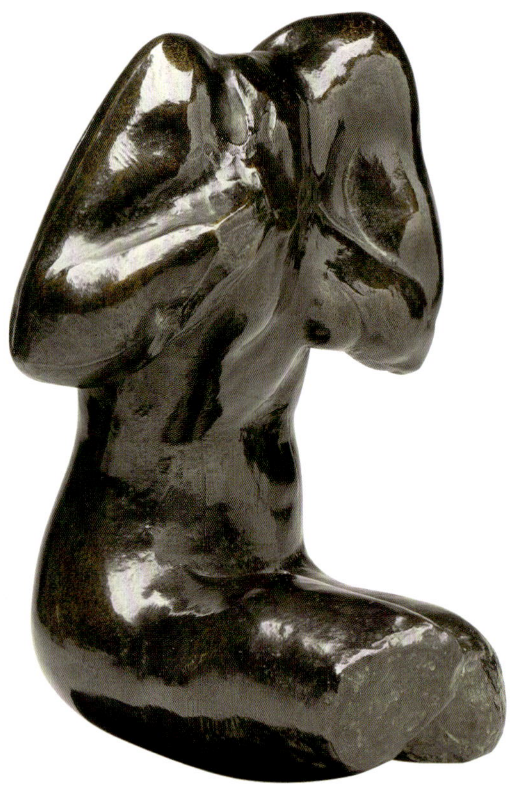

Small Female Torso, Seated

Torse féminin assis

Kleiner weiblicher Torso, sitzend

Pequeño torso femenino sentado

Piccolo busto femminile seduto

Kleine zittende vrouwentorso

Bronze, 24,1 × 12,7 × 14,6 cm, Dallas Museum of Art, Dallas

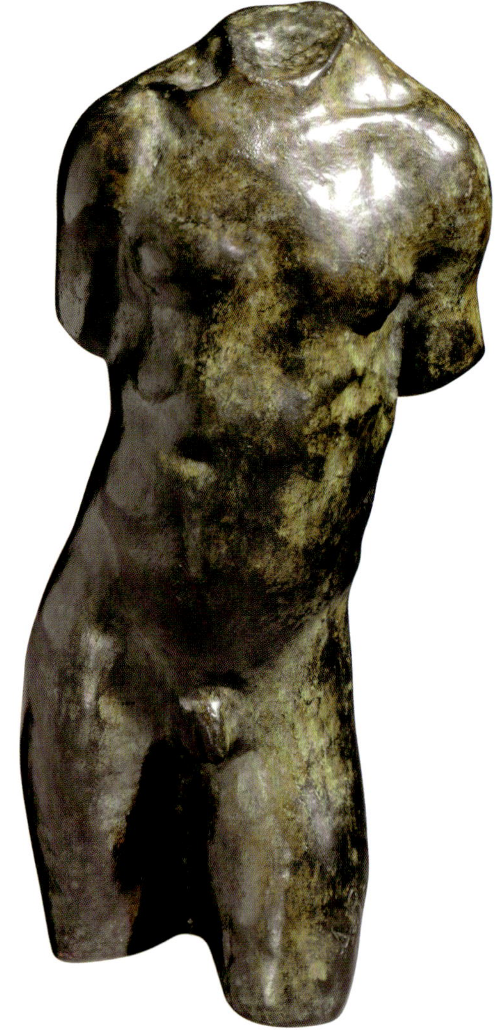

Small Male Torso A

Petit torse d'homme A

Kleiner männlicher Torso A

Pequeño torso masculino A

Piccolo torso maschile A

Kleine mannelijke torso A

1895–99, Bronze, 18,5 cm, Private collection

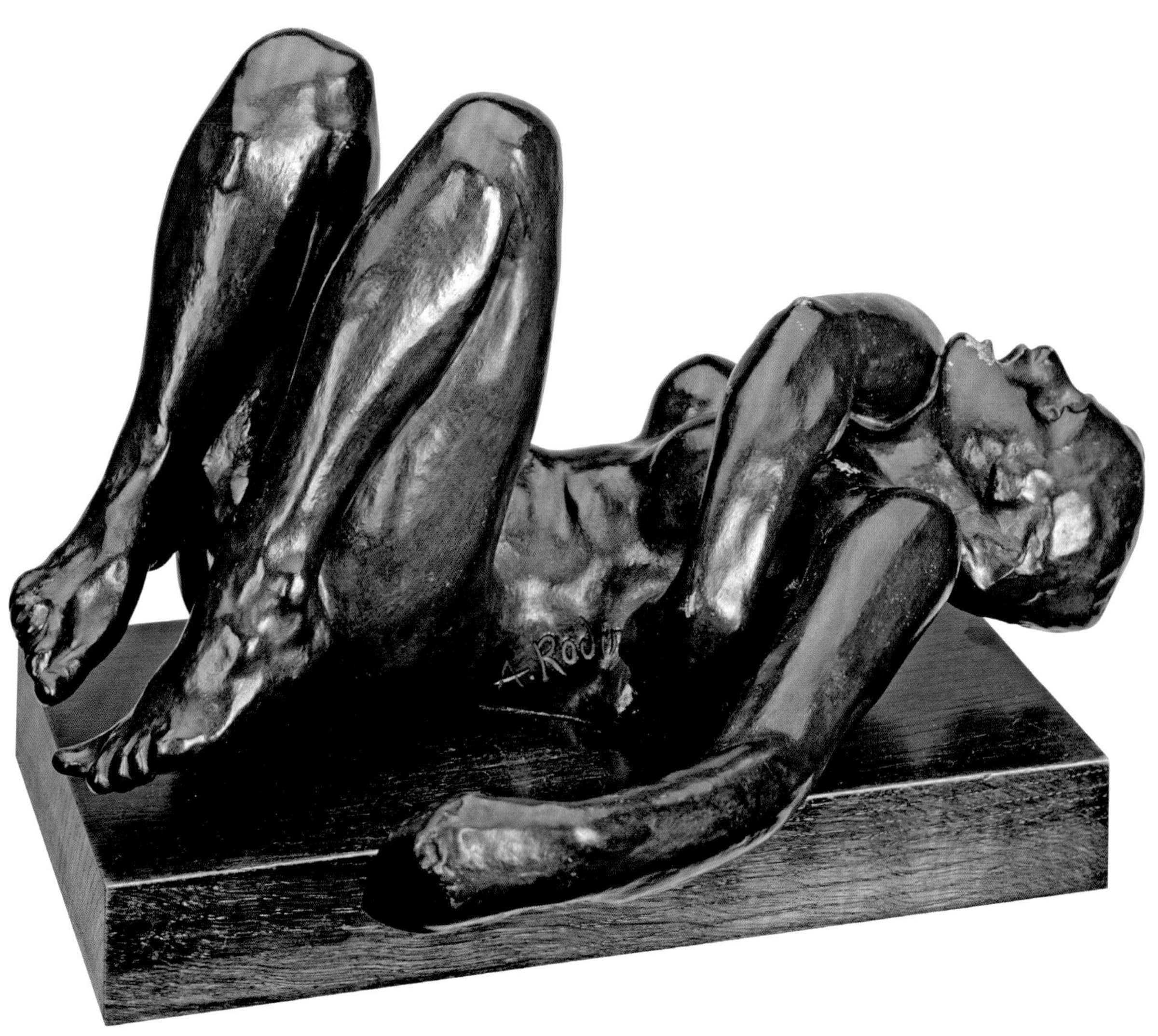

The Sinner ***Die Sünderin*** ***La Peccatrice***
La Pécheresse ***La pecadora*** ***De zondares***

c. 1885, Bronze, 20 cm, State Hermitage Museum, St. Petersburg

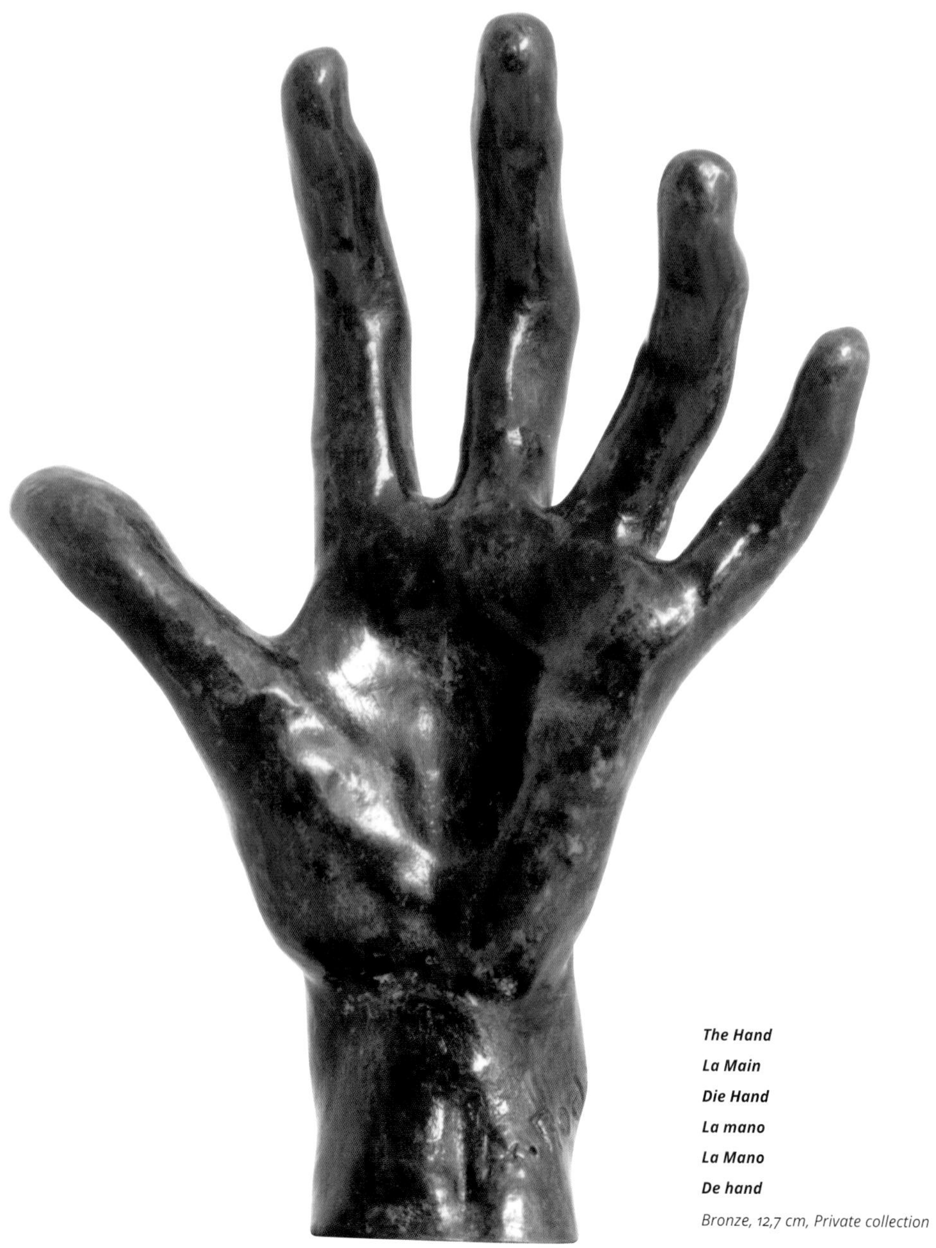

The Hand

La Main

Die Hand

La mano

La Mano

De hand

Bronze, 12,7 cm, Private collection

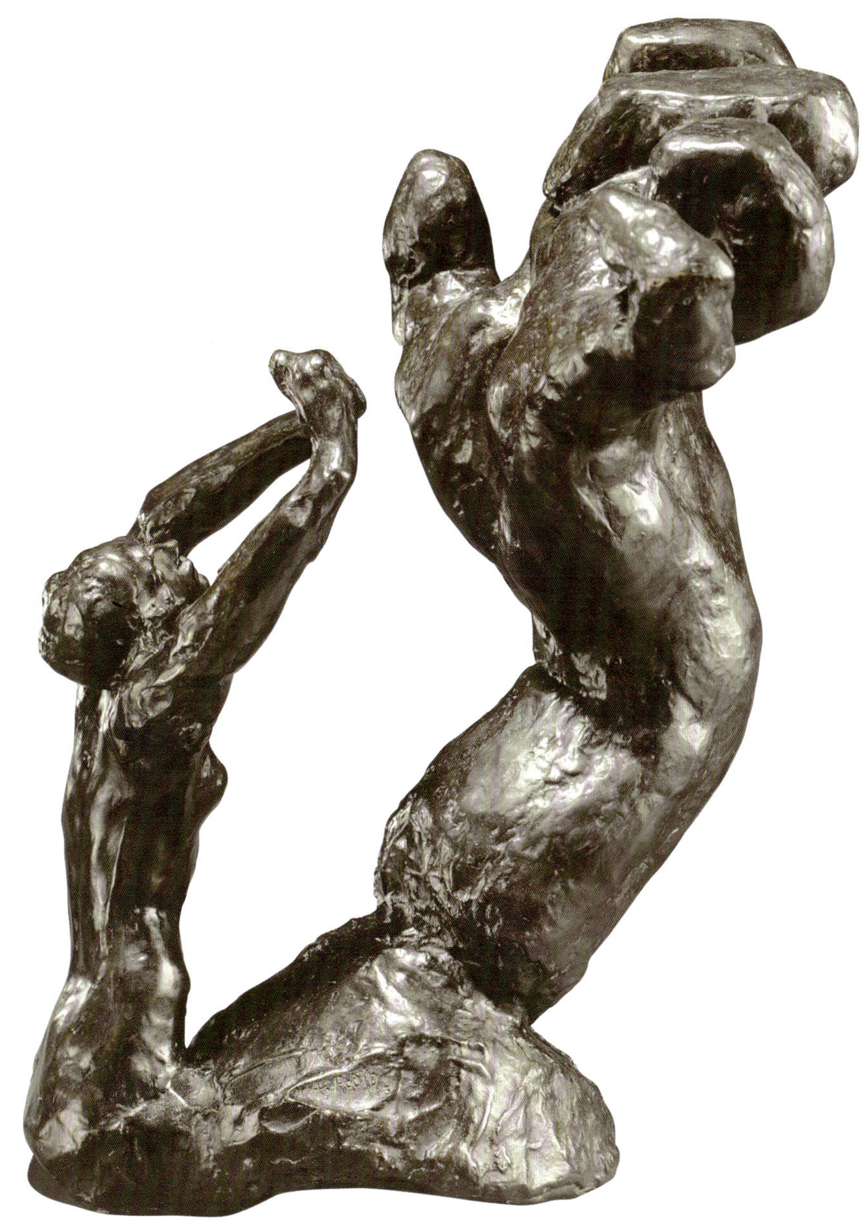

Clenched Hand and Imploring Figure

Grande main crispée avec figure implorante

Verkrampfte Hand mit flehender Gestalt

Mano apretada y figura implorante

Mano contratta con figura implorante

Verkrampte hand met smekende gestalte

1906, Bronze, 44,5 × 33 × 27 cm, Private collection

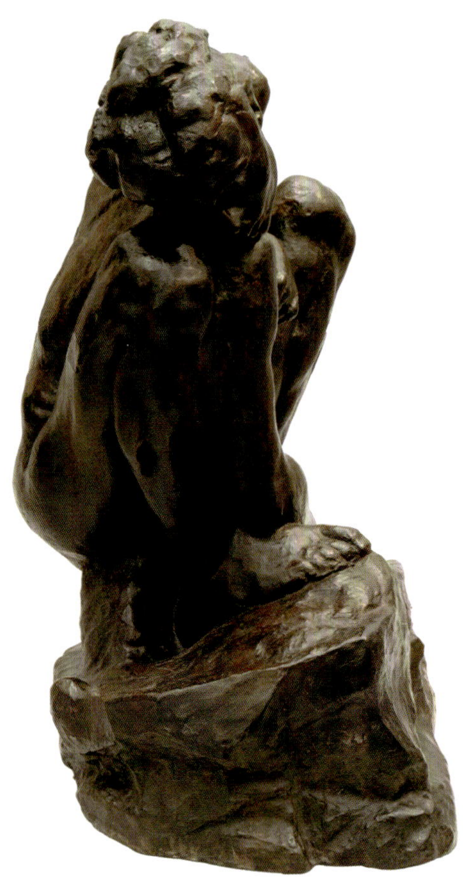

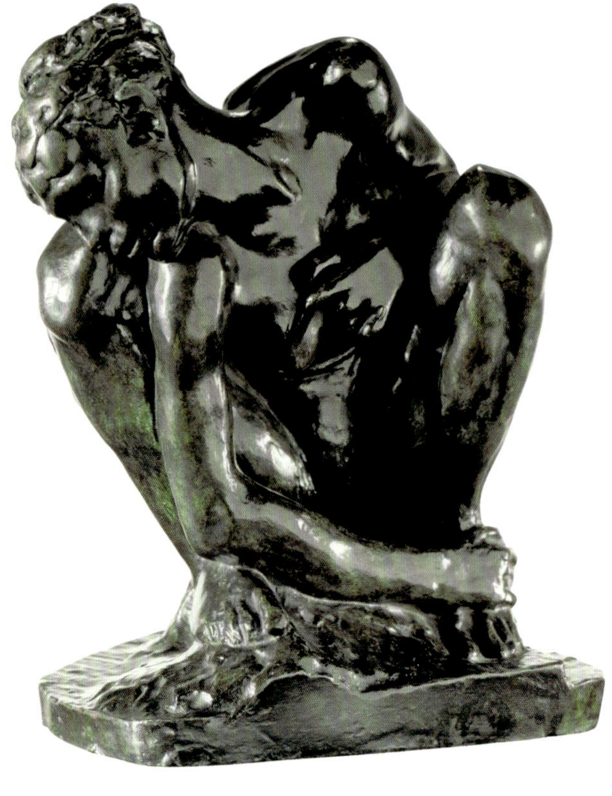

Crouching Woman
La Femme accroupie
Kauernde
La mujer en cuclillas
Donna accovacciata
Hurkend vrouw

1906–08, Bronze, 96 × 73 × 60 cm, Kunsthaus, Zürich

Crouching Woman
La Femme accroupie
Kauernde
La mujer en cuclillas
Donna accovacciata
Hurkend vrouw

1906–08, Bronze, 85,8 × 60 × 52 cm, Private collection

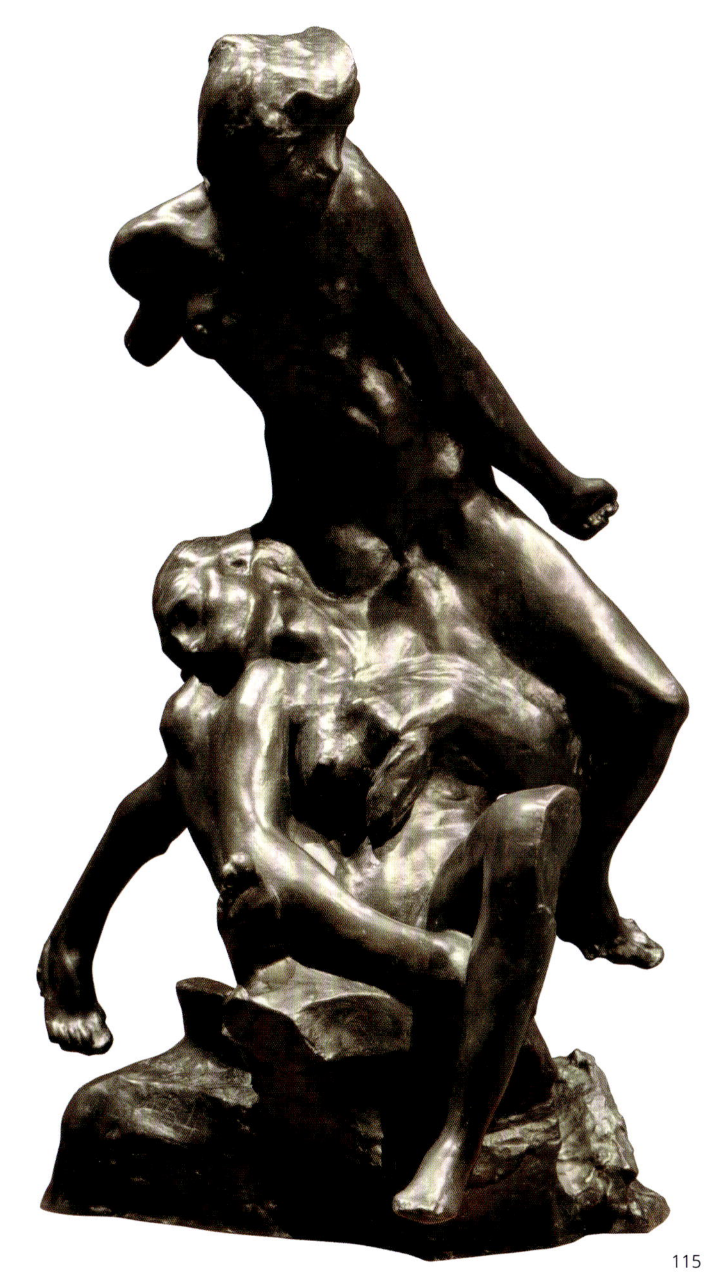

Assemblage: Variants of *Crouching Woman* and *Martyr*

Assemblage : variantes de la *Femme accroupie* et de la *Martyre*

Assemblage: Variante der *Kauernden* und der *Märtyrerin*

Ensamblaje: Variantes de *La mujer en cuclillas* y *La mártir*

Assemblaggio: Varianti della *Donna accovacciata* e la *Martire*

Assemblage: Varianten van de *Hurkend vrouw* en de *Martelares*

c. 1889–90, Bronze, 65 × 40 × 35,5 cm, Musée Rodin, Paris

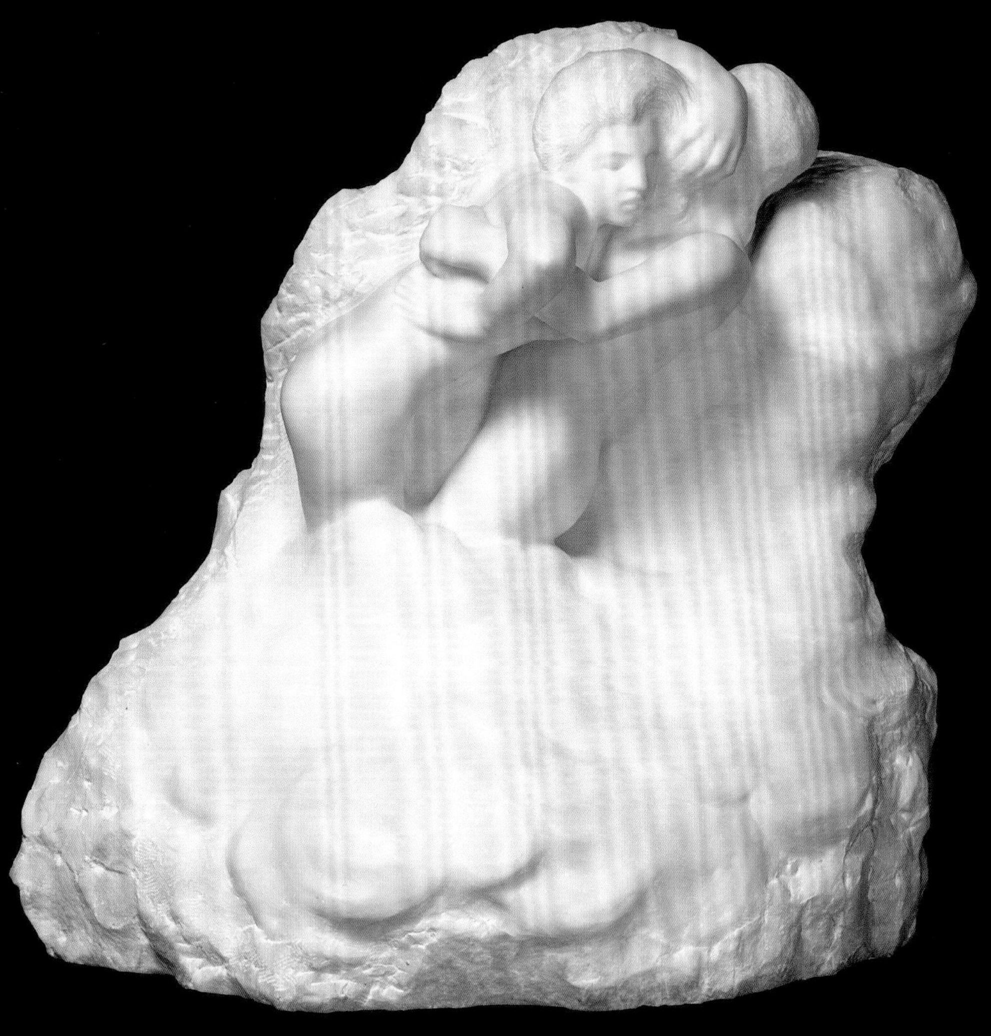

Paolo and Francesca in the Clouds
Paolo et Francesca dans les nuages
Paolo und Francesca in den Wolken
Paolo y Francesca en las nubes
Paolo e Francesca tra le nuvole
Paolo en Francesca in de wolken

1904/05, Marble/Marbre, 65,5 × 70 × 55 cm, Musée Rodin, Paris

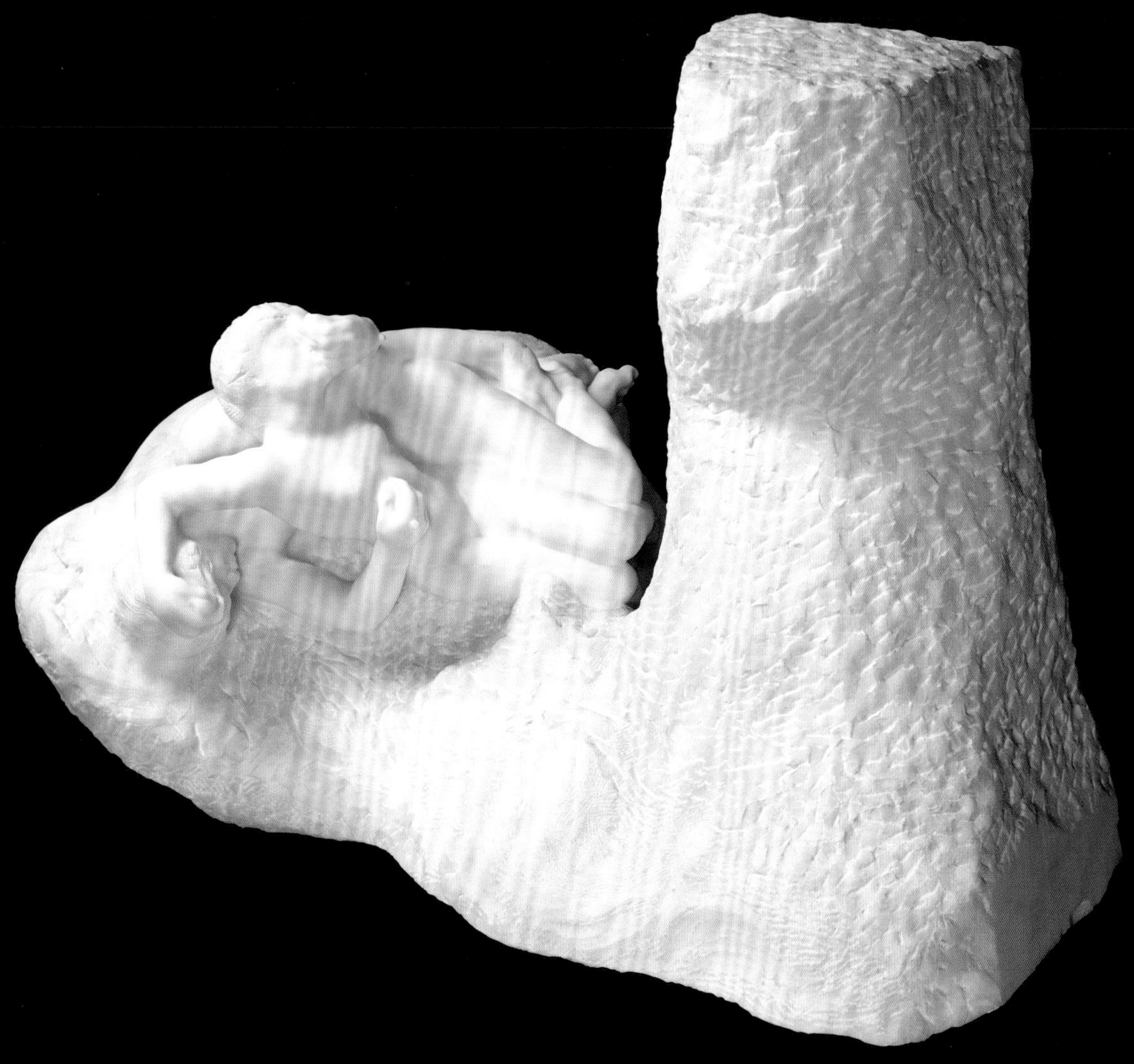

Paolo Malatesta and Francesca Da Rimini
Paolo Malatesta et Francesca Da Rimini
Paolo Malatesta und Francesca Da Rimini
Paolo Malatesta y Francesca Da Rimini
Paolo Malatesta e Francesca Da Rimini
Paolo Malatesta en Francesca Da Rimini

1905, Marble/Marbre, 81 × 108 × 69 cm, Musée Rodin, Paris

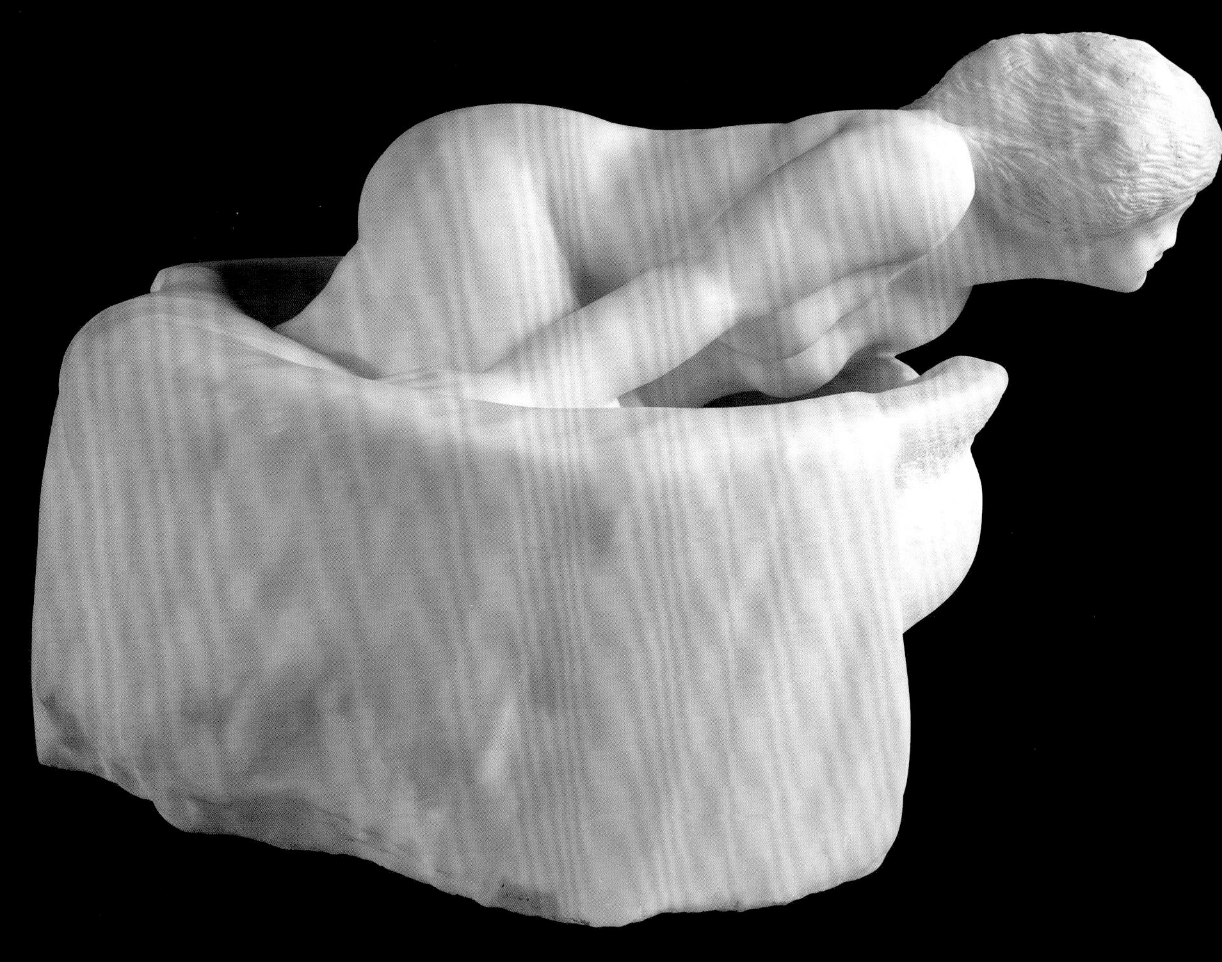

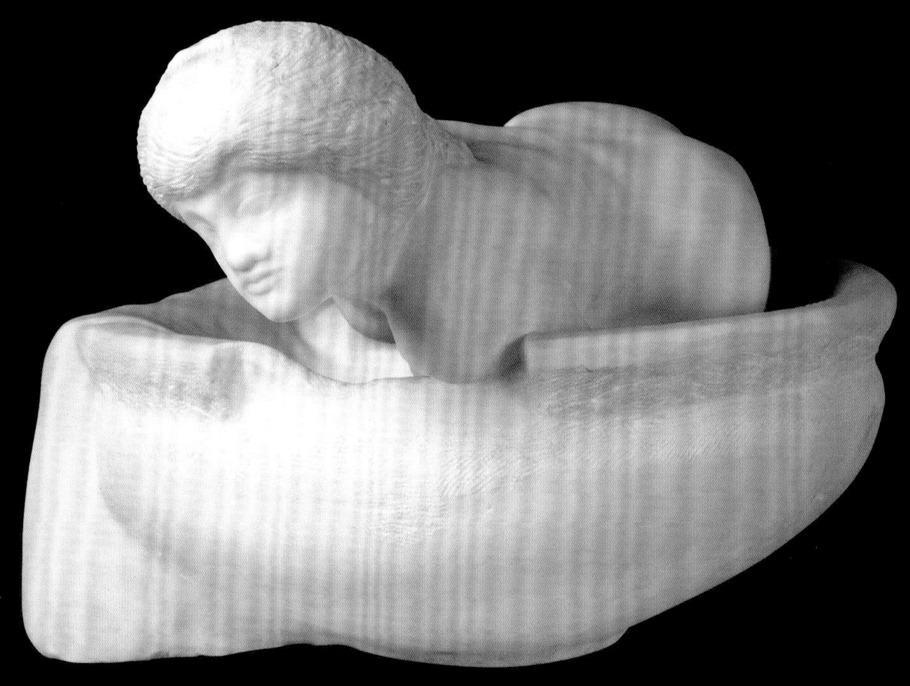

The Little Mermaid

Petite fée des eaux

Die kleine Meerjungfrau

La pequeña hada bañándose

La piccola sirena

De kleine zeemeermin

1903, Marble/Marbre, 42,2 × 61,6 × 66 cm, Musée Rodin, Paris

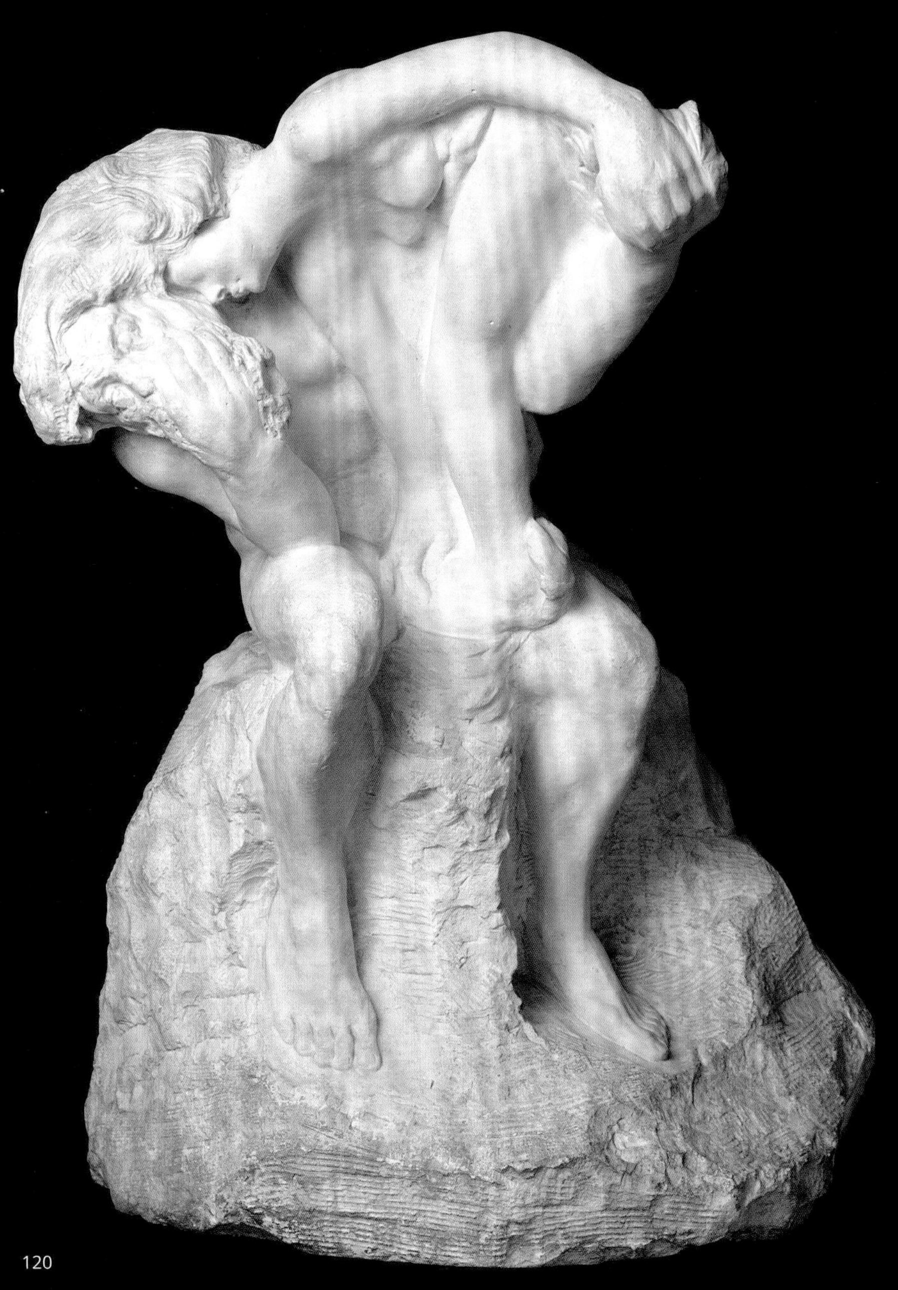

The Sculptor and the Muse

Le Sculpteur et sa Muse

Der Bildhauer und die Muse

El escultor y su musa

Lo scultore e la musa

De beeldhouwer en de muze

1895–97, Stone/Calcaire, 66,3 × 58,3 × 53 cm, Musée Rodin, Paris

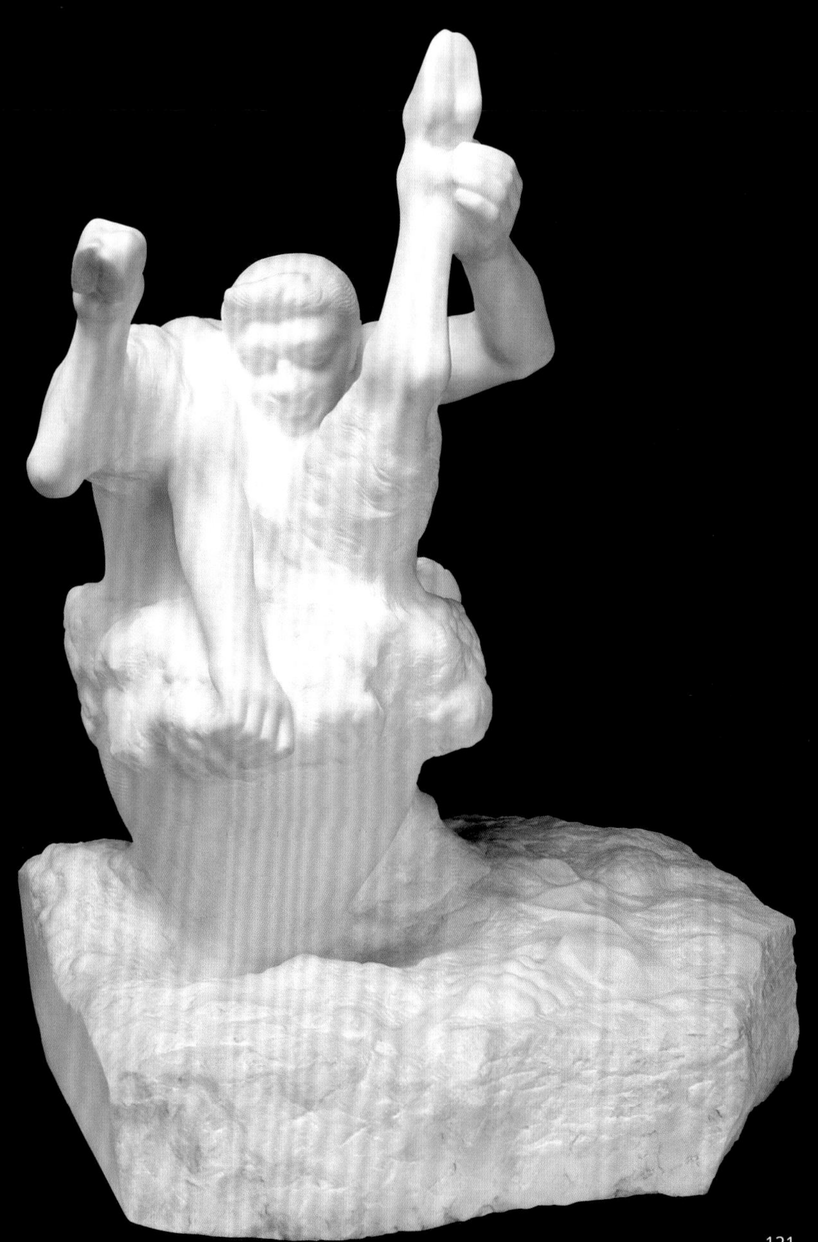

Bacchus in a Vat

Bacchus à la cuve

Bacchus in einem Trog

Baco en una cuba

Bacco in un tino

Bacchus in een trog

1904, Marble/Marbre, 61,5 × 46,7 × 45 cm, Musée Rodin, Paris

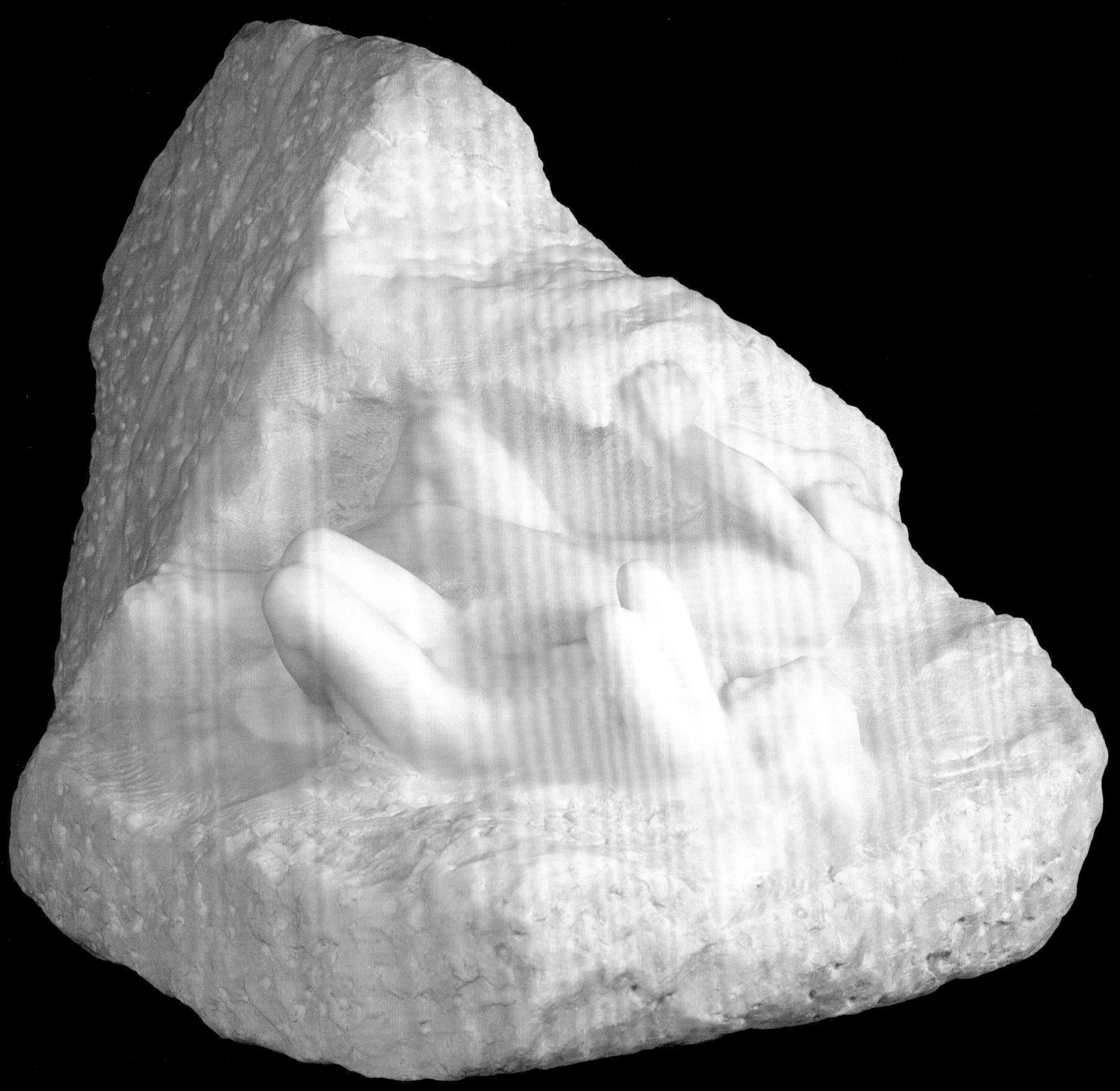

Adam and Eve ***Adam und Eva*** ***Adamo ed Eva***
Adam et Ève ***Adán y Eva*** ***Adam en Eva***

1905, Marble/Marbre, 50 × 84 × 56 cm, Musée Rodin, Paris

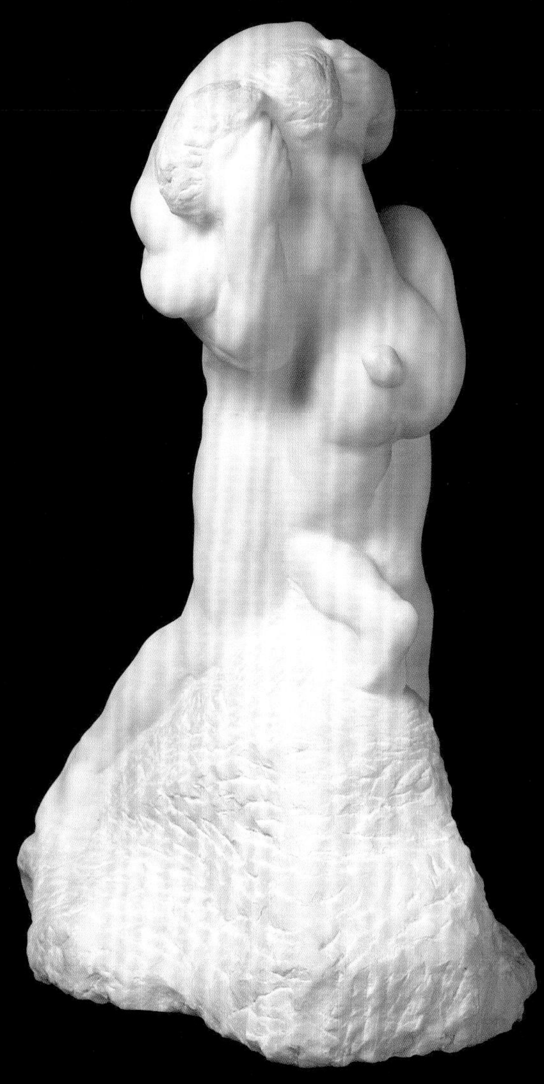

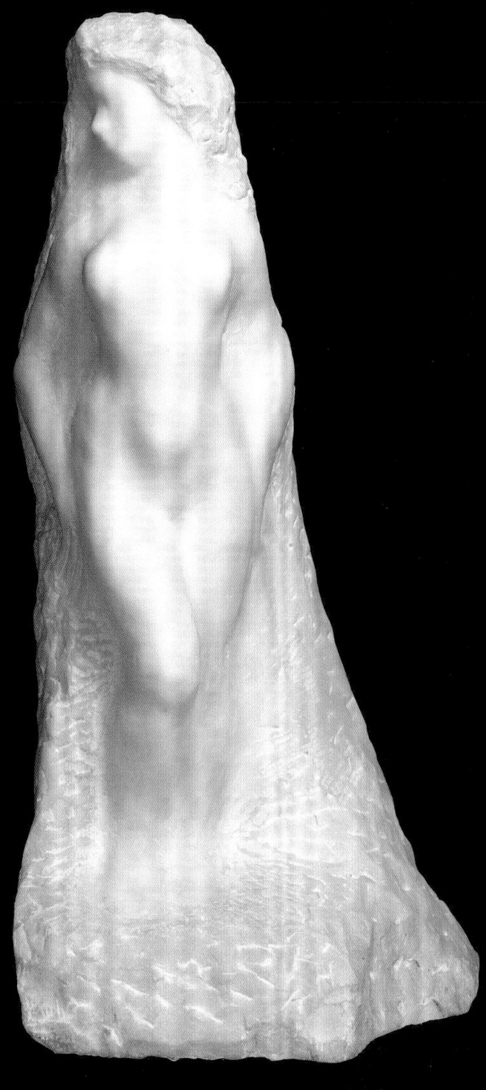

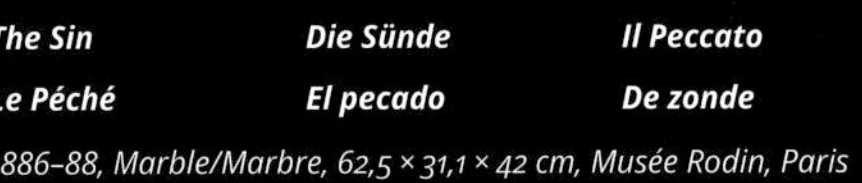

The Sin ***Die Sünde*** ***Il Peccato***
Le Péché ***El pecado*** ***De zonde***

1886–88, Marble/Marbre, 62,5 × 31,1 × 42 cm, Musée Rodin, Paris

Psyche* or *Pomona ***Psyche* oder *Pomona*** ***Psiche* o *Pomona***
Psyché-Pomone ***Psyche* o *Pomona*** ***Psyche* of *Pomona***

c. 1886, Marble/Marbre, 60 × 30 × 28 cm, Musée Rodin, Paris

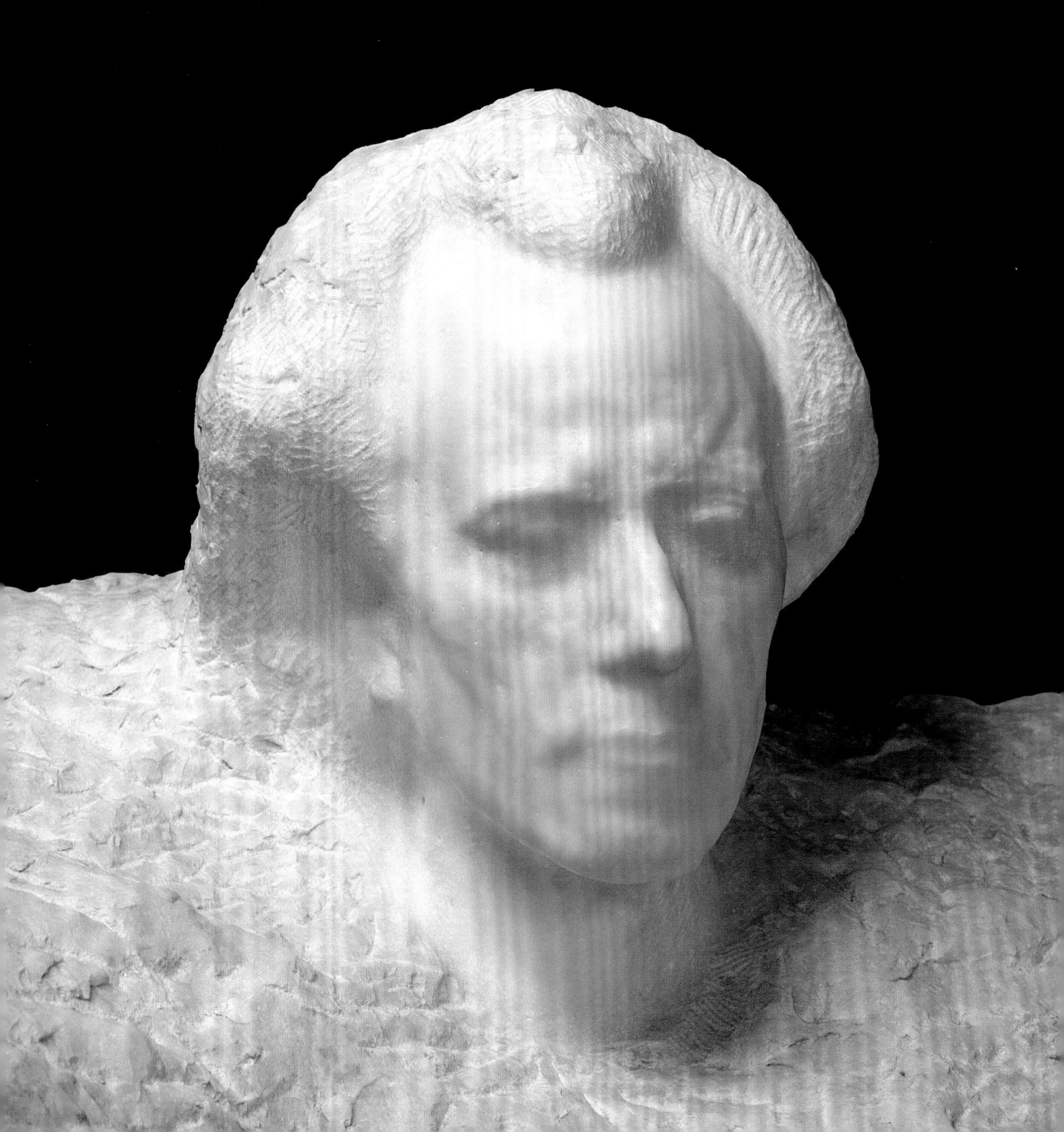

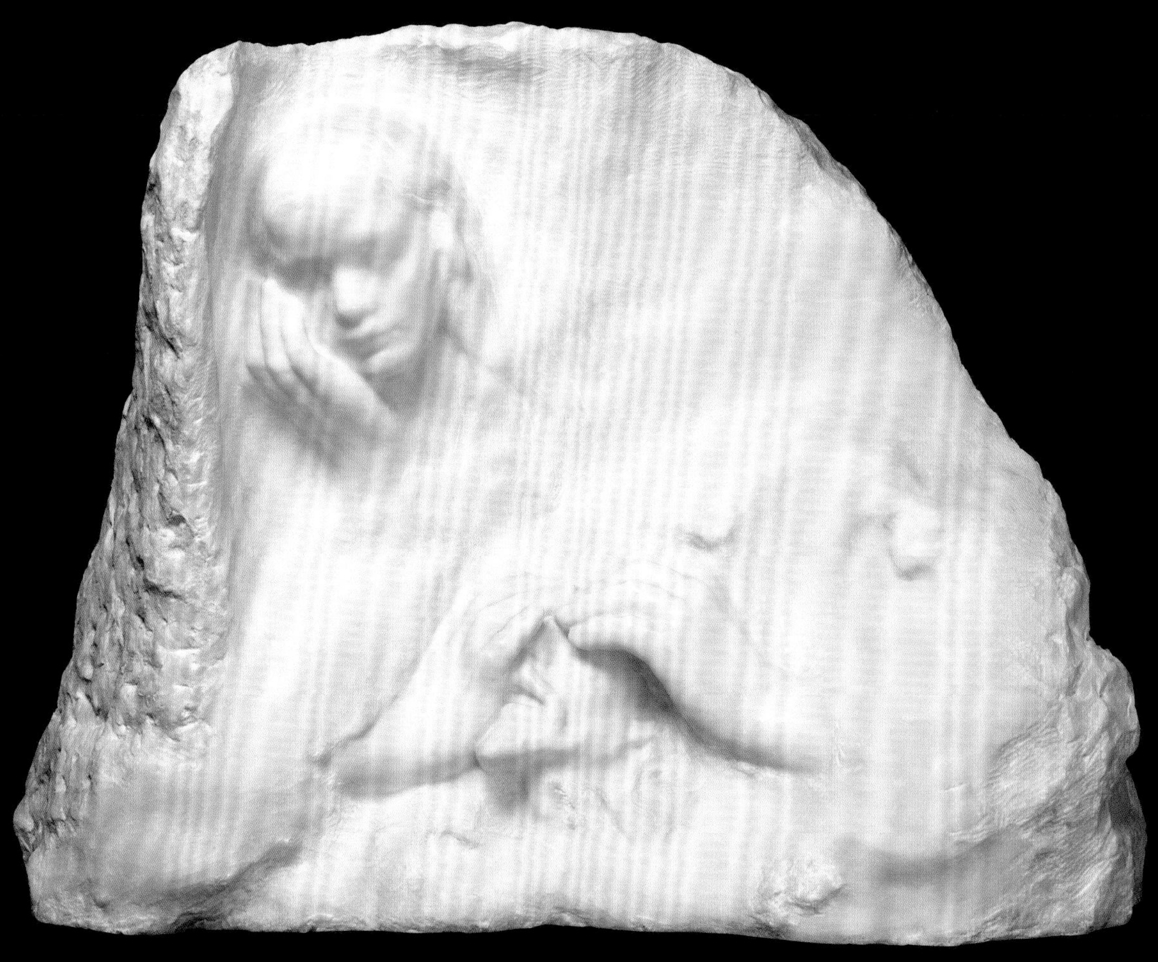

Mozart – Portrait of Gustav Mahler

Mozart – Portrait de Gustav Mahler

Mozart – Porträt Gustav Mahlers

Mozart – Retrato de Gustav Mahler

Mozart – Ritratto di Gustav Mahler

Mozart – Portret van Gustav Mahler

1911, Marble/Marbre, 50 × 99 × 60 cm, Musée Rodin, Paris

Latest vision

Dernière vision

Letzte Vision

La última visión

L'ultima visione

De laatste blik

1902, Marble/Marbre, 49,6 × 66,8 × 25 cm, Musée Rodin, Paris

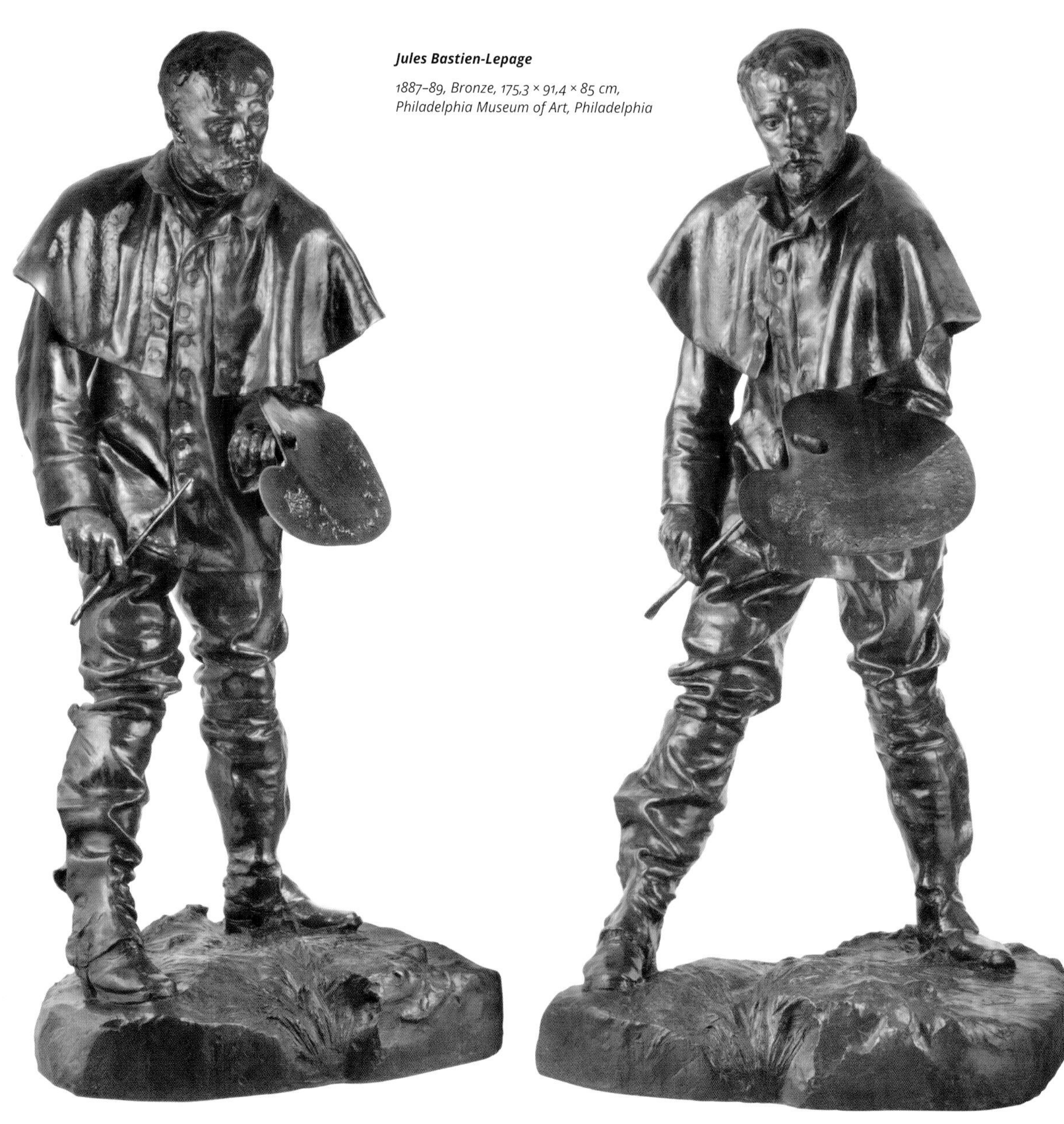

Jules Bastien-Lepage

1887–89, Bronze, 175,3 × 91,4 × 85 cm,
Philadelphia Museum of Art, Philadelphia

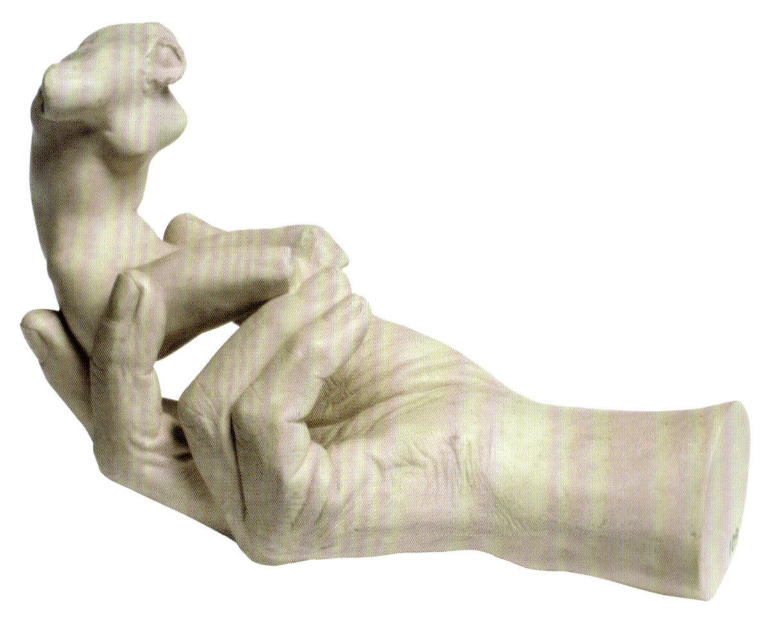

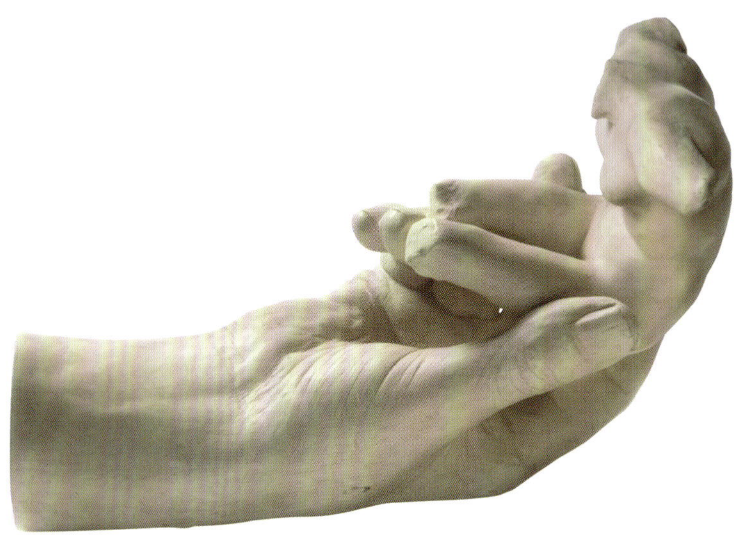

Rodin's Hand, Holding a Torso

La main de Rodin tenant un torse

Hand Rodins, einen Torso haltend

Mano de Rodin sujetando un torso

Mano di Rodin che tiene un torso

Hand van Rodin met een torso

1917, Plaster/Plâtre, 15,9 × 22,9 × 9,5 cm,
Philadelphia Museum of Art, Philadelphia

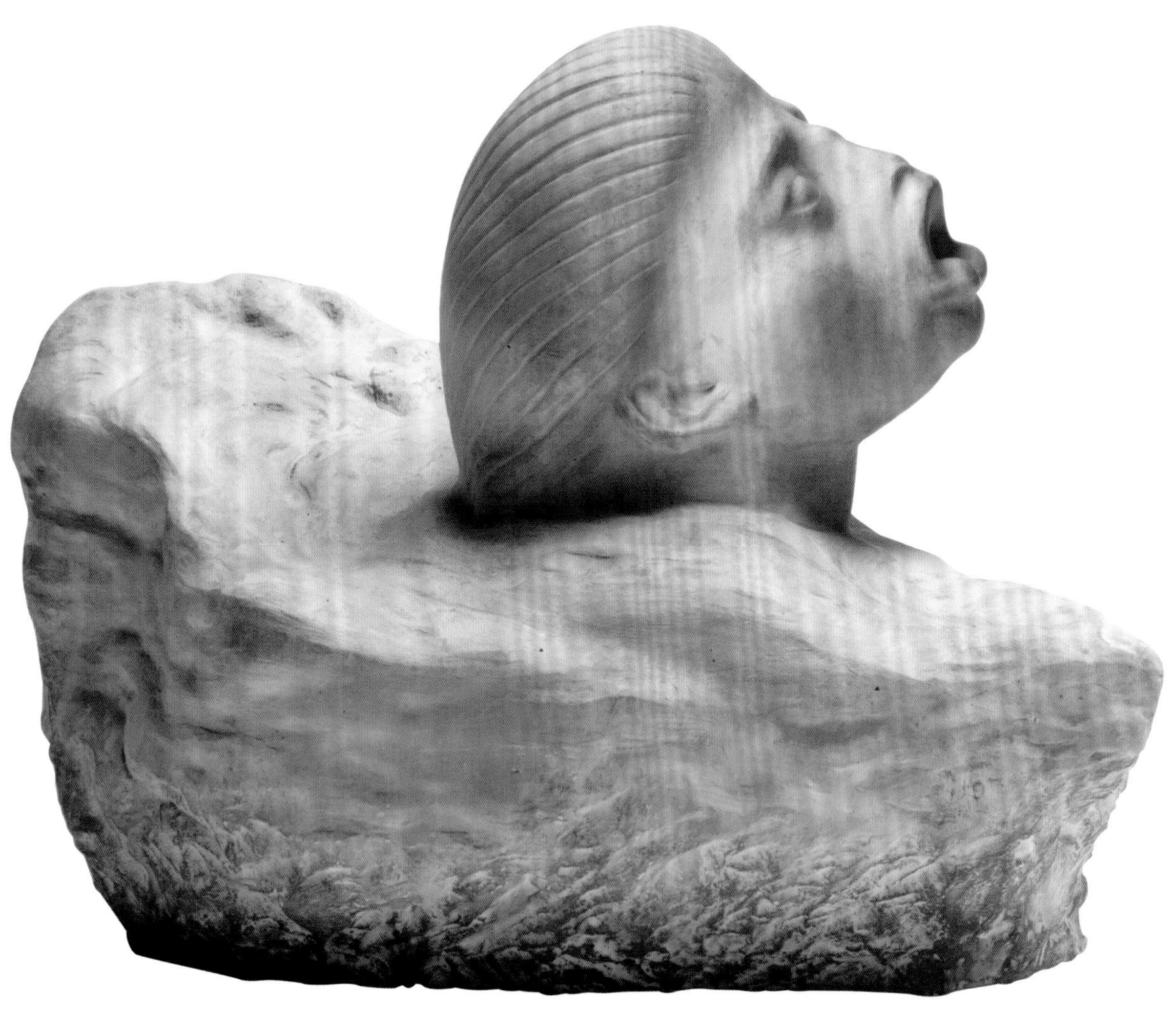

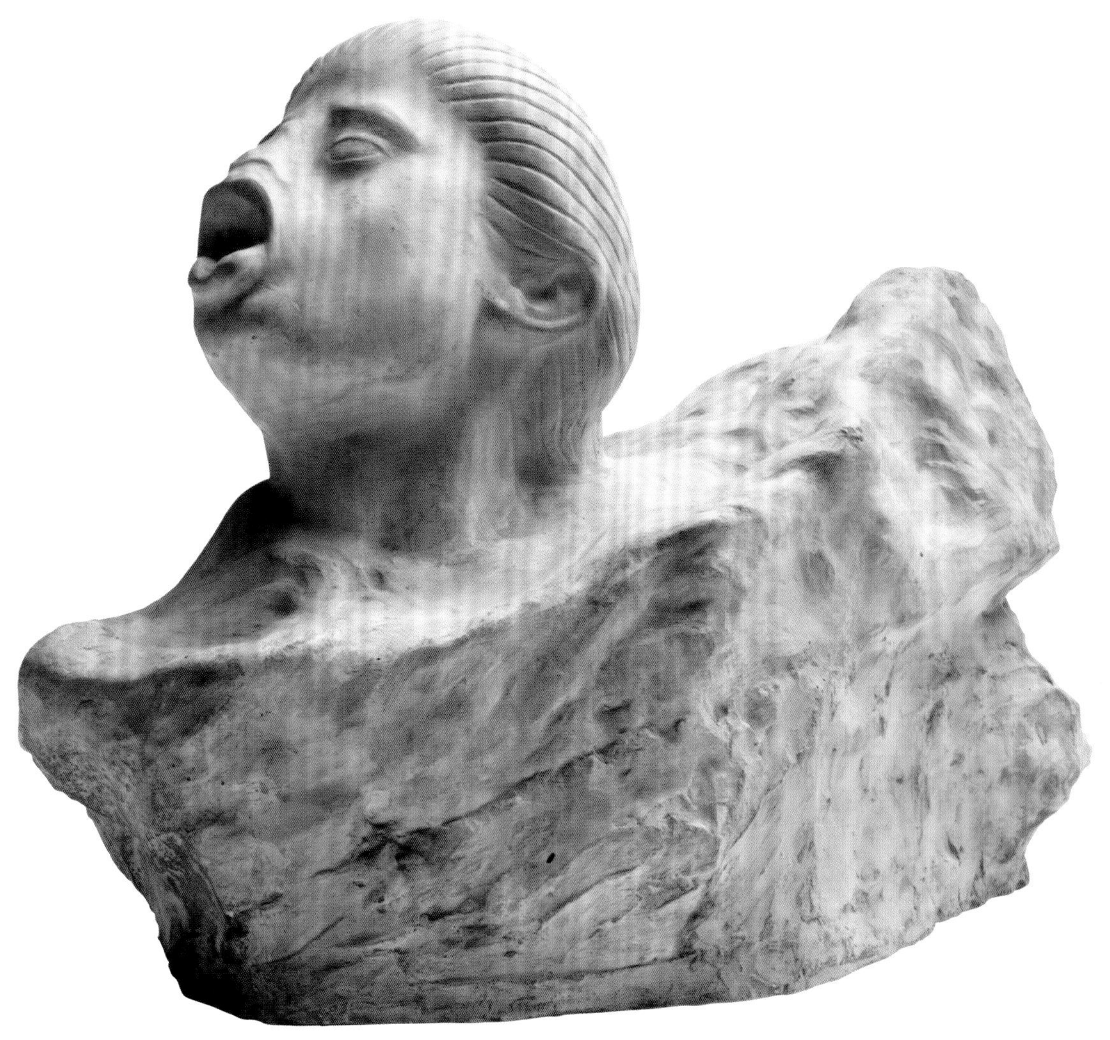

The Fish-Woman ***Die Fisch-Frau*** ***La donna-pesce***
Femme-poisson ***Mujer-pez*** ***De vis-vrouw***
c. 1906, Plaster/Plâtre, 35,6 × 47 × 27,9 cm, Philadelphia Museum of Art, Philadelphia

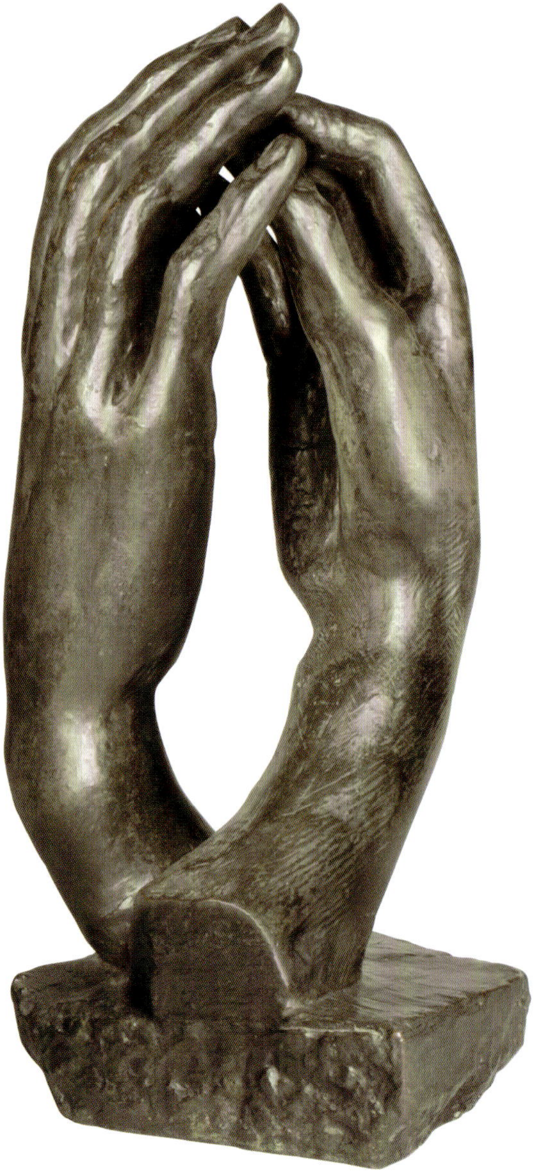

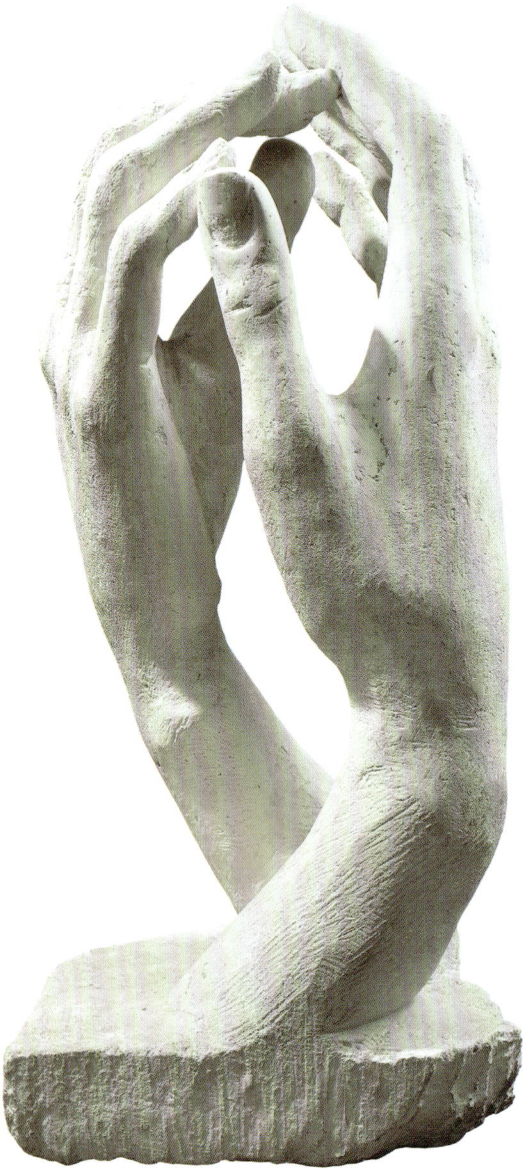

The Cathedral

La Cathédrale

Die Kathedrale

La catedral

La Cattedrale

De kathedraal

1908, Bronze, 64 × 30 × 30 cm, Musée Rodin, Paris

1909, Stone/Pierre, 64 × 29,5 × 31,8 cm, Musée Rodin, Paris

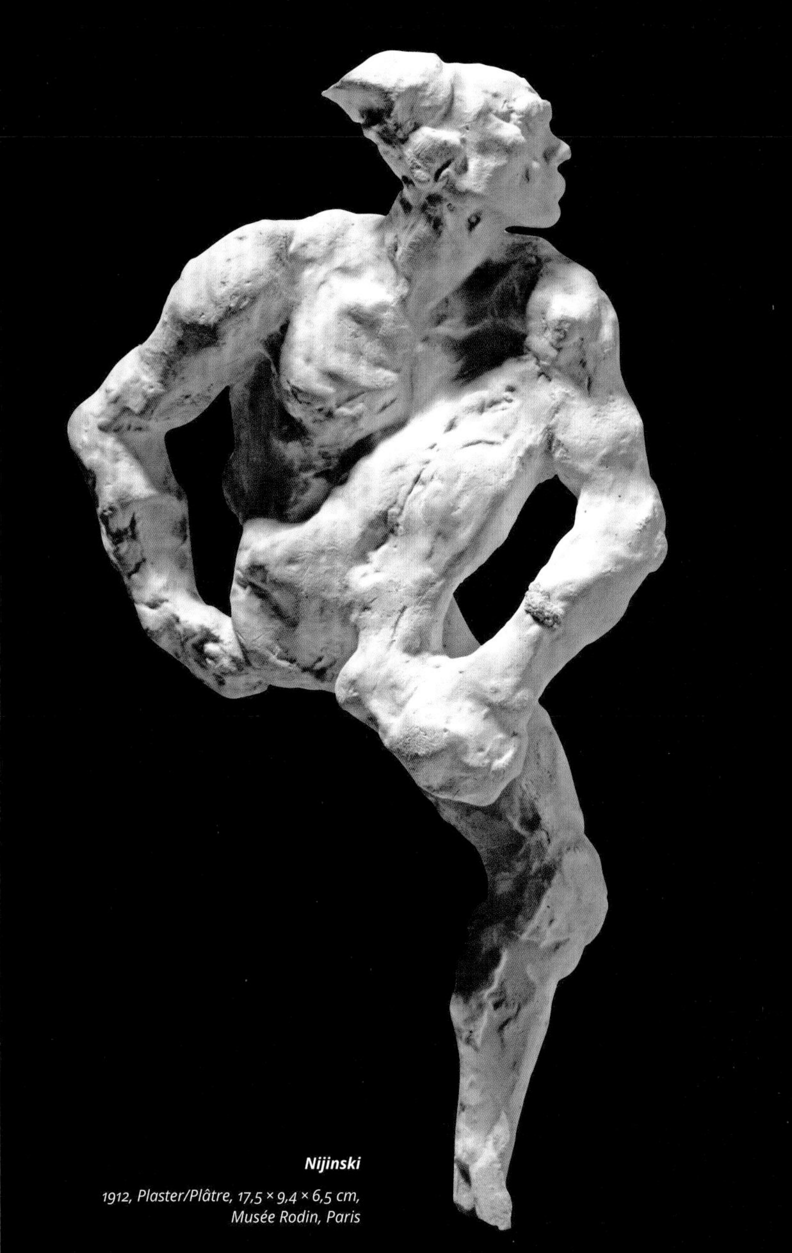

Nijinski

1912, Plaster/Plâtre, 17,5 × 9,4 × 6,5 cm, Musée Rodin, Paris

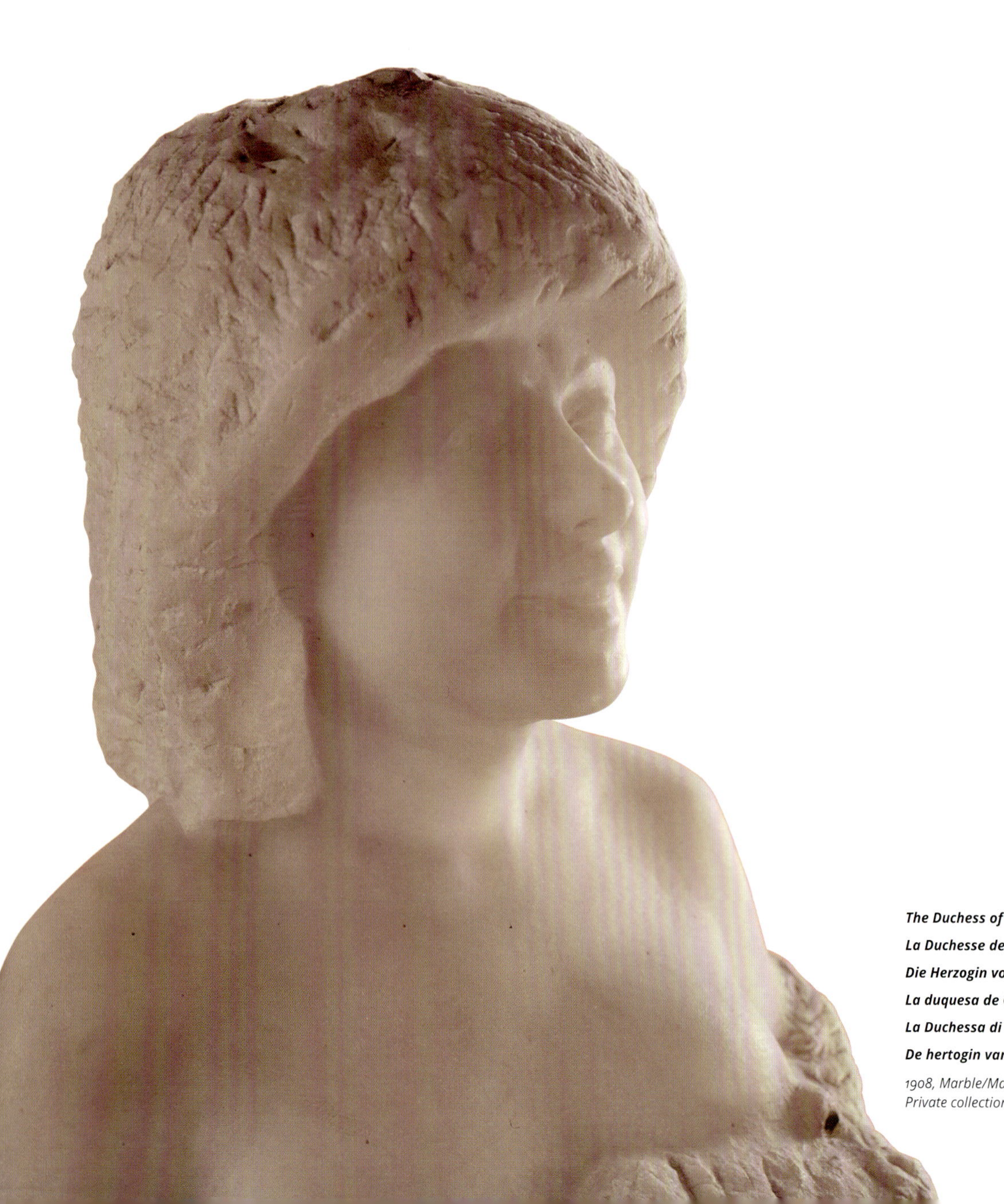

The Duchess of Choiseul

La Duchesse de Choiseul

Die Herzogin von Choiseul

La duquesa de Choiseul

La Duchessa di Choiseul

De hertogin van Choiseul

1908, Marble/Marbre, Private collection

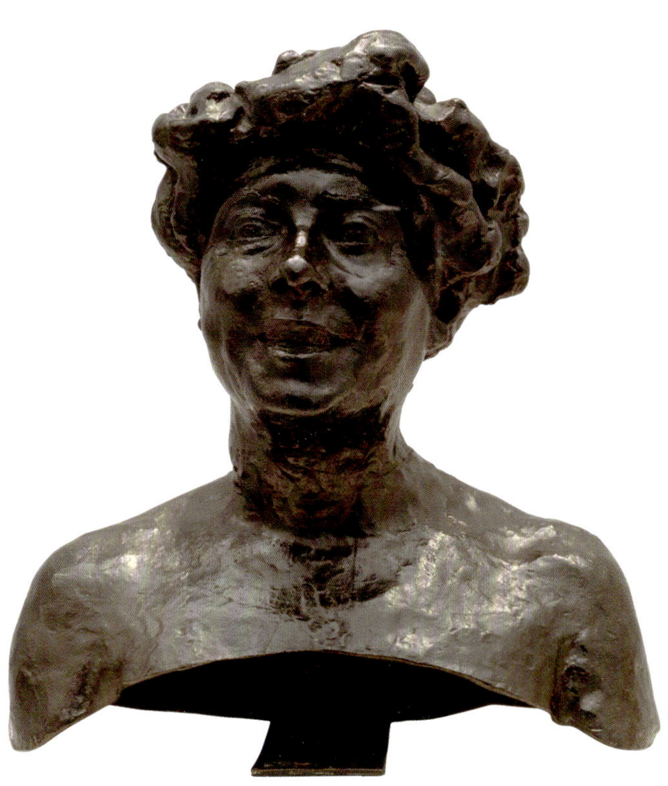

The Duchess of Choiseul

La Duchesse de Choiseul

Die Herzogin von Choiseul

La duquesa de Choiseul

La Duchessa di Choiseul

De hertogin van Choiseul

1908, Bronze, 36,5 × 35 × 18 cm, Victoria & Albert Museum, London

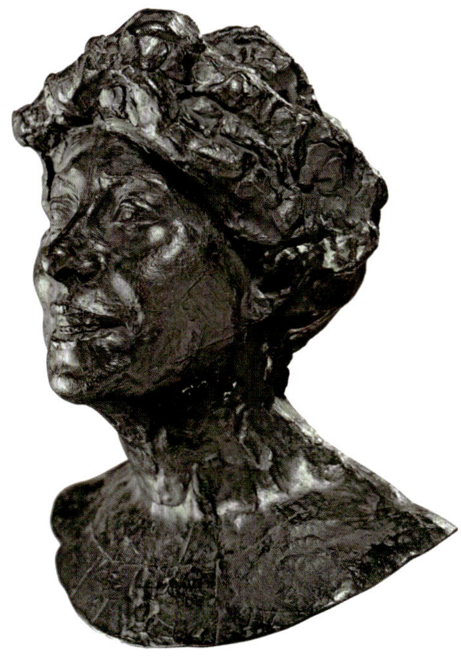

The Duchess of Choiseul

La Duchesse de Choiseul

Die Herzogin von Choiseul

La duquesa de Choiseul

La Duchessa di Choiseul

De hertogin van Choiseul

1908, Bronze, Private collection

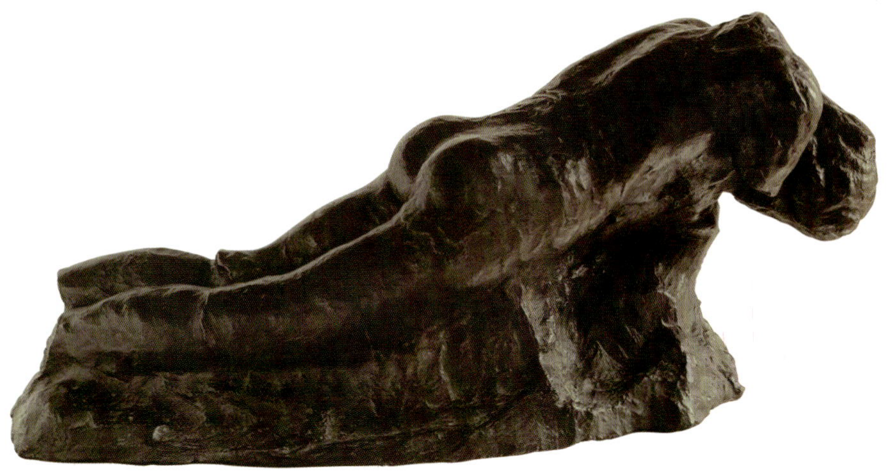

The Earth

La Terre

Die Erde

La tierra

La Terra

De aarde

1894, Bronze, 105,4 cm, Private collection

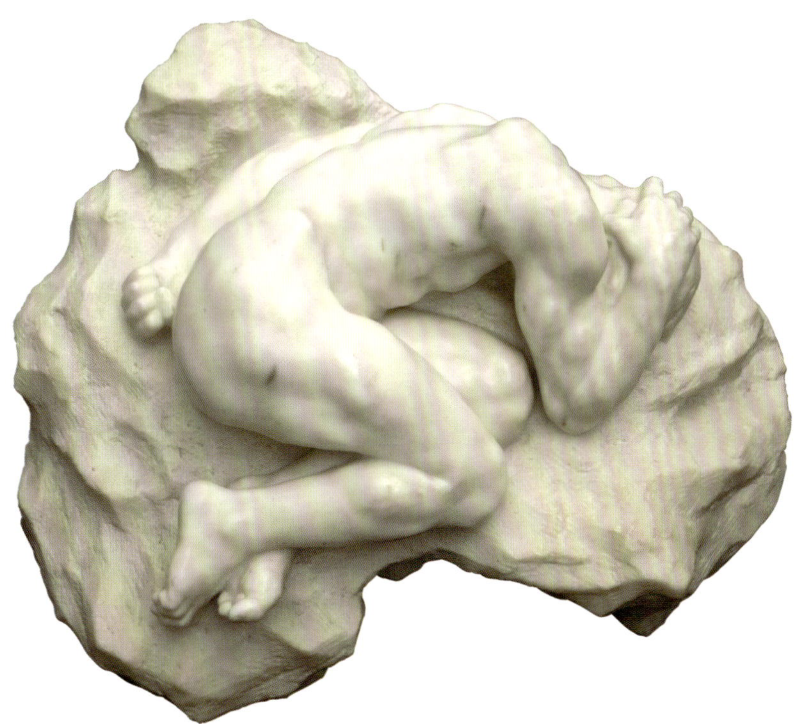

Despair

Le Désespoir

Verzweiflung

La desesperación

Disperazione

Vertwijfeling

1890, Marble/Marbre, 34,9 × 58,4 × 43 cm, Saint Louis Art Museum, St Louis

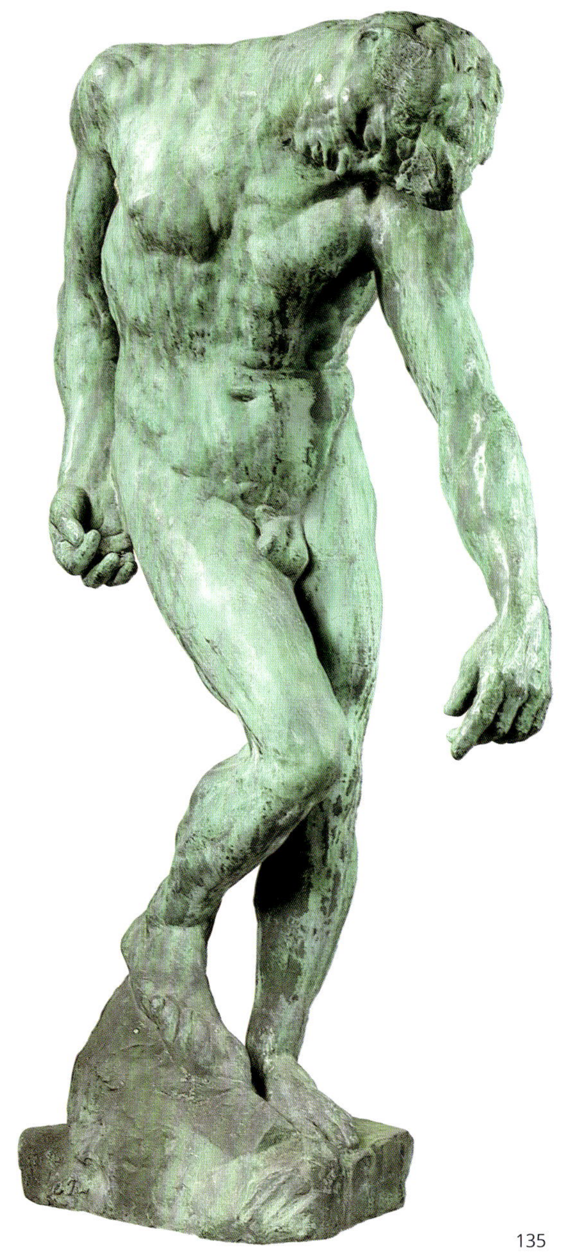

The Shade
L'Ombre
Der Schatten
La sombra
Le ombre
De schim
1880/81, Bronze, 193 × 100 cm, Private collection

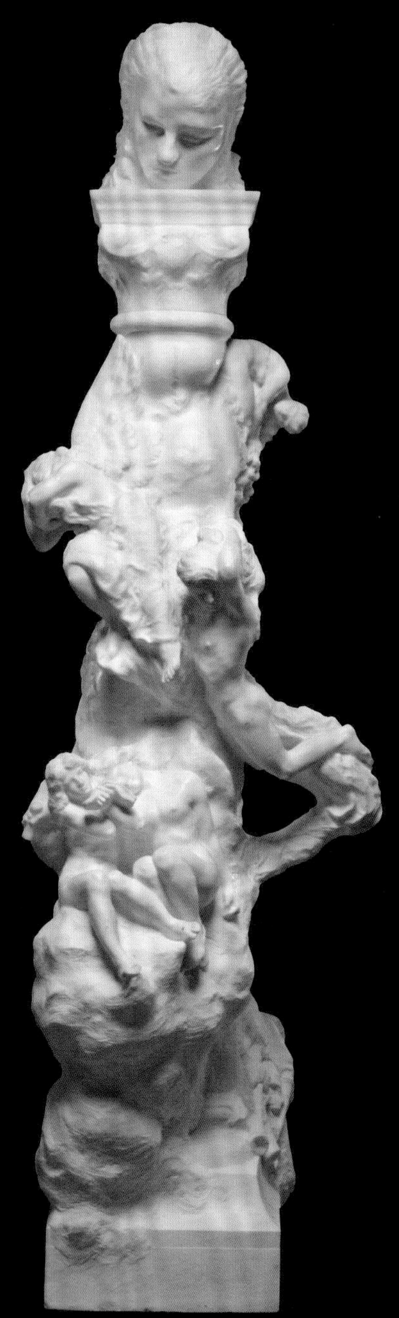

The Poet and the Contemplative Life: The Fenaille Column
Le Songe de la vie* ou *La Colonne Fenaille
Der Dichter und das beschauliche Leben: Die Fenaille-Säule
El poeta y la vida contemplativa: la columna Fenaille
Il poeta e la vita contemplativa: La colonna Fenaille
De dichter en het beschouwende leven: De Fenaillezuil
1896, Marble/Marbre, 182,9 × 55,2 × 58,4 cm, Dallas Museum of Art, Dallas

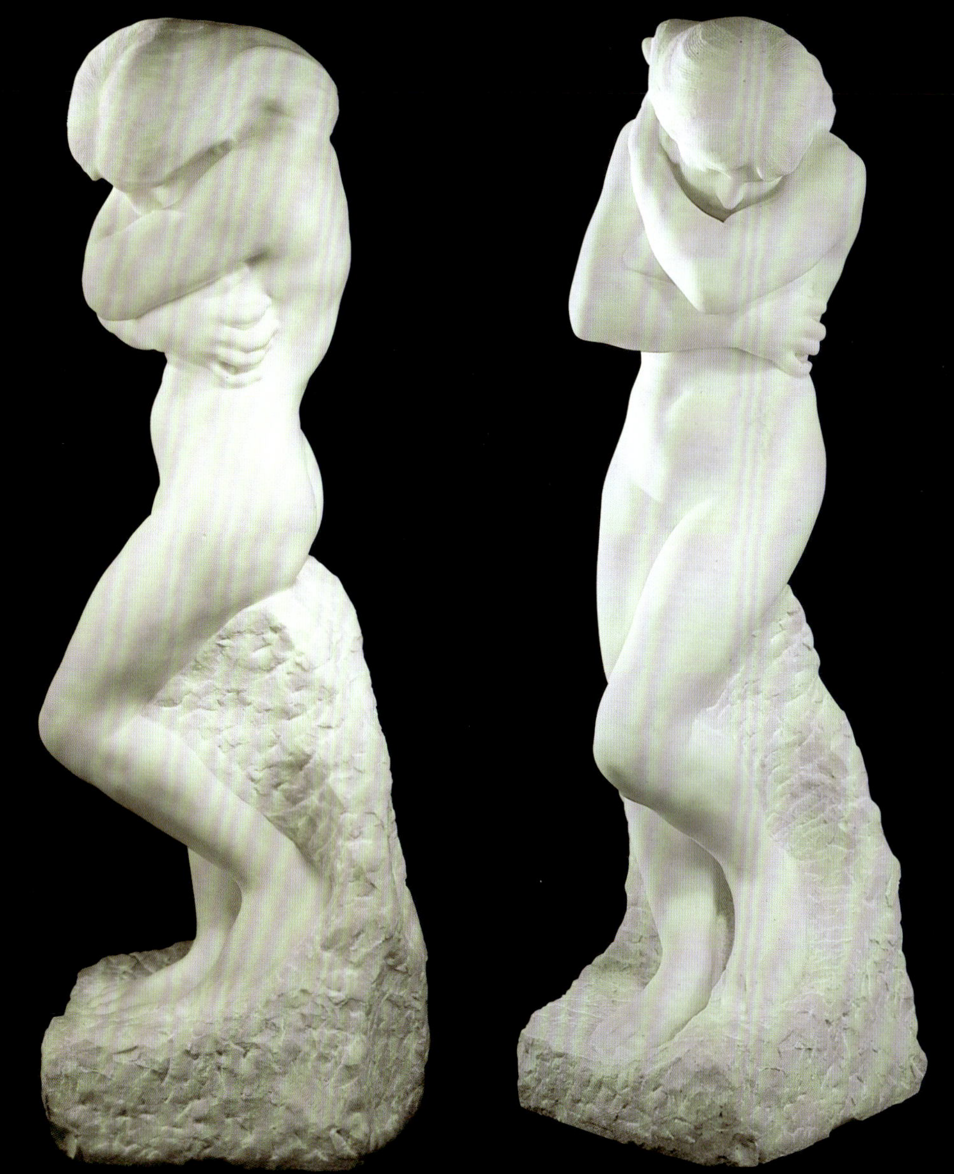

Eve After Sin

Ève après le péché

Eva nach der Sünde

Eva después del pecado

Eva dopo il peccato

Eva na de zonde

c. 1897, Marble/Marbre, 79 cm, Private collection

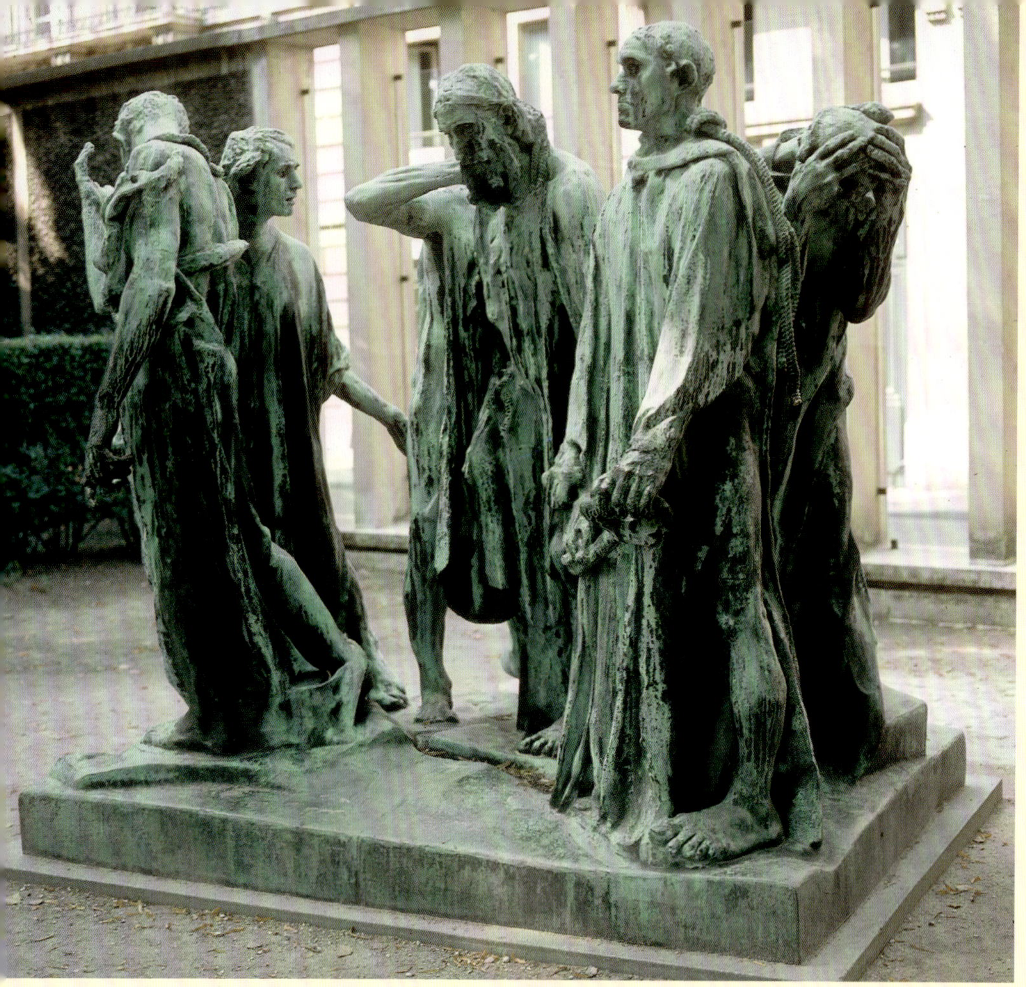

The Burghers of Calais

Les Bourgeois de Calais

Die Bürger von Calais

Los burgueses de Calais

I Borghesi di Calais

De burgers van Calais

1884–95, Bronze, 217 × 255 × 197 cm, Musée Rodin, Paris

The Burghers of Calais

In 1884, Auguste Rodin was commissioned to sculpt this group of figures, technically a historical subject, but one with contemporary political resonance, too. The men shown are the so-called Burghers of Calais, six inhabitants of that French town on the

Les Bourgeois de Calais

En 1884, Auguste Rodin reçoit la commande d'un groupe sculpté, sur un sujet historique à connotation politique contemporaine. Les six hommes qui composent ce groupe des *Bourgeois de Calais* représentent en fait six habitants de cette ville du nord de la France, qui

Die Bürger von Calais

Im Jahr 1884 wird Auguste Rodin mit der Darstellung einer Gruppe von Bürgern beauftragt, ein historisches Sujet, jedoch mit aktuellem politischen Bezug. Bei den darzustellenden Männern handelt es sich um die sogenannten Bürger von Calais, also jene sechs Einwohner

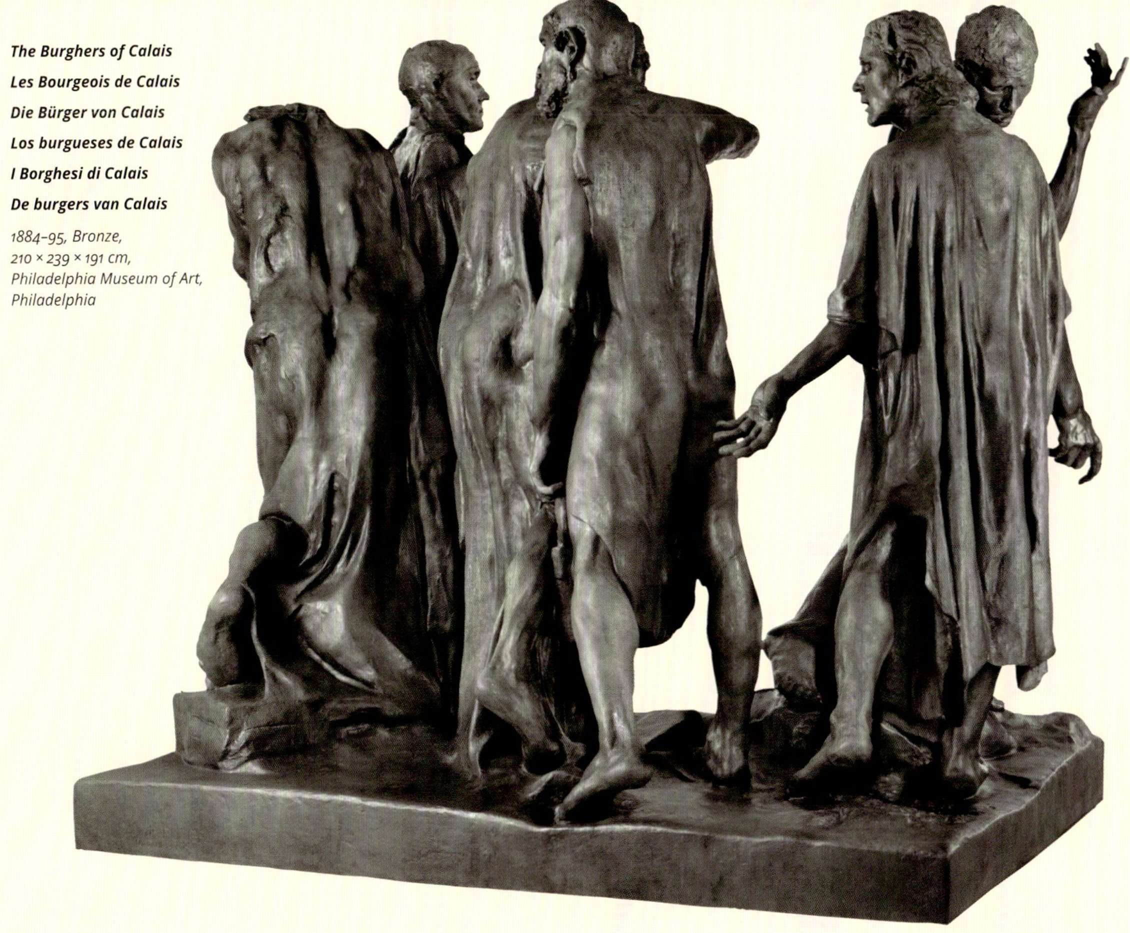

The Burghers of Calais
Les Bourgeois de Calais
Die Bürger von Calais
Los burgueses de Calais
I Borghesi di Calais
De burgers van Calais

1884–95, Bronze,
210 × 239 × 191 cm,
Philadelphia Museum of Art,
Philadelphia

Los burgueses de Calais
En 1884, Auguste Rodin se encarga de la representación de un grupo de ciudadanos, un tema histórico, pero con las condiciones políticas actuales. Los hombres representados se llaman burgueses de Calais, son seis habitantes de la ciudad del norte de Francia, que se

I Borghesi di Calais
Nel 1884 Auguste Rodin fu incaricato della rappresentazione di un gruppo di borghesi, un soggetto storico che aveva anche un riferimento politico. Gli uomini raffigurati erano i cosiddetti borghesi di Calais, ossia quei sei abitanti della città del Nord della Francia che durante

De burgers van Calais
In 1884 kreeg Auguste Rodin opdracht voor een beeldengroep met een eveneens historische maar veel actueler en politieker inhoud. Hierbij ging het om zes burgers van de Noord-Franse stad Calais, die tijdens het beleg van de stad door de Engelsen gedurende de

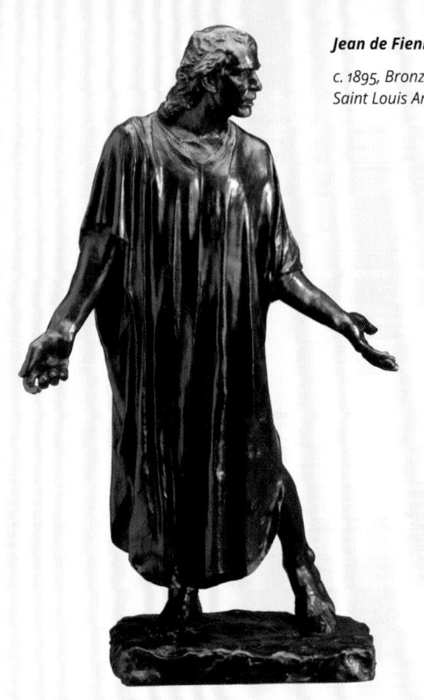

Jean de Fiennes

c. 1895, Bronze, 46 × 29,5 × 14 cm, Saint Louis Art Museum, St Louis

Jean d'Aire

1884, Bronze, 47 × 16,5 × 12 cm, Cleveland Museum of Art, Cleveland

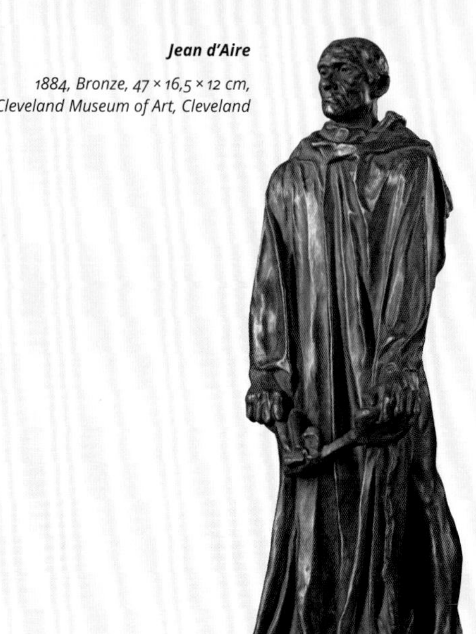

English Channel, who distinguished themselves during the siege by the English during the Hundred Years' War. Chronicler Jean Froissart tells how English King Edward III offered to spare the people of Calais if six of the most noble citizens of the city would voluntarily give themselves up.

Rodin spent ten years on this work and had to deal with a lot of resistance. Many thought that Rodin's figures did not appear heroic enough. And, indeed, Rodin's efforts not to draw six heroes, but six ordinary men, albeit particularly brave men, are evident. He gave each of them traits so subtly depicted and individual that each comes across as an entirely distinct personality.

se sont illustrés par leur abnégation lors du siège de la cité par les Anglais, pendant la guerre de Cent Ans. Selon la chronique de Jean Froissart, en 1347, le roi d'Angleterre Édouard III proposa d'épargner la population de la ville à la condition que six de ses plus nobles habitants consentissent à se livrer à la merci des assiégeants.

Rodin va travailler dix ans à cette œuvre et doit vaincre toutes sortes de résistances pour l'imposer. Les personnages créés par lui paraissent à beaucoup trop peu héroïques. Et de fait : il est manifeste que le sculpteur s'est efforcé de représenter non pas six héros, mais six hommes – quel qu'ait été par ailleurs l'héroïsme de leur abnégation.

der nordfranzösischen Stadt, die sich bei der Belagerung der Stadt durch die Engländer während des Hundertjährigen Krieges hervortaten. Nach dem Bericht des Chronisten Jean Froissart bot der englische König Eduard III. an, die Bevölkerung Calais zu verschonen, wenn sich sechs der nobelsten Bürger der Stadt fänden, die sich freiwillig in die Hände der Belagerer begäben.

Zehn Jahre sollte Rodin an diesem Werk arbeiten und hatte dabei gegen vielerlei Widerstände zu kämpfen. So wirken die von Rodin geschaffenen Figuren auf viele Betrachter viel zu wenig heroisch. Und tatsächlich ist Rodins Bemühen erkennbar, nicht sechs Heroen zu zeichnen, sondern sechs

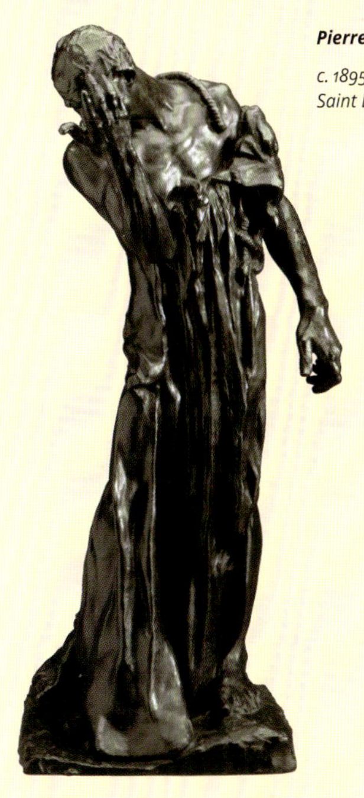

Pierre de Wissant

c. 1895, Bronze, 45,4 × 23 × 21,4 cm, Saint Louis Art Museum, St Louis

Eustache de Saint-Pierre

1902/03, Bronze, 47 × 24,5 × 15 cm, Saint Louis Art Museum, St Louis

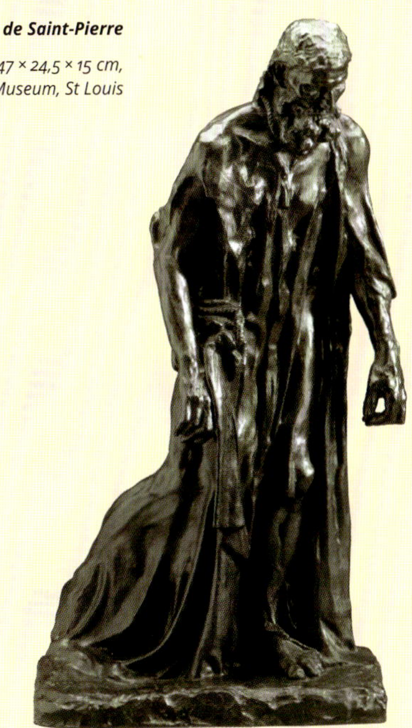

distinguieron durante el sitio llevado a cabo por los ingleses durante la Guerra de los Cien Años. De acuerdo con el informe del cronista Jean Froissart, el rey inglés Eduardo III propuso que, para preservar a la población de Calais, seis de los ciudadanos más nobles deberían entregarse voluntariamente a los sitiadores.

Rodin trabajó diez años en esta obra y tuvo que luchar contra muchas resistencias. Según muchos de sus observadores, Rodin mostraba a las figuras de manera poco heroica. Y, en efecto, ese era el empeño de Rodin, no llamarles seis héroes, sino seis personas – aunque fueran particularmente valientes. Sin embargo,

la guerra dei Cent'anni si distinsero durante l'assedio ad opera degli inglesi. Secondo il racconto del cronista Jean Froissart, il re inglese Edoardo III offrì di risparmiare la popolazione di Calais se sei dei cittadini più nobili della città si fossero arresi volontariamente nelle mani degli assedianti.

Rodin lavorò a quest'opera per dieci anni e dovette lottare contro diverse resistenze. Così le figure create da Rodin a molti osservatori sembrano troppo poco eroiche. Ed effettivamente si può riconoscere la fatica di Rodin di dover disegnare non sei eroi, ma sei uomini, anche se particolarmente valorosi. Egli li fornì comunque di tratti caratteriali sottilmente disegnati e individuali, tanto

Honderdjarige Oorlog van zich deden spreken. Volgens de kroniekschrijver Jean Froissart bood de Engelse koning Eduard III aan de bevolking van Calais te sparen als de stad zes van zijn nobelste burgers bereid zou vinden zich vrijwillig aan de belegeraars over te geven.

Rodin zou tien jaar aan de sculptuur werken en moest daarbij veel kritiek overwinnen. Zo kwamen de door hem gecreëerde figuren op veel beschouwers te weinig heldhaftig over; inderdaad is te herkennen hoe Rodin heeft getracht zes heel dappere mensen maar niet zes helden te presenteren. Hij heeft de mannen voorzien van dusdanig subtiel getekende en individuele karaktertrekken dat ieder van hen een

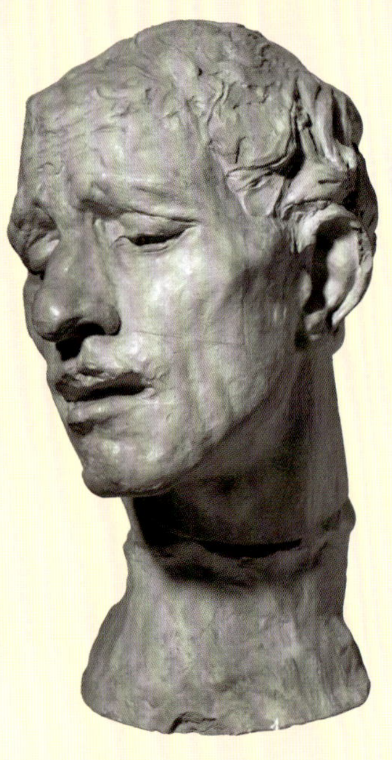

Heroic Head of Pierre de Wissant
Tête de Pierre de Wissant
Heroischer Kopf des Pierre de Wissant
Cabeza heroica de Pierre de Wissant
Testa eroica di Pierre de Wissant
Heroïsche kop van Pierre de Wissant
1886, Plaster/Plâtre, 85,1 × 61 × 50,8 cm, Cleveland Museum of Art, Cleveland

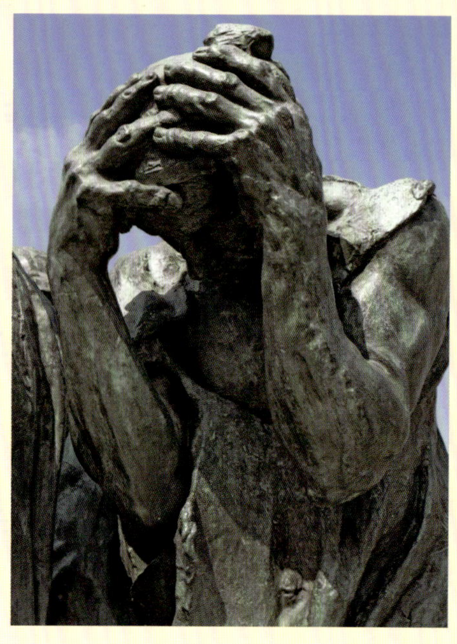

***The Burghers of Calais* (detail)**
***Les Bourgeois de Calais* (détail)**
***Die Bürger von Calais* (Detail)**
***Los burgueses de Calais* (detalle)**
***I Borghesi di Calais* (dettaglio)**
***De burgers van Calais* (uitsnede)**
1884–95, Bronze, Calais

This approach was also underlined by Rodin's insistence that the group not be placed on a high pedestal, but instead to show them almost at eye level with the viewer. This sculpture still has lost none of its impact, reflected in the fact that all twelve of the permitted bronze casts have been made, the last being made in 1995 for the Samsung Cultural Foundation in Seoul.

Mais il l'a fait avec tant de subtilité dans la caractérisation que chacun d'eux frappe par l'individualité de sa personnalité.

Cette approche est aussi soulignée par le fait que Rodin insiste pour ne pas installer le groupe des personnages sur un piédestal surélevé mais pour le disposer presque à hauteur de vue des spectateurs. Jusqu'à ce jour, l'ensemble n'a rien perdu de sa puissance d'expression – ce que confirme aussi le fait que les douze moulages autorisés ont tous été vendus, le dernier en 1995 à la fondation culturelle Samsung de Séoul.

Menschen – wenn auch besonders tapfere. Diese aber stattet er mit solch subtil gezeichneten, individuellen Charakterzügen aus, dass uns ein jeder von ihnen als vollkommen eigenständige Persönlichkeit gegenübertritt.

Dieser Ansatz wird auch dadurch unterstrichen, dass Rodin darauf beharrt, die Figurengruppe nicht auf ein hohes Podest zu stellen, sondern sie fast in Augenhöhe mit ihrem Betrachter zu bringen. Bis heute hat die Skulpturengruppe nichts an ihrem Ausdruck verloren, was sich auch daran zeigt, dass die einst festgelegte Höchstzahl von zwölf Abgüssen in Bronze voll ausgeschöpft wurde, davon der letzte noch 1995 für die Samsung-Kulturstiftung in Seoul.

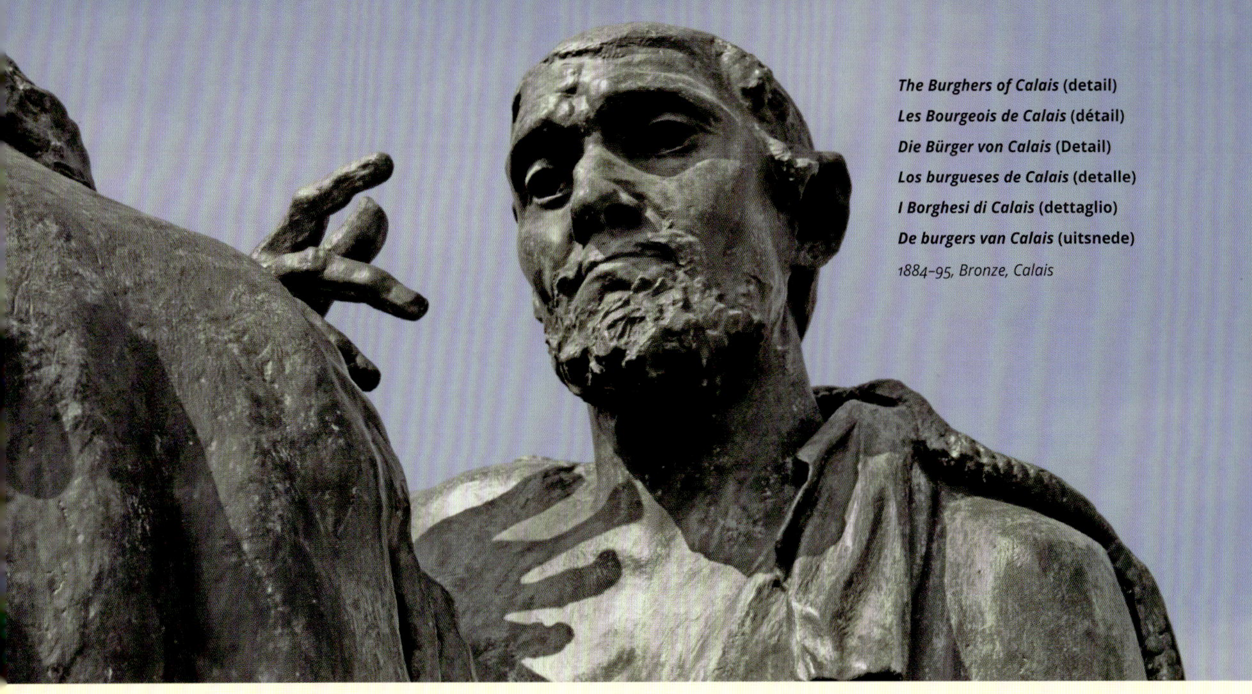

The Burghers of Calais **(detail)**
Les Bourgeois de Calais **(détail)**
Die Bürger von Calais **(Detail)**
Los burgueses de Calais **(detalle)**
I Borghesi di Calais **(dettaglio)**
De burgers van Calais **(uitsnede)**
1884–95, Bronze, Calais

les equipa con unos rasgos individuales tan sutiles que cada uno de ellos se nos enfrenta como una personalidad completamente independiente.

Este enfoque también se subraya debido a que Rodin insiste en pedir que el grupo de figuras no se sitúe en un alto pedestal, sino casi a la altura de los ojos de sus espectadores. Hasta la fecha, el grupo escultórico no ha perdido nada de su expresión, lo que también resulta del número de veces preestablecido que se podía explotar los doce moldes de bronce, incluyendo la última de 1995 para la Fundación Cultural Samsung en Seúl.

che ognuno di loro ci compare innanzi come una personalità completamente autonoma.

Questo approccio è anche sottolineato dal fatto che Rodin insiste a non collocare il gruppo di figure su un alto piedistallo, ma a portarlo quasi all'altezza degli occhi di chi l'osserva. Ancora oggi il gruppo di sculture non ha perso nulla della sua espressione, tanto che mostra anche che il numero massimo allora stabilito di dodici calchi in bronzo fu sfruttato completamente, di cui l'ultimo ancora nel 1995 per la fondazione culturale Samsung a Seoul.

volkomen eigen persoonlijkheid lijkt te hebben.

Deze aanpak werd nog eens onderstreept door de moeite die Rodin nam om de figurengroep niet op een hoog voetstuk te plaatsen, maar bijna op ooghoogte van de beschouwer te laten acteren. Tot op heden heeft deze beeldengroep niets aan uitdrukkingskracht verloren, wat ook blijkt uit het feit dat het destijds vastgelegde maximum van twaalf bronzen afgietsels voor dit werk allemaal zijn uitgevoerd, tot en met het laatste gietsel in 1995, voor de Samsung Cultuurstichting in Seoul.

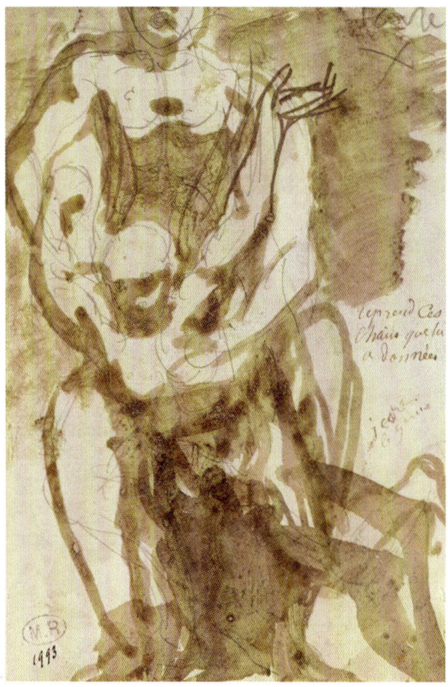

Two Figures **(preparatory study for *The Gates of Hell*)**

Deux figures**, étude préparatoire pour *La Porte de l'Enfer***

Zwei Figuren **(Vorstudie zu *Das Höllentor*)**

Dos figuras **(estudio preparatorio para *La puerta del Infierno*)**

Due figure **(studio preparatorio per *La Porta dell'Inferno*)**

Twee figuren **(voorstudie voor *De Hellepoort*)**

c. 1880–90, Pencil and ink wash on paper/Pinceau et encre sur papier

Drawings

"It's really quite simple," Rodin once said looking back over his work: "My drawings are the key to my oeuvre." Rodin had made drawings throughout his life, so it is not surprising that some 10,000 drawings survive, although they are rarely exhibited due to their sensitivity to light.

Even for Rodin, his drawings long played a subordinate role to his work as a sculptor. This becomes readily apparent when looking at the undated, rather disorganized collection of thousands of drawings. Biographers have often found it difficult to position Rodin's graphic work within the context of his overall oeuvre.

Dessins

« C'est bien simple, dit un jour Rodin en jetant un regard rétrospectif sur son travail, mes dessins sont la clef de toute mon œuvre. » Le sculpteur a dessiné toute sa vie : rien d'étonnant, donc, à ce qu'on ait gardé une dizaine de milliers de ses dessins – malheureusement peu exposés en raison de leur excessive fragilité à la lumière.

Pour l'artiste toutefois, ses dessins n'avaient qu'une importance secondaire par rapport à sa sculpture. On s'en aperçoit aisément quand on a sous les yeux le désordre de ses archives, avec les milliers de feuilles dessinées, la plupart sans date. Les biographes ont

Zeichnungen

„Es ist eigentlich ganz einfach", sagte Rodin einmal rückblickend über sein Werk: „Meine Zeichnungen sind der Schlüssel zu meinem Gesamtwerk." Rodin hat sein Leben lang gezeichnet und so nimmt es nicht wunder, dass rund 10 000 Zeichnungen erhalten sind, wegen ihrer Lichtempfindlichkeit leider selten ausgestellt.

Und doch besaßen seine Zeichnungen für ihn selbst lange Zeit eine der Bildhauerei untergeordnete Rolle. Das begreift man besonders, wenn man sich das recht ungeordnete Archiv mit den Tausenden von Blättern vor Augen hält, meist ohne Datum. So fiel es

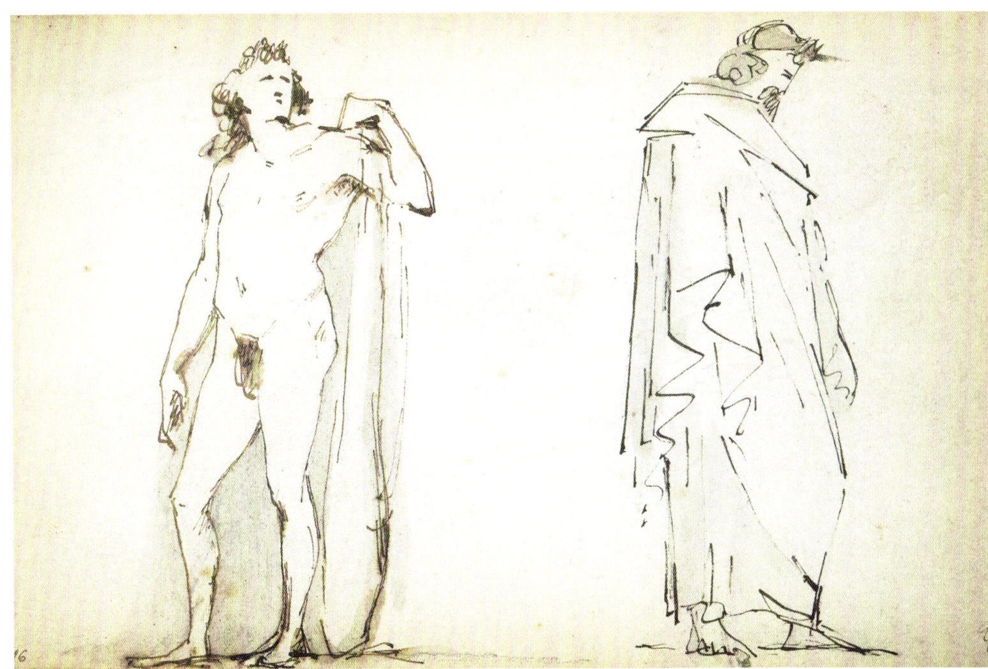

Page in the Mastbaum Album

Planche extraite du Carnet Mastbaum

Seite im Mastbaum-Album

Página en el Album Mastbaum

Pagina nell'album Mastbaum

Bladzijde in het Mastbaum Album

c. 1860–80, Graphite, ink, and wash on paper/Graphite, encre et lavis, 9,5 × 15,2 cm, Philadelphia Museum of Art, Philadelphia

Dibujos

"Es realmente muy simple," dijo Rodin una vez mirando en retrospectiva su obra: "Mis dibujos son la clave de mi obra". Rodin elaboró durante toda su vida, y no es sorprendente, unos 10 000 dibujos, que raramente son expuestos por desgracia debido a su sensibilidad a la luz.

Y así guardaba para sí mismo durante mucho tiempo los dibujos a los que se subordinaban las esculturas. Esto se comprende especialmente cuando se tiene en cuenta el desordenado archivo con miles de papeles, la mayoría sin fecha. Por lo que para sus biógrafos siempre era difícil poner su obra gráfica

Disegni

"È davvero molto semplice", disse Rodin una volta considerando le sue opere a posteriori: "I miei disegni sono la chiave per la mia opera intera." Rodin ha disegnato a lungo durante la sua vita e così non stupisce che siano stati conservati circa 10 000 disegni, purtroppo raramente esposti a causa della loro sensibilità alla luce.

Eppure i suoi disegni per lui ebbero per lungo tempo un ruolo secondario rispetto alla scultura. Questo si comprende in particolare se si considera l'archivio del tutto disordinato con migliaia di fogli, per la maggior parte senza data. Così per i suoi biografi fu sempre difficile collocare

Tekeningen

"Het is eigenlijk heel eenvoudig," zei Rodin ooit, terugblikkend op zijn werk: "Mijn tekeningen zijn de sleutel tot mijn oeuvre." Rodin heeft zijn leven lang getekend en daarom is het niet verwonderlijk dat van zijn hand zo'n 10 000 tekeningen bewaard zijn gebleven, die wegens hun lichtgevoeligheid helaas zelden worden geëxposeerd.

Toch speelden deze tekeningen voor Rodin lange tijd een ondergeschikte rol ten opzichte van zijn beeldhouwkunst. Dat blijkt onder meer uit zijn ongeordende archief van duizenden, meestal ongedateerde vellen. Het viel zijn biografen dan ook zwaar om Rodins

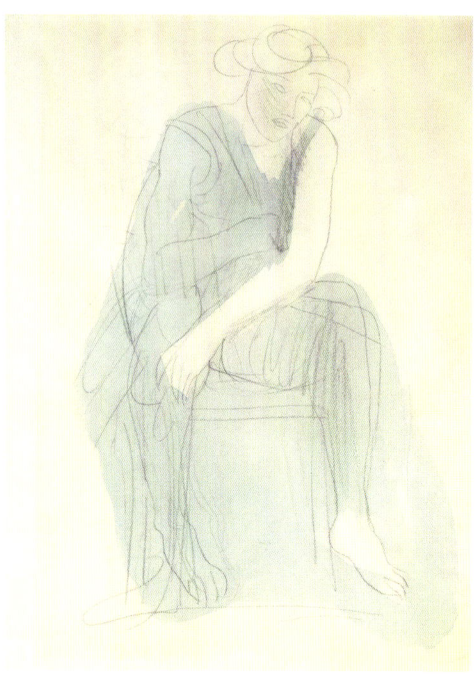

Seated Woman

Femme assise

Sitzende Frau

Mujer sentada

Donna seduta

Zittende vrouw

Pencil and blue wash on paper/Crayon et lavis de bleu, 32 × 25 cm, Private collection

This subordination is also a result of the fact that he actually made very few sketches for the sculptures to which he dedicated years of work to complete. Instead, he worked with quick, sketchy plaster models, which he would revise continuously, crude figures, really, but which already reflected the essence of the evolving sculpture.

It is clear, though, when comparing Rodin's drawings and watercolors with his sculptural work, that the former often reflect an even greater shift towards modernity. His techniques (such as experimenting with collages or using bright paints

toujours beaucoup de difficultés à mettre ses travaux dessinés en relation avec l'ensemble de sa création artistique.

Cette hiérarchisation ressort aussi du fait que même pour des sculptures qui lui ont demandé des années de travail, il n'a réalisé que peu d'esquisses préparatoires. En leur lieu et place, il exécutait de rapides ébauches en plâtre, progressivement développées – figures grossières mises ensuite de côté, mais qui saisissaient déjà l'essence des personnages.

Force est de constater, si l'on compare les dessins et aquarelles de Rodin avec ses œuvres sculptées, que sa modernité apparaît plus fortement encore dans

seinen Biographen immer schwer, sein zeichnerisches Werk in den Kontext seines gesamten künstlerischen Schaffens zu stellen.

Diese Unterordnung ergab sich auch daraus, dass er selbst für Skulpturen, die ihn oft Jahre in Anspruch nahmen, nur wenige Skizzen anfertigte. Stattdessen fertigte er schnelle, skizzenhafte Gipsmodelle an, die er nach und nach weiterentwickelte, rohe Figuren, hingeworfen, aber bereits das Wesen der Person erfassend.

Festzuhalten aber ist, dass, vergleicht man Rodins Zeichnungen und Aquarelle mit seinem bildhauerischen Werk, sich wohl behaupten lässt, dass seine

Study of a Man
Étude d'homme
Studie eines Mannes
Estudio de un hombre
Studio di un uomo
Mannenstudie
Watercolor/Aquarelle, 15 × 8,3 cm, Private collection

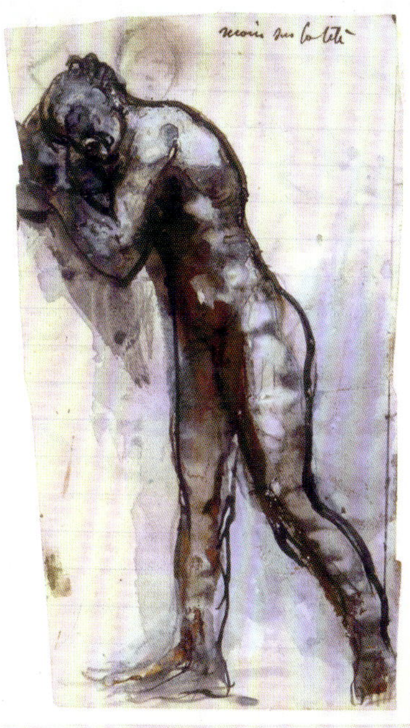

en el contexto de toda su creación artística.

Esta subordinación se debe al hecho de que él, sólo realizaba unos pocos bocetos incluso para las esculturas que le llevó años completar. En cambio, hizo rápidos modelos a manera de esbozo de yeso, que se desarrollaba gradualmente, figuras en bruto, bosquejadas, pero que ya recogían la esencia de la persona.

Pero debe tenerse en cuenta que, si comparamos los dibujos y acuarelas con la obra escultórica de Rodin, puede afirmarse con seguridad que su modernidad incluso llegó a la primera en mayor medida que a las esculturas. Su técnica (por ejemplo, los experimentos

la sua opera grafica nel contesto della sua intera creazione artistica.

Questa subordinazione risultò anche nel fatto che egli stesso produsse per le sculture, che spesso lo occupavano per anni. solo pochi schizzi. Nonostante questo realizzò modelli in gesso rapidi e abbozzati, che sviluppò un po' per volta; figure rozze modellate rapidamente ma che comprendevano già l'essenza della persona.

Tuttavia si deve notare che, se si confrontano i disegni e gli acquerelli di Rodin con la sua opera scultorea, si può affermare senza dubbio che la sua modernità trova espressione nei primi in misura persino maggiore. La sua tecnica

getekende nalatenschap in de context van zijn beeldhouwkunst te plaatsen.

De ondergeschikte positie van het tekenwerk bleek ook uit het feit dat Rodin zelfs van beeldhouwwerken waaraan hij jarenlang werkte, slechts enkele schetsen maakte. In plaats daarvan maakte hij snelle, schetsmatige gipsmodellen die hij in de loop der tijd telkens bijwerkte en die als ruwe wegwerpfiguurtjes al het wezen van het later uitgebeelde personage in zich droegen.

Uit de vergelijking tussen Rodins tekeningen en aquarellen enerzijds en zijn beeldhouwwerk anderzijds komt naar voren dat hij zijn modernisme zelfs nog sterker in zijn tekenwerk dan in

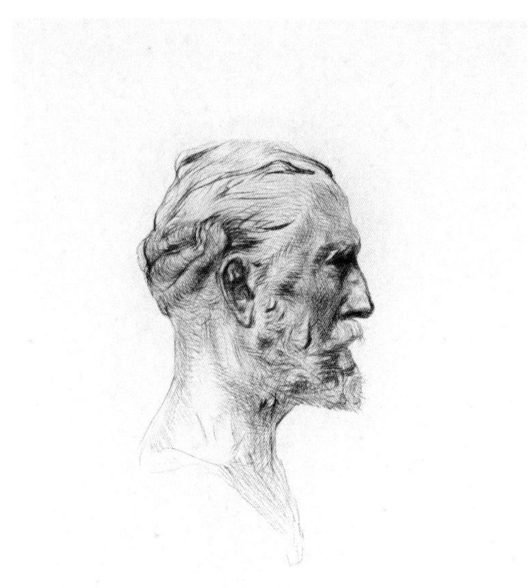

Antonin Proust

c. 1884, Drypoint etching/Pointe sèche, 11,4 × 6,7 cm, Dallas Museum of Art, Dallas

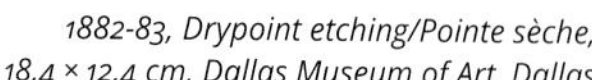

Victor Hugo

1882-83, Drypoint etching/Pointe sèche, 18,4 × 12,4 cm, Dallas Museum of Art, Dallas

in his watercolors) moved far away from what was common in the late 19th century and are actually more comparable to what one would see with the Expressionism of an Emil Nolde in the early 20th century.

It was only late, after he turned sixty, that Rodin's drawings began to take on a life of their own when he finally decided to present them in an exhibition. Most of his drawings and watercolors have the female body as their subject, primarily in two main themes: first, numerous studies of dancing women, especially his famous series of dancers who accompanied the King of Cambodia on his 1906 state

les premiers que dans les secondes. Sa technique – par exemple ses expériences de collage ou les couleurs parfois criardes de ses aquarelles – est très éloignée de ce qui se faisait habituellement vers la fin du XIXe siècle : elle est beaucoup plus à rapprocher de ce qui se fera au XXe siècle, à partir de l'expressionnisme d'un Emil Nolde.

C'est plus tard seulement, à plus de 60 ans, que Rodin commence à s'émanciper dans son œuvre graphique : il présente alors pour la première fois une exposition de ses seuls dessins. Son sujet de prédilection reste et restera jusqu'à la fin de sa vie le corps féminin, décliné pour l'essentiel selon

Modernität in ersteren sogar noch in stärkerem Maße zum Tragen kam. Seine Technik (z. B. Experimente mit Collagen, teils knallige Farben in seinen Aquarellen) entfernte sich weit von dem, was gegen Ende des 19. Jahrhunderts üblich war, und lässt sich viel eher mit dem vergleichen, was ab dem Expressionismus eines Emil Nolde im 20. Jahrhundert passieren wird.

Erst spät, mit über 60 Jahren, beginnt sich das zeichnerische Werk innerhalb Rodins Schaffen zu emanzipieren, erstmals präsentiert er sich in einer Ausstellung auch nur als Zeichner. Dabei wird sein vorrangiges Sujet bis zum Ende seines Lebens der weibliche Körper sein. Und dies im Wesentlichen

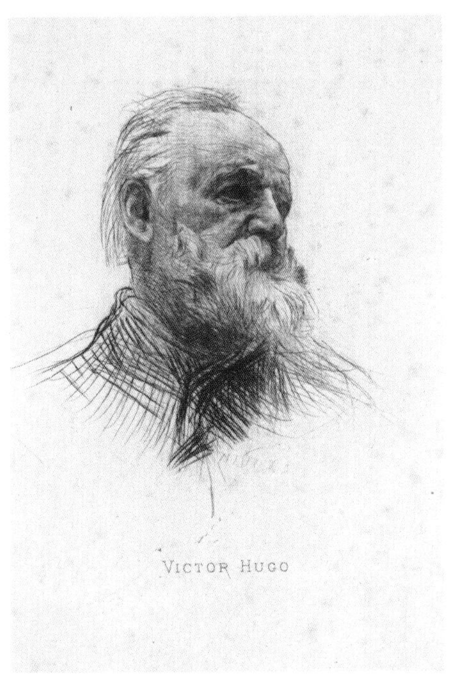

Victor Hugo

Lithograph/ Lithographie, 22,6 × 15,8 cm, Leeds Art Gallery, Leeds

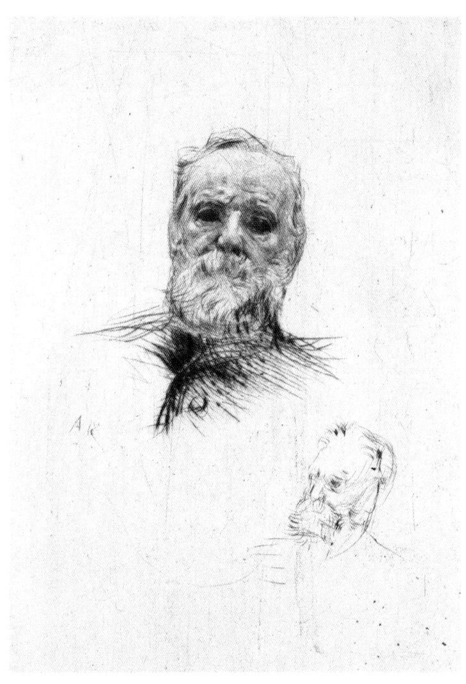

con collages, algunos colores brillantes en sus acuarelas) iba más allá de lo que era común en el siglo XIX, y podemos compararlo con lo que desde el expresionismo de Nolde va a pasar en el siglo XX.

Sólo más tarde, con más de 60 años, la obra gráfica de Rodin comienza a emanciparse de su trabajo, ya que se presenta por primera vez en una exposición solo como dibujante. Sin embargo, su objeto principal será el cuerpo femenino hasta el final de su vida. Y esto en dos temas principales: en primer lugar, en numerosos estudios de baile de mujeres, sobre todo en su famosa serie de bailarinas

(ad es. esperimenti con collage, i colori a volte sgargianti nei suoi acquerelli) si allontana notevolmente da ciò che verso la fine del XIX secolo era consueto, ed è piuttosto paragonabile con quanto accadrà dall'Espressionismo di un Emil Nolde nel XX secolo.

Solo più tardi, ad oltre 60 anni di età, le opere grafiche all'interno della produzione di Rodin iniziarono ad emanciparsi, quando per la prima volta si presentò ad una mostra soltanto come disegnatore. Quindi il suo soggetto prioritario divenne il corpo femminile fino alla fine della sua vita. Questo avvenne essenzialmente in due cicli di temi: il primo era composto da numerosi studi di

zijn beelden tot uitdrukking bracht. Zijn tekentechniek (waaronder experimenten met collages en soms felle kleuren in zijn aquarellen) ging veel verder dat wat aan het einde van de 19e eeuw gebruikelijk was en doet eerder denken aan het 20e-eeuwse expressionisme van iemand als Emil Nolde.

Pas toen Rodin in de 60 was, begon hij zijn tekeningen in de totaliteit van zijn oeuvre een belangrijker plek te geven en presenteerde hij zich voor het eerst als louter tekenaar op een expositie. Het belangrijkste motief van zijn tekenwerk zou tot aan het einde van zijn leven het vrouwenlichaam zijn, en wel in twee hoofdcategorieën: erotische werken

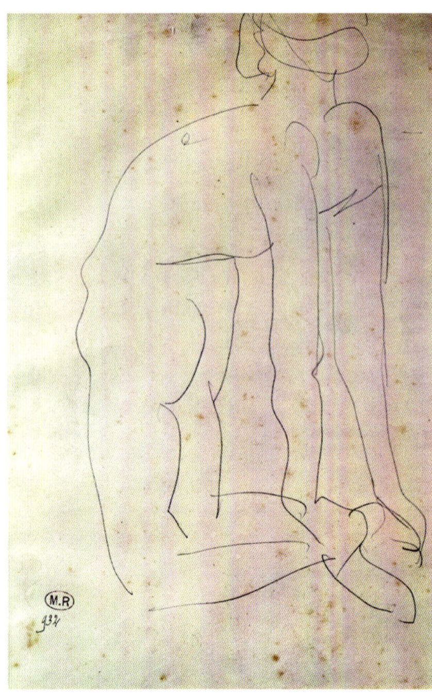

Motion Study

Étude de mouvement

Bewegungsstudie

Estudio de movimiento

Studio di movimento

Bewegingsstudie

Crayon, 29 × 19 cm, Musée Rodin, Paris

visit to his French colonial overlords. The watercolors Rodin made of these dancers and the drawings he made in the same year of the famous Japanese dancer and actress Hanako continue to fascinate viewers with their tremendous dynamism and elegance.

The fragmentary nature of so many of his sculptures is reflected in the spontaneous, unfinished look of his drawings, where he often only colored them sketchily. Initially drawn with pencil, brown, or black ink on small pieces of note paper (often just 4 × 6 inches), he would then paint them in color as if he wanted to refine them.

deux thèmes dominants : la danse et l'érotisme. De très nombreuses études sont consacrées à des femmes dansant – en particulier dans la célèbre série des danseuses cambodgiennes ayant accompagné le roi de ce pays (alors sous protectorat français) lors de sa visite à Paris, en 1906. Les aquarelles réalisées par Rodin – de même, que les dessins de la célèbre danseuse et actrice japonaise Hanako, réalisés cette même année – fascinent encore aujourd'hui par leur dynamique et leur élégance suprêmes.

Ces travaux graphiques correspondent parfaitement au caractère fragmentaire de beaucoup de ses sculptures, par leur côté spontané et inachevé – par exemple

in zwei Themenkreisen: Zum einen in zahlreichen Studien tanzender Frauen, so vor allem in seiner berühmten Serie kambodschanischer Tänzerinnen, die 1906 den König des zum französischen Kolonialreich gehörenden Landes nach Paris begleiteten. Die Aquarelle, die Rodin von diesen Tänzerinnen schuf – ebenso wie die Zeichnungen, die er im gleichen Jahr von der berühmten japanischen Tänzerin und Schauspielerin Hanako machte – faszinieren noch heute dank ihrer ungeheuren Dynamik und Eleganz.

Dabei entspricht dem fragmentarischen Charakter so vieler seiner Plastiken im Zeichnerischen oft das Spontane und nicht zu Ende Ausgeführte, etwa

The Blonde Wave

La Vague blonde

Die blonde Welle

La ola azul

L'onda bionda

De blonde golf

Watercolor/ Aquarelle, 20 × 31 cm, Private collection

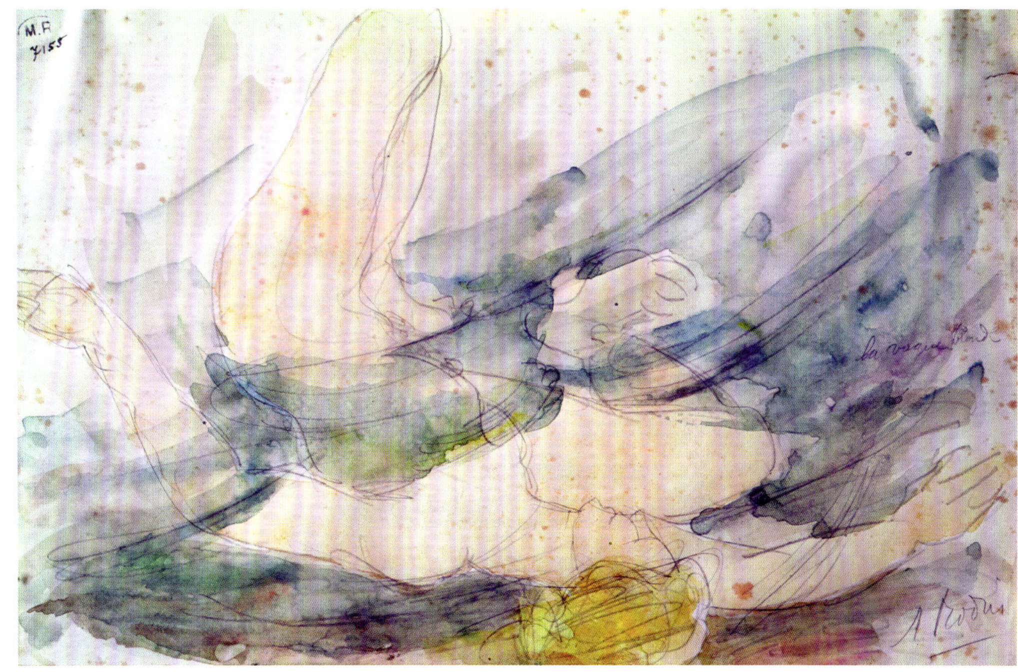

camboyanas que acompañaban en 1906 al rey de una parte del imperio colonial francés en París. Las acuarelas, que creó Rodin de estas bailarinas –así como los dibujos que hizo en el mismo año de la famosa bailarina y actriz japonesa Hanako– fascinan hoy gracias a su enorme dinamismo y elegancia.

Aquí se corresponde la naturaleza fragmentaria de muchas de sus esculturas con el dibujo espontáneo y no llevado a cabo hasta el final, con la coloración de los dibujos a menudo esbozados. Inicialmente solo dibujaba a pequeña escala, en papel de no más de 10 por 15 centímetros, con lápiz, tinta

donne danzanti, come soprattutto nella sua famosa serie di ballerine cambogiane che nel 1906 accompagnarono a Parigi il re del paese appartenente all'Impero coloniale francese. Gli acquerelli che Rodin creò da queste ballerine, proprio come i disegni della famosa ballerina e attrice giapponese Hanako che realizzò nello stesso anno, affascinano ancora oggi per la loro immensa dinamica ed eleganza.

Quindi al carattere frammentario di molte delle sue sculture corrisponde frequentemente nella grafica la spontaneità e l'incompiutezza, come nella colorazione dei disegni spesso solo abbozzata. Rodin dipinse molti di

en studies van dansende vrouwen, waaronder zijn beroemde serie over de Cambodjaanse danseressen die in 1906 in het gevolg van de koning van deze Franse kolonie een bezoek aan Parijs brachten; de aquarellen die Rodin van deze danseressen – en in hetzelfde jaar van de beroemde Japanse danseres en actrice Hanako – maakte, zijn nog altijd fascinerend, dankzij hun ongekende dynamiek en elegantie.

Het fragmentarische karakter van veel van zijn beeldhouwwerken uit zich in zijn tekenwerk als een spontane en onafgemaakte schetsmatigheid, bijvoorbeeld bij het (in)kleuren. Aanvankelijk tekende Rodin op kleine,

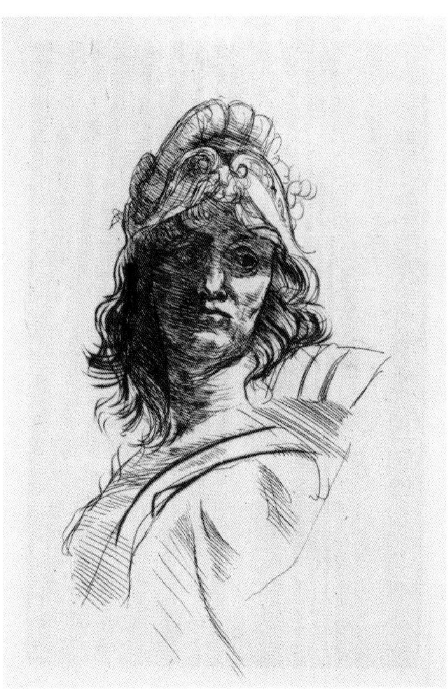

Bellona

Bellone

1883, Drypoint etching/Pointe sèche, 12,9 × 7,6 cm, Dallas Museum of Art, Dallas

The other subject area was a pure, or rather raw eroticism. These were often some very daring depictions mostly of the female body alone or together with another woman or with a man. Rodin did not hesitate to create graphically detailed close-ups of the female genitalia comparable to Gustave Courbet's *Origin of the World.* In general, it seems as if he was fascinated by both the female and male genitalia (and it is known that the erect penis was the first part that Rodin sculpted on his Balzac).

Ultimately, even his dance drawings have a strong erotic component. Indeed, he felt rather empty after the departure of the Khmer dancers and

dans le coloriage rapide de dessins qui n'ont souvent que des allures d'esquisse. Exécutés au départ sur de petites feuilles ne mesurant pas plus de 10 × 15 cm, au crayon ou à l'encre brune ou noire, nombre d'entre eux sont ensuite mis en couleurs – comme pour les ennoblir de raffinements supplémentaires.

L'autre thème dominant est l'érotisme pur, on pourrait dire « cru ». Il s'agit en effet de représentations souvent très osées de corps essentiellement féminins, seuls ou avec un partenaire féminin ou masculin. De même que Gustave Courbet dans *L'Origine du monde,* Rodin n'hésite à présenter des gros plans de sexe féminin. Tout se passe ici comme si les organes

beim Kolorieren der oft nur skizzenhaft wirkenden Zeichnungen. Anfangs oft nur auf kleinen, nicht mehr als 10 mal 15 Zentimeter messenden Zetteln, mit Bleistift, brauner oder schwarzer Tinte hingeworfen, malte er viele von ihnen anschließend farbig aus, wie um sie noch einmal zu veredeln.

Der andere Themenkreis ist die pure, man könnte sagen, rohere Erotik. Denn dabei handelt es sich oft um teils sehr gewagte Darstellungen meist weiblicher Körper, allein oder gemeinsam mit einer anderen Frau oder mit einem Mann. Hier scheute er auch nicht davor zurück, mit Gustave Courbets *Ursprung der Welt* vergleichbare zeichnerische

Souls in Purgatory

Les Âmes du Purgatoire

Seelen im Fegefeuer

Almas en el purgatorio

Anime in Purgatorio

Zielen in het Vagevuur

1893, Drypoint etching/Pointe sèche, 15,6 × 9,8 cm, Dallas Museum of Art, Dallas

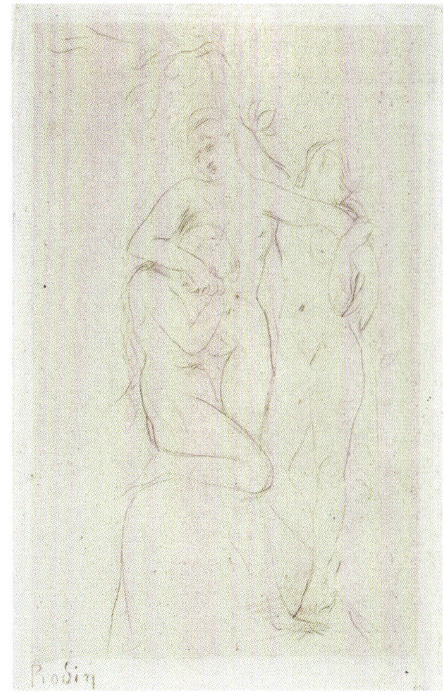

marrón o negra, pintó muchos de ellos después en color, como para mejorarlos de nuevo.

El otro tema es el puro y, se podría decir, crudo erotismo. Se trata a menudo de representaciones arriesgadas, la mayoría del cuerpo femenino, solas o en grupo con otra mujer u otro hombre. Asimismo, no dudó en personalizar primeros planos de sexo femenino en lo que Gustave Courbet llamó *El origen del mundo.* En general, parece como si le fascinaran tanto los órganos sexuales femeninos como los masculinos en un cierto grado (es conocido el pene erecto que moldeó Rodin para la escultura de Balzac).

questi a colori, come per renderli più raffinati, all'inizio solo su piccoli foglietti, non più grandi di 10 × 15 cm, con la matita e abbozzati di colore marrone o nero.

L'altro ciclo tematico è l'erotismo puro, si potrebbe dire rozzo. Perché si tratta spesso di immagini a volte molto osé del corpo femminile, da solo o insieme ad un'altra donna o con un uomo. Qui egli non esitò neppure a realizzare primi piani grafici del sesso femminile paragonabili con *L'origine del mondo* di Gustave Courbet. Sembra proprio che lo affascinasse tanto la parte sessuale femminile quanto quella maschile in modo particolare (così è noto che il pene

hooguit 10 × 15 cm grote vellen, met potlood en bruine of zwarte inkt; ook kleurde hij veel tekeningen in of bij, om hun uitdrukkingskracht te verrijken.

Rodins tweede thema was de pure of, zoals sommigen zouden zeggen, onverbloemde erotiek. Het gaat daarbij vaak om gewaagde uitbeeldingen van naakte vrouwen, met een andere vrouw of met een man. Hier deinsde Rodin er niet voor terug het vrouwelijk geslacht van dichtbij – vergelijkbaar met Gustave Courbets *De oorsprong van de wereld* – uit te beelden. Het lijkt erop dat Rodin uitermate gefascineerd was door zowel de vrouwelijke als mannelijke geslachtsdelen (zo is bekend dat hij zijn

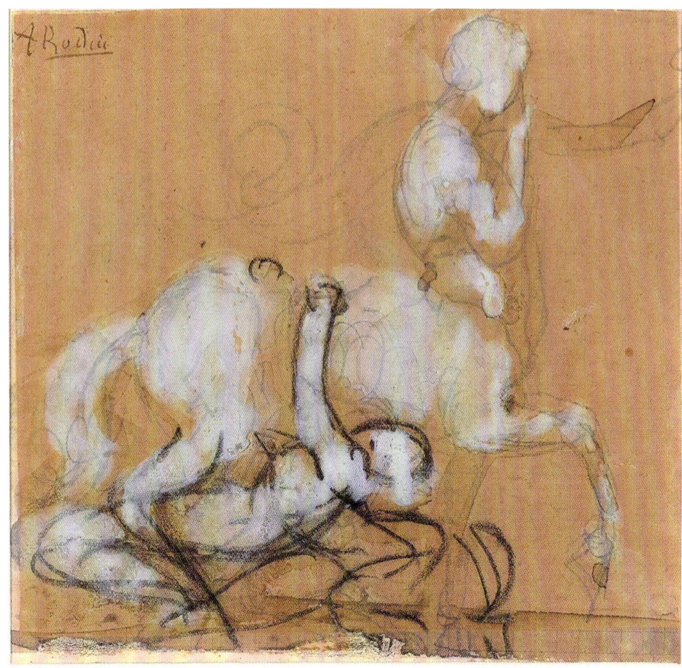

Achilles and Chiron

Achille et Chiron

Achilles und Cheiron

Aquiles y Quirón

Achille e Chirone

Achilles en Cheiron

Graphite, charcoal and brown ink with white highlights, on paper/Graphite, fusain, lavis de brun et rehauts de blanc sur papier, 11,6 × 12,6 cm, Fitzwilliam Museum, Cambridge

noted: "When they left, I was enveloped by shadow and cold. I thought they had taken the beauty of the world away with them."

sexuels – féminins aussi bien que masculins – le fascinaient étrangement (on sait que la première phase réalisée en demi-grandeur du *Monument à Balzac,* en 1897, figurait l'écrivain nu, tenant son pénis en érection).

En fin de compte, il y a même dans ses dessins de danse de fortes composantes érotiques. Après le départ des danseuses khmères, Rodin se sent comme vidé et il note : « Lorsqu'elles sont parties, j'ai été enveloppé d'ombre et de froid. J'ai cru qu'elles emportaient la beauté du monde avec elles. »

Nahaufnahmen des weiblichen Geschlechts zu fertigen. Überhaupt scheint es, als ob ihn sowohl das weibliche Geschlechtsteil wie das männliche in besonderem Maße faszinierte (so ist bekannt, dass der erigierte Penis das Erste war, was Rodin an seiner Balzac-Plastik formte).

Letztlich aber lassen sich auch schon seine Tanz-Zeichnungen ohne eine starke erotische Komponente nicht denken. So fühlte er sich nach der Abreise der Khmer-Tänzerinnen richtiggehend leer und er notierte: „Als sie gegangen waren, war ich von Schatten und Kälte umhüllt. Ich glaubte, sie würden die Schönheit der Welt mit sich nehmen."

The Shades Approaching Dante and Virgil
L'Ombre approchant Dante et Virgile
Die Schatten nähern sich Dante und Vergil
Sombras aproximándose a Dante y Virgilio
Le ombre si avvicinano a Dante e Virgilio
De schimmen dringen zich op aan Dante en Vergilius

Graphite, pen and dark sepia ink/Graphite, plume et lavis, 18,3 × 11,7 cm, Fitzwilliam Museum, Cambridge

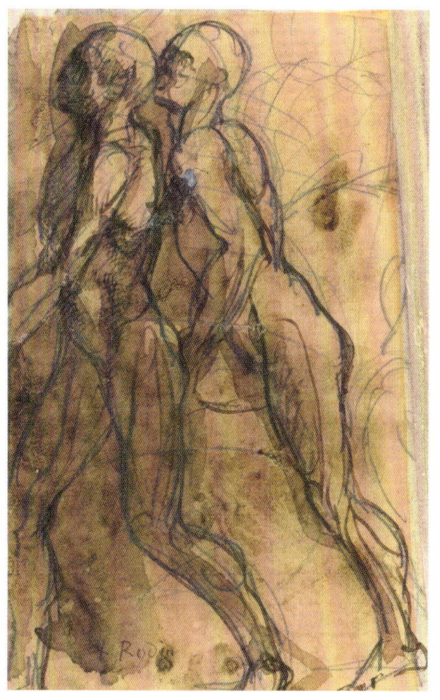

En última instancia, sin embargo, se puede pensar incluso en sus dibujos de baile con un fuerte componente erótico. Así se sentía francamente vacío después de la salida de las bailarinas Khmer anotó: "Cuando se hubieron marchado, estaba envuelto por la sombra y el frío. Pensé que iban a llevarse la belleza del mundo con ellas".

eretto fu la prima parte del corpo che Rodin formò nella sua scultura di Balzac).

Infine non si può pensare anche ai suoi disegni di danza senza una forte componente erotica, tanto che dopo la partenza delle ballerine Khmer si sentì completamente svuotato e scrisse: "Quando se ne andarono, mi sentivo avvolto da ombre e freddo. Pensavo che avessero portato con sé la bellezza del mondo."

Balzac-sculptuur allereerst uitrustte met een penis in erectie).

Ook zijn danstekeningen zijn niet los te zien van hun erotische inhoud. Na het vertrek van de Khmer-danseressen voelde Rodin zich leeg en schreef hij: "Toen ze waren vertrokken, werd ik door schaduwen en kilte omhuld. Ik geloofde dat ze de schoonheid der wereld met zich mee hadden genomen."

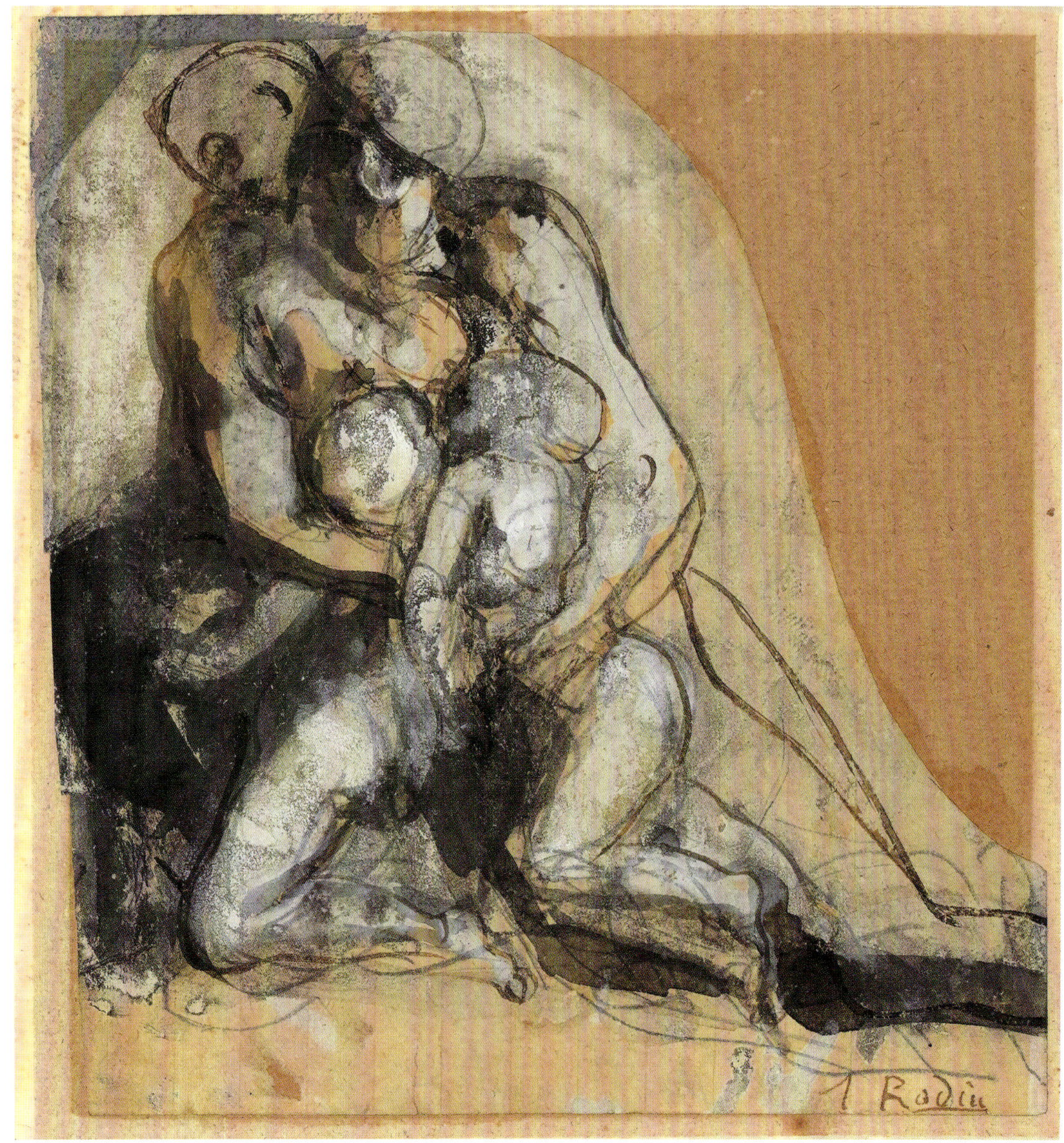
A Rodin

Charity

Charité

Barmherzigkeit

Caridad

Carità

Barmhartigheid

Pen, ink and gouache/ Plume, encre et gouache, 12 × 11,1 cm, Fitzwilliam Museum, Cambridge

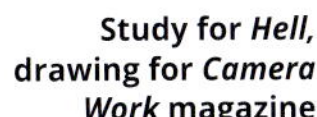

Study for *Hell*, drawing for *Camera Work* magazine

Étude pour *L'Enfer*, dessin pour la revue *Camera Work*

Studie zu *Die Hölle*, Zeichnung für die Zeitschrift *Camera Work*

Estudio para *El Infierno*, dibujo para la revista *Camera Work*

Studio per *Il Inferno*, disegno per la rivista *Camera Work*

Studie voor *Hel*, tekening voor het tijdschrift *Camera Work*

1911, Gravure, 29,8 × 20,6 cm, Philadelphia Museum of Art, Philadelphia

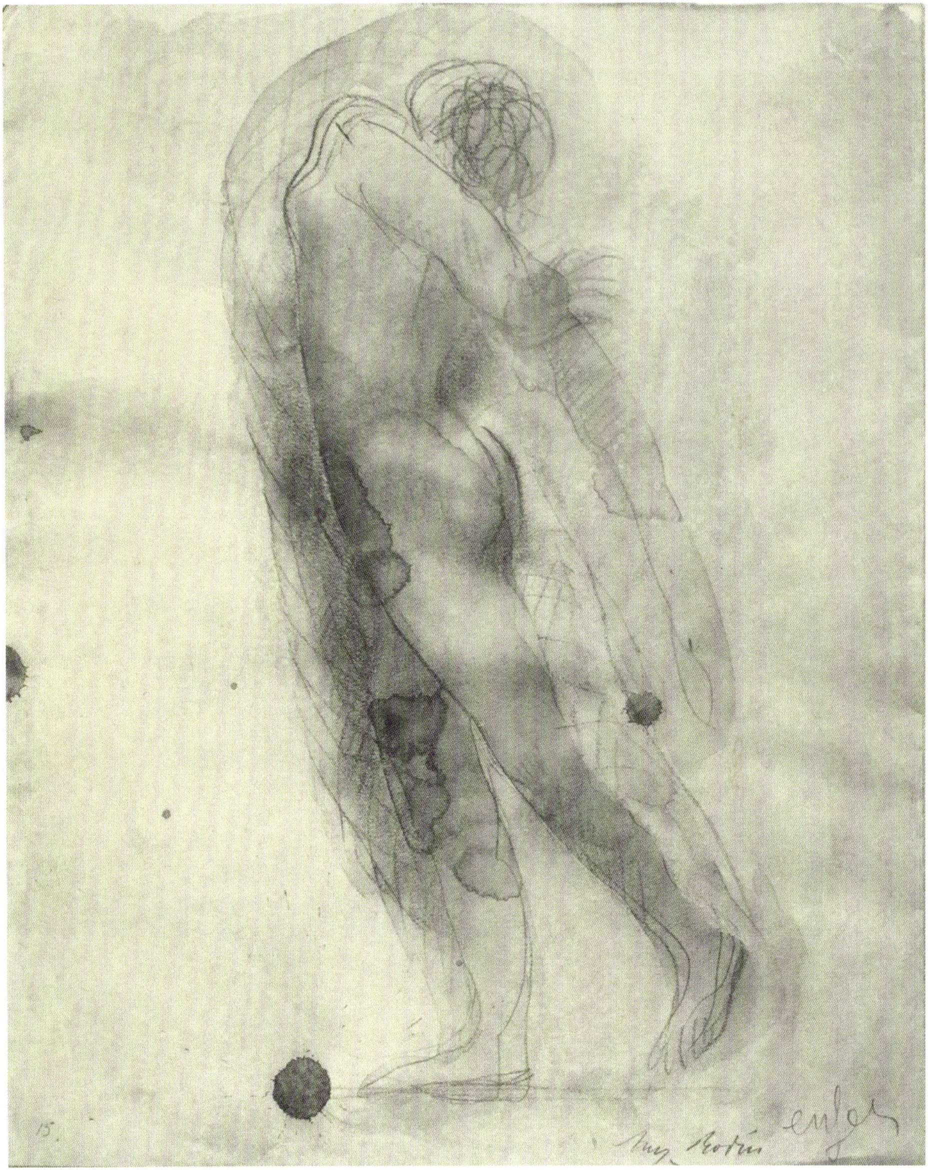

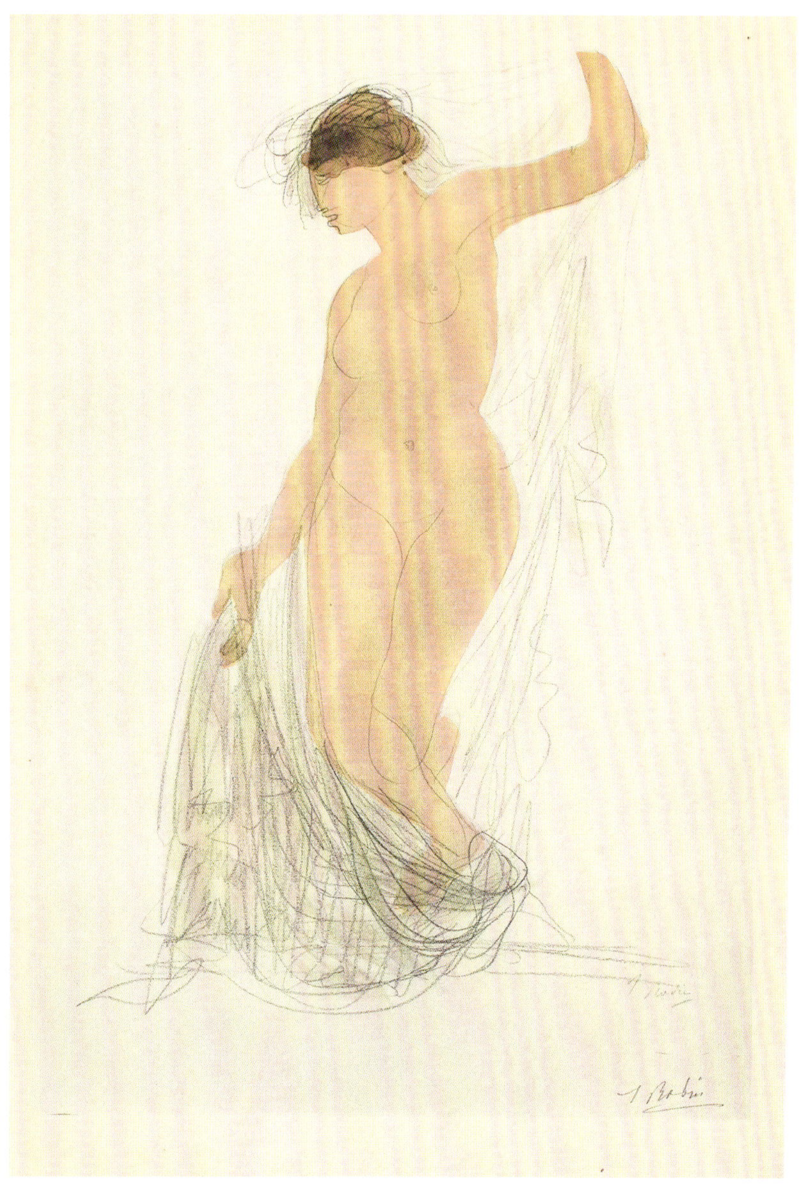

Drawing for *Camera Work* magazine

Dessin pour la revue *Camera Work*

Zeichnung für die Zeitschrift *Camera Work*

Dibujo para la revista *Camera Work*

Disegno per la rivista *Camera Work*

Tekening voor het tijdschrift *Camera Work*

1911, Colored collotype/Phototypie, 29,2 × 20,2 cm, Philadelphia Museum of Art, Philadelphia

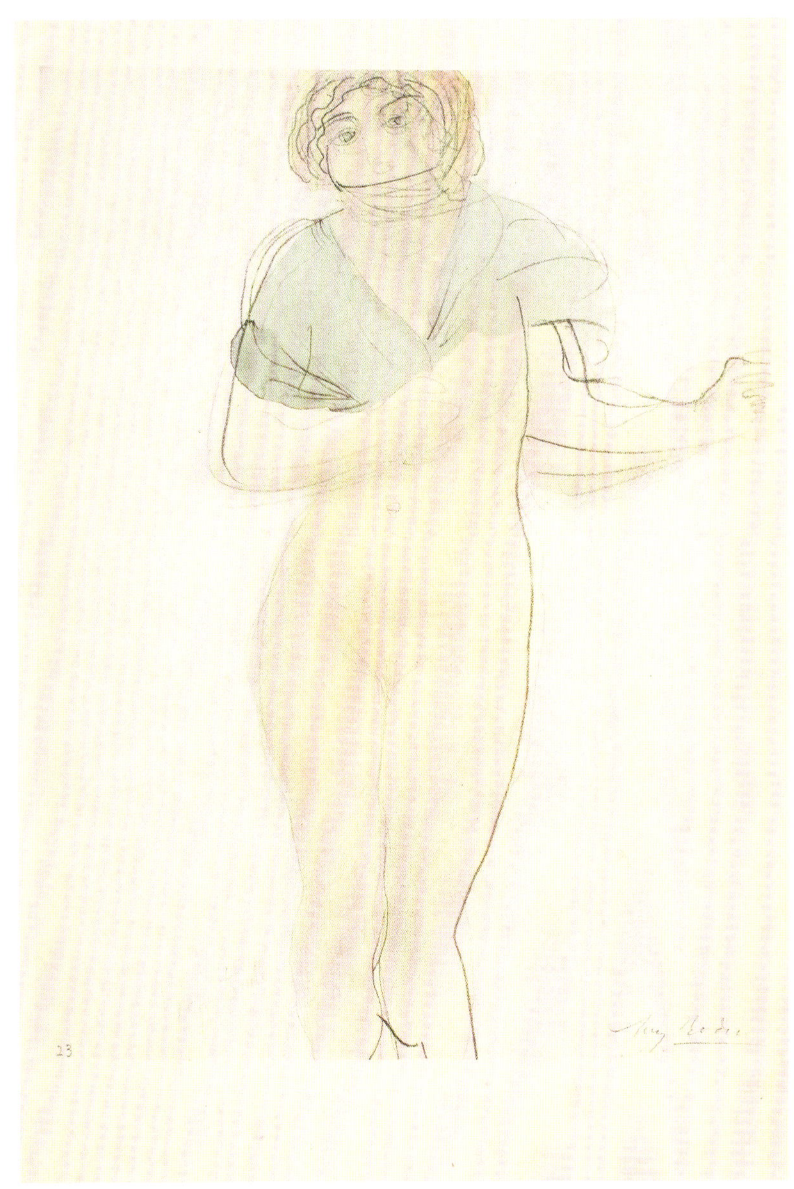

Drawing for *Camera Work* magazine

Dessin pour la revue *Camera Work*

Zeichnung für die Zeitschrift *Camera Work*

Dibujo para la revista *Camera Work*

Disegno per la rivista *Camera Work*

Tekening voor het tijdschrift *Camera Work*

1911, Colored collotype/Phototypie, 29,2 × 20,2 cm, Philadelphia Museum of Art, Philadelphia

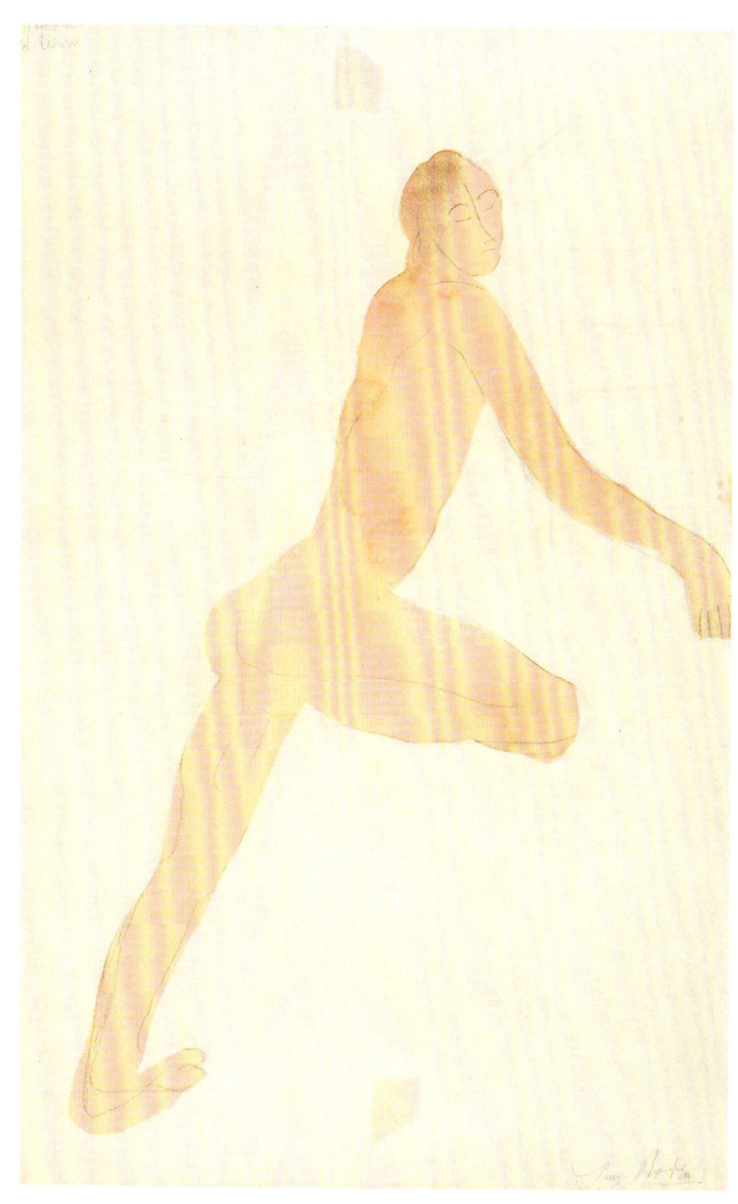

Drawing from the Sun Series for *Camera Work* magazine

Série du Soleil, dessin pour la revue *Camera Work*

Zeichnung aus der Sonnenserie für die Zeitschrift *Camera Work*

Serie del sol, dibujo para la revista *Camera Work*

Serie del sole, disegno per la rivista *Camera Work*

Tekening uit de Zonneserie voor het tijdschrift *Camera Work*

1911, Colored collotype/Phototypie, 28,9 × 18,7 cm, Philadelphia Museum of Art, Philadelphia

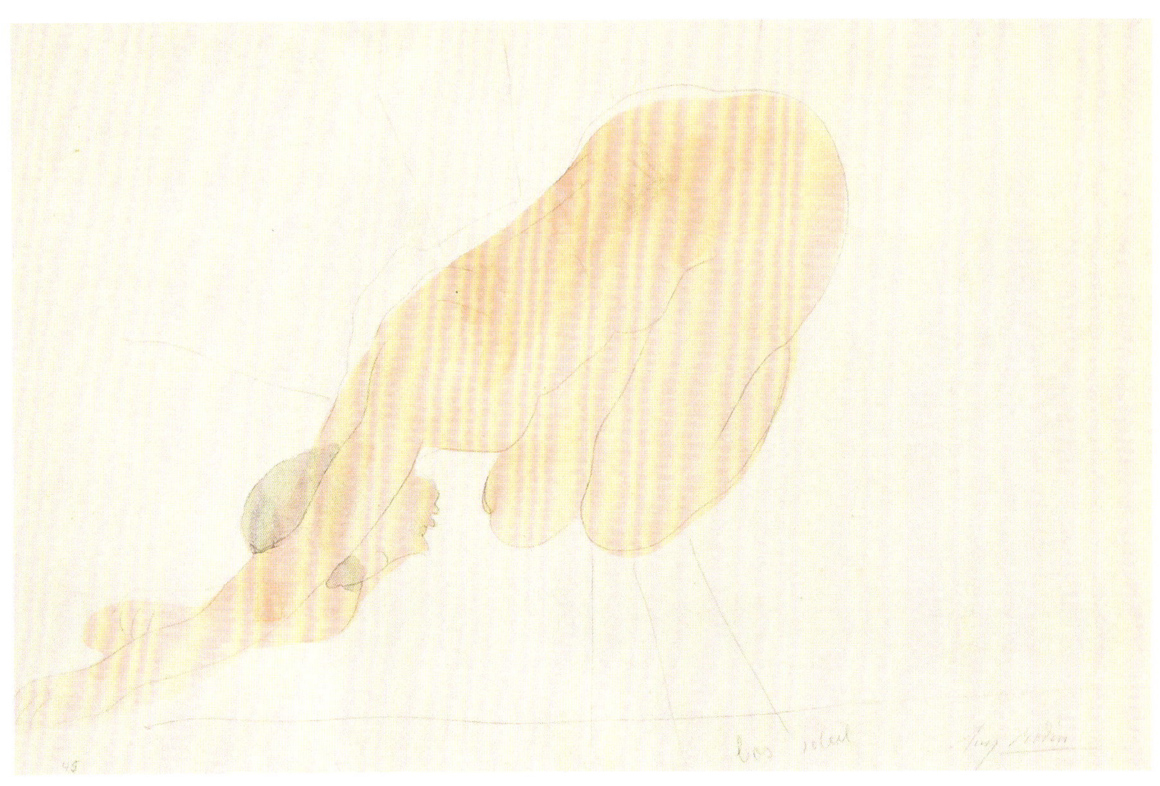

Drawing from the Sun Series for *Camera Work* magazine
Série du Soleil, dessin pour la revue *Camera Work*
Zeichnung aus der Sonnenserie für die Zeitschrift *Camera Work*
Serie del sol, dibujo para la revista *Camera Work*
Serie del sole, disegno per la rivista *Camera Work*
Tekening uit de Zonneserie voor het tijdschrift *Camera Work*
1911, Colored collotype/Phototypie, 18,4 × 27,8 cm, Philadelphia Museum of Art, Philadelphia

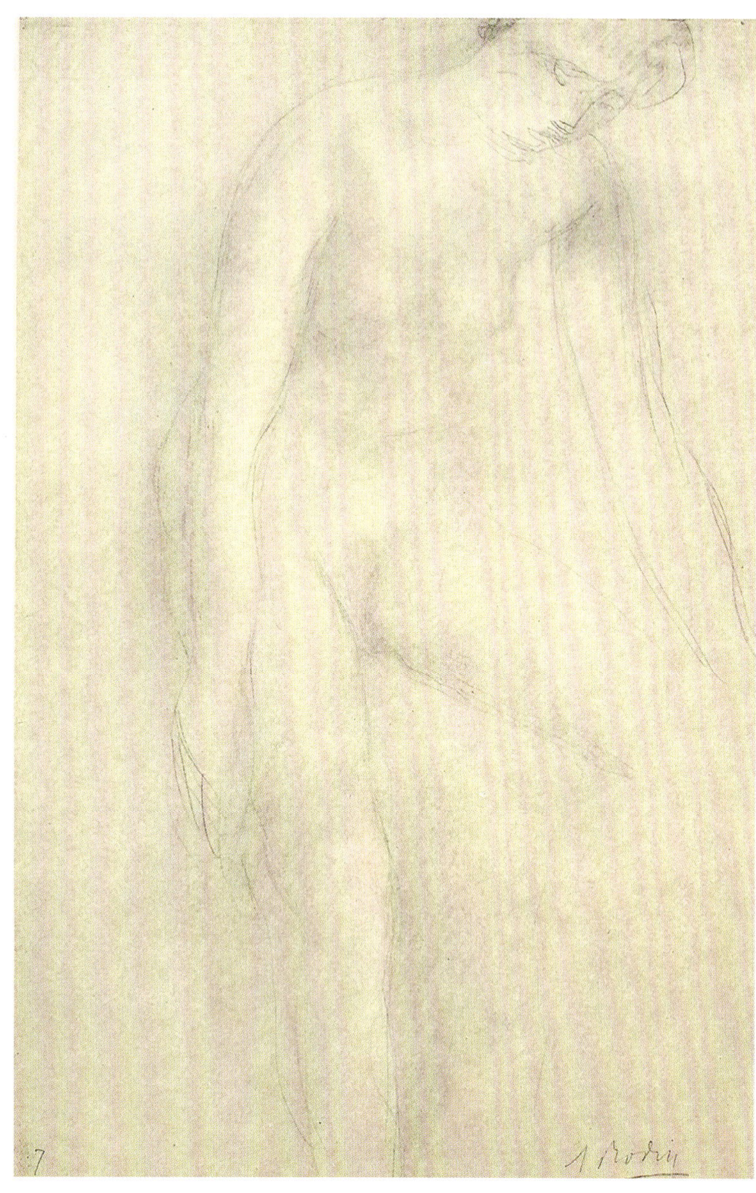

Drawing for *Camera Work* magazine

Dessin pour la revue *Camera Work*

Zeichnung für die Zeitschrift *Camera Work*

Dibujo para la revista *Camera Work*

Disegno per la rivista *Camera Work*

Tekening voor het tijdschrift *Camera Work*

1911, Colored collotype/Phototypie, 29,1 × 20,1 cm, Philadelphia Museum of Art, Philadelphia

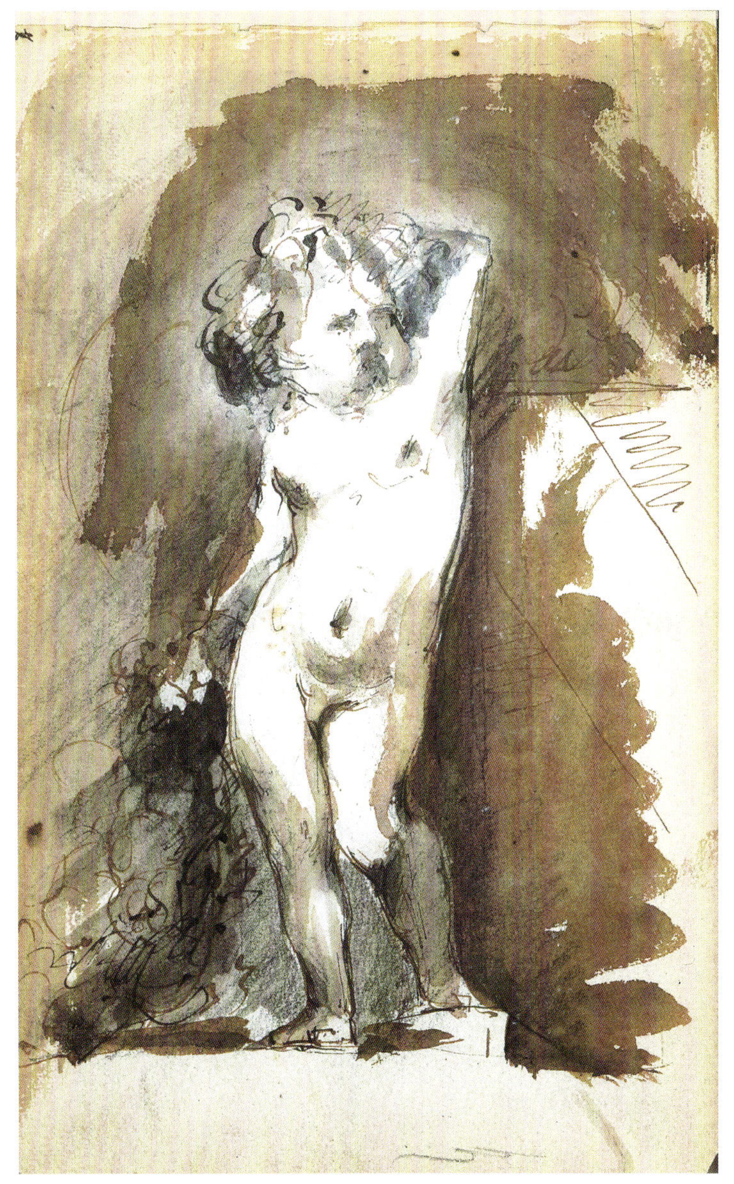

Page in the Mastbaum Album

Planche extraite du Carnet Mastbaum

Seite im Mastbaum-Album

Página en el Album Mastbaum

Pagina nell'album Mastbaum

Bladzijde in het Mastbaum Album

c. 1860–80, Graphite, ink, and wash on paper/Graphite, encre et lavis, 15,2 × 9,5 cm, Philadelphia Museum of Art, Philadelphia

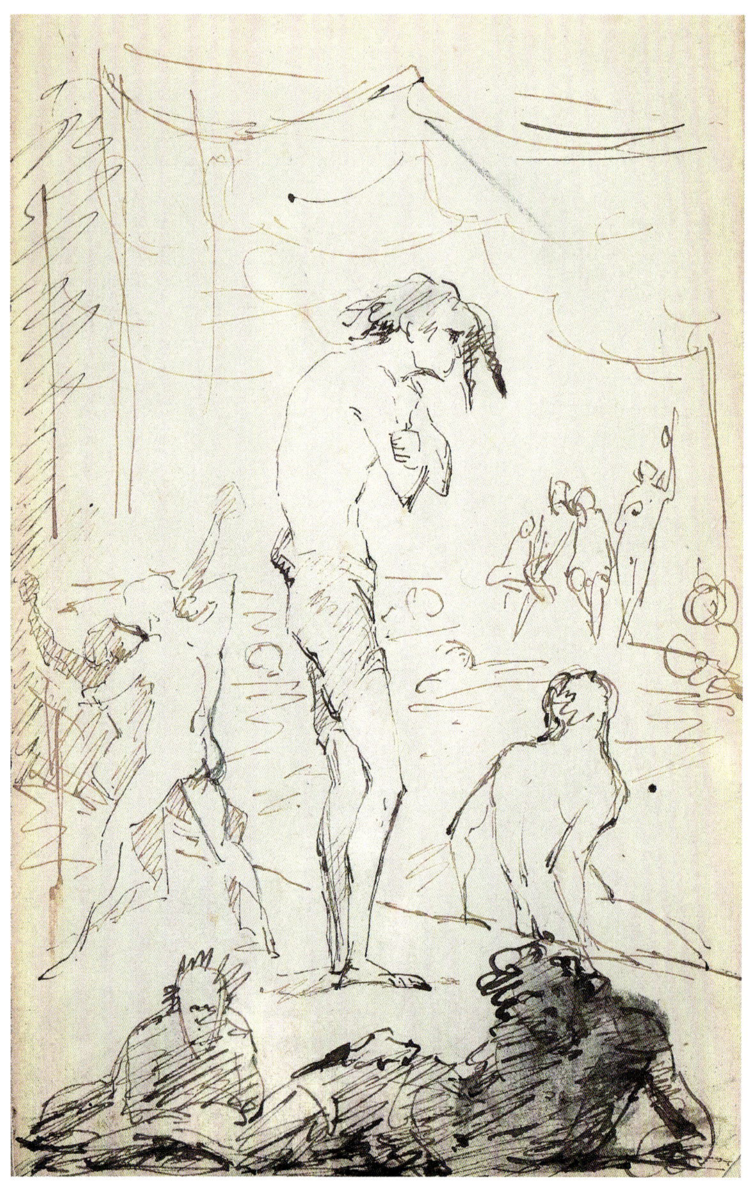

Page in the Mastbaum Album

Planche extraite du Carnet Mastbaum

Seite im Mastbaum-Album

Página en el Album Mastbaum

Pagina nell'album Mastbaum

Bladzijde in het Mastbaum Album

c. 1860–80, Graphite, ink, and wash on paper/ Graphite, encre et lavis, 15,2 × 9,5 cm, Philadelphia Museum of Art, Philadelphia

Motherhood

Maternité

Mutterschaft

Maternidad

Maternità

Moederschap

c. 1880, Pen, ink, wash and watercolor/ Plume, encre, lavis et aquarelle, 16,4 × 14,8 cm, Philadelphia Museum of Art, Philadelphia

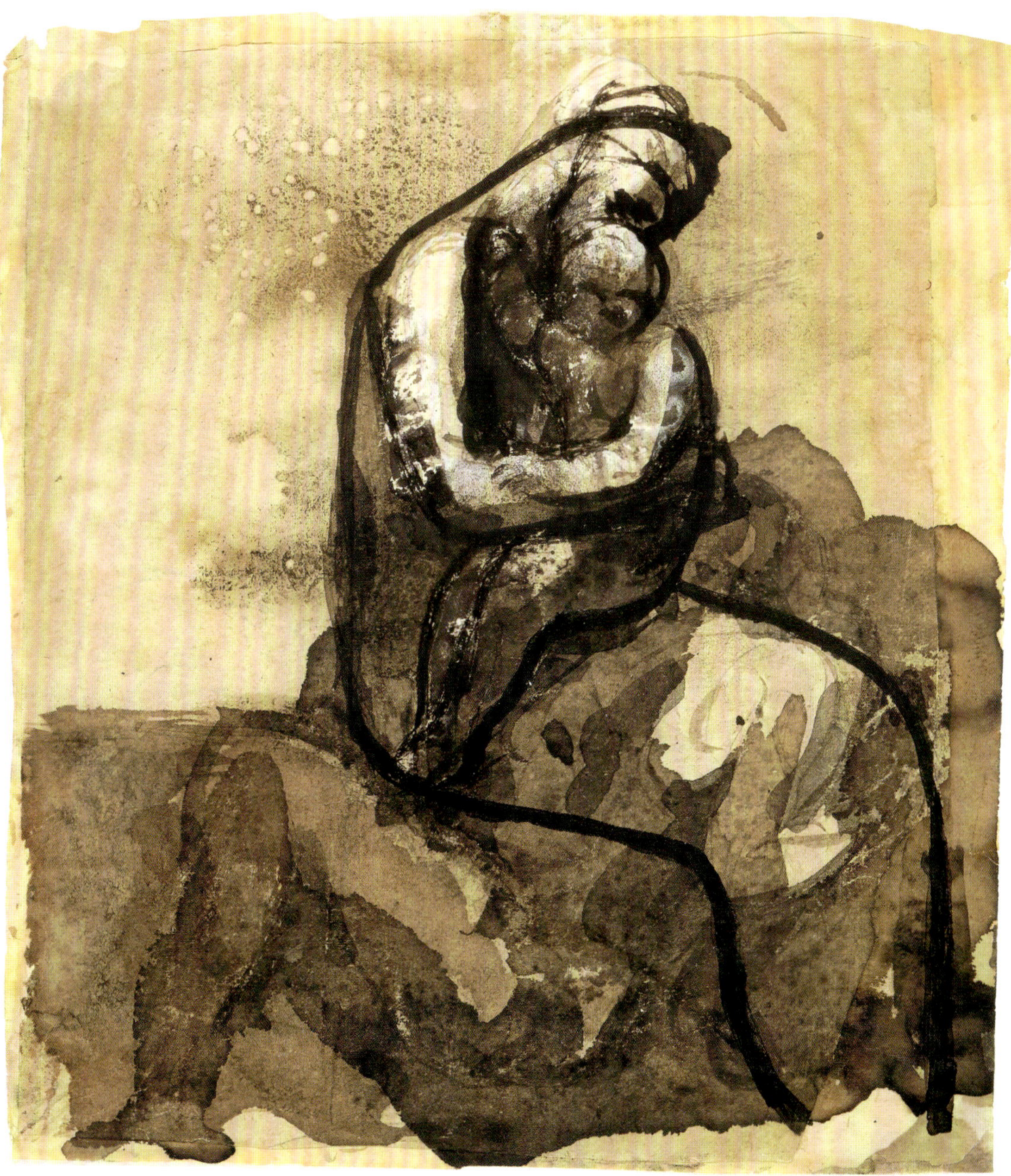

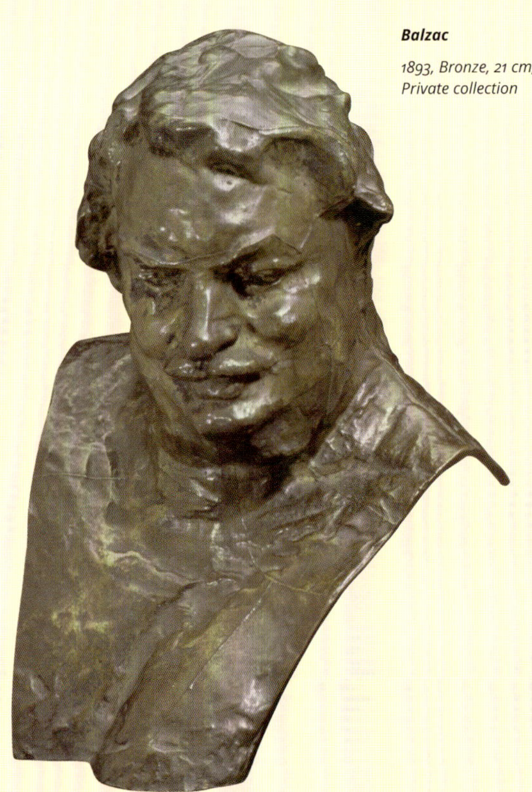

Balzac

1893, Bronze, 21 cm, Private collection

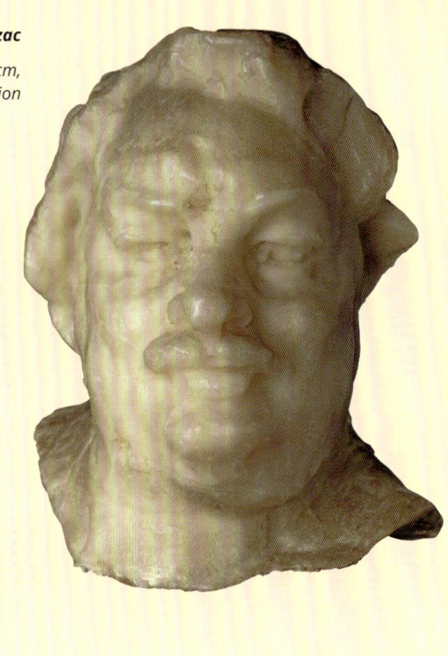

Balzac

1892, Wax/Cire, 21 cm, Private collection

The Balzac Memorial

The importance of literature for Rodin's work as a sculptor (even though he often lamented his inability to express himself adequately in words), it was not only works such as *The Gates of Hell* which were based on literary sources, but also in his portraits of authors Honoré de Balzac and Victor Hugo.

Even though it was commissioned by the Société des Gens de Lettres in 1891 (a literary organization founded on an idea of Balzac), the meticulousness

Le *Monument à Balzac*

Rodin se plaignait lui-même fréquemment de ses difficultés persistantes à s'exprimer avec des mots. L'importance que revêtait pour lui la littérature se traduit non seulement dans des œuvres comme *La Porte de l'Enfer*, pour lesquelles il revient toujours aux sources littéraires, mais aussi dans ses représentations d'Honoré de Balzac et de Victor Hugo.

Même s'il s'agissait d'une œuvre de commande pour la Société des gens de lettres (association dont la fondation

Denkmal für Balzac

Wie wichtig für den bildenden Künstler Rodin (der selbst häufig beklagte, wie schlecht er selbst sich mit Worten auszudrücken verstand) die Literatur war, zeigte sich nicht nur in seinen Werken wie dem *Höllentor*, in denen er immer wieder auf literarische Quellen zurückgriff, sondern auch in seinen Porträts der Autoren Honoré de Balzac und Victor Hugo.

Auch wenn es sich um ein Auftragswerk für den französischen

Study for *Balzac*

Étude pour *Balzac*

Studie für *Balzac*

Estudio para *Balzac*

Studio per *Balzac*

Studie voor *Balzac*

1891–92, Bronze, 52,7 × 39,4 × 32 cm, Cleveland Museum of Art, Cleveland

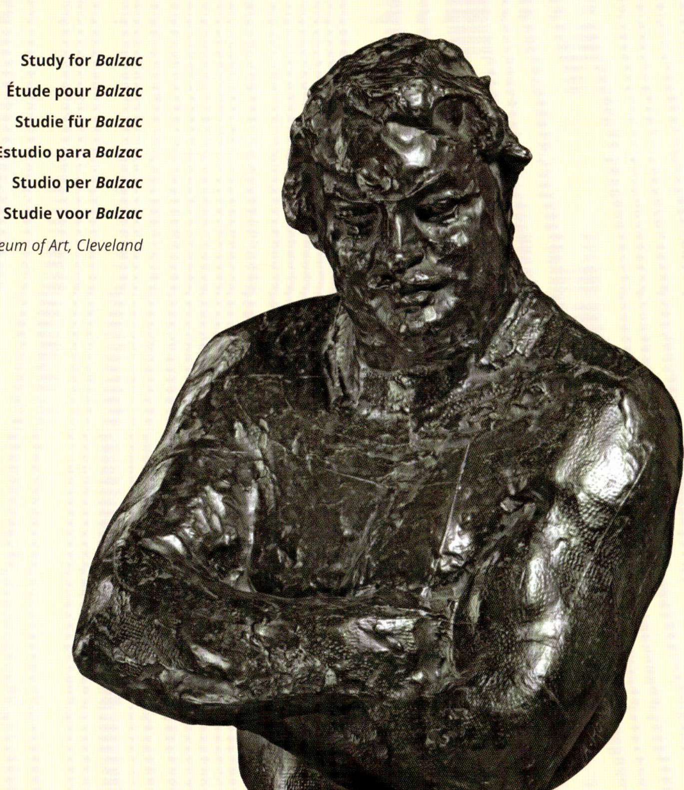

Monumento a Balzac

Muestra de lo importante que era la literatura para Rodin (él mismo a menudo se quejaba de lo mal que él mismo se expresaba con palabras), era no sólo sus obras, como *La puerta del infierno,* en el que se dejó caer de nuevo en las fuentes literarias, sino también sus retratos de los escritores Honoré de Balzac y Victor Hugo.

Incluso si se trataba de un trabajo encargado por la asociación de escritores franceses (que se basa en una idea de

Monumento a Balzac

Quanto fosse importante la letteratura per l'artista figurativo Rodin (che spesso si lamentava di quanto fosse incapace di esprimersi a parole), si evince non solo dalle sue opere come la *Porta dell'inferno,* nella quale egli ricorre continuamente a fonti letterarie, ma anche nei suoi ritratti degli autori Honoré de Balzac e Victor Hugo.

Anche se si tratta di un'opera commissionata dall'Associazione degli Scrittori francesi (la cui fondazione

Monument voor Balzac

Hoe belangrijk de literatuur voor de beeldend kunstenaar Rodin was (die zelf toegaf dat hij zich zeer gebrekkig in woorden wist uit te drukken), blijkt niet alleen uit werken als *De Hellepoort,* dat op talloze literaire bronnen teruggrijpt, maar ook uit zijn portretten van de schrijvers Honoré de Balzac en Victor Hugo.

Dat het bij Balzac om een werk in opdracht van de Franse schrijversbond ging (die op initiatief van Balzac

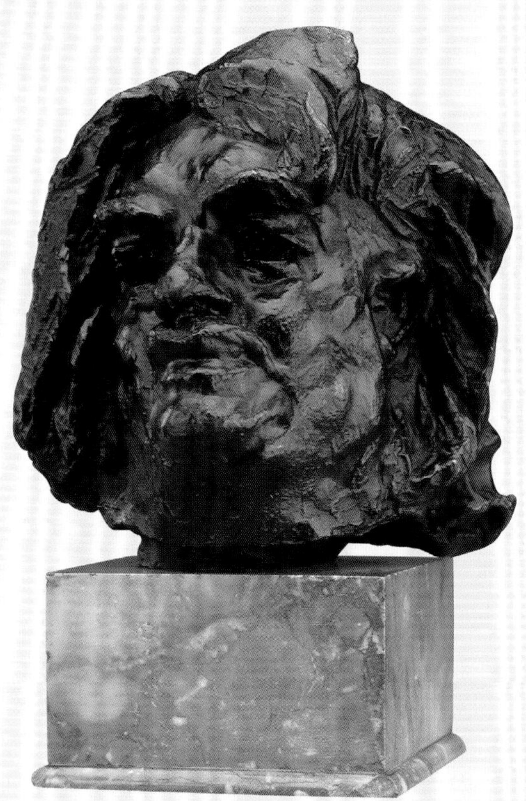

Balzac

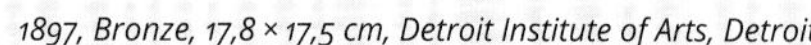
1897, Bronze, 17,8 × 17,5 cm, Detroit Institute of Arts, Detroit

with which Rodin went about his work reflected his enormous respect for literature. Rodin not only traveled to Balzac's home town of Touraine in the Loire Valley, but even asked his tailor for advice to make sure that he would accurately depict the clothes worn by the author.

Ultimately, *The Balzac Memorial* was probably the work where Rodin most clearly demonstrated his modernity and innovation, and with all the consequences. When he finally showed

remontait à une idée de Balzac), la méticulosité avec laquelle Rodin se consacra à cette tâche traduit bien l'immense respect qu'il avait pour la littérature. Pour ses recherches préparatoires, il visita la Touraine (où l'écrivain était né) et il alla même jusqu'à interroger son tailleur pour avoir une meilleure idée des vêtements dans lesquels il voulait le représenter.

Pour finir, le *Monument à Balzac* est devenu l'œuvre de Rodin dans laquelle sa modernité et sa puissance d'innovation

Schriftstellerverband handelte (dessen Gründung auf eine Idee Balzacs zurückging), zeigt schon die Akribie, mit der sich Rodin seinem Werk hingab, seinen enormen Respekt vor der Literatur. So reiste er für seine Recherchen nicht nur in die Touraine, aus der Balzac stammte, sondern befragte gar dessen Schneider, um eine bessere Vorstellung von seiner Kleidung zu bekommen, in der er ihn zeigen wollte.

Letztlich wurde das *Denkmal für Balzac* wohl das Werk Rodins, an dem sich

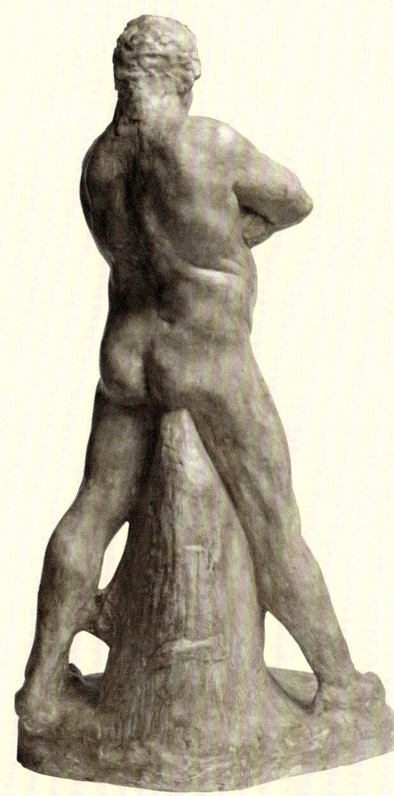

The Naked Balzac

Balzac, étude de nu

Der nackte Balzac

Balzac, estudio desnudo

Balzac nudo

Naakte Balzac

1892/93, Painted plaster/Plâtre laqué, 75,6 × 34,9 × 39 cm, Philadelphia Museum of Art, Philadelphia

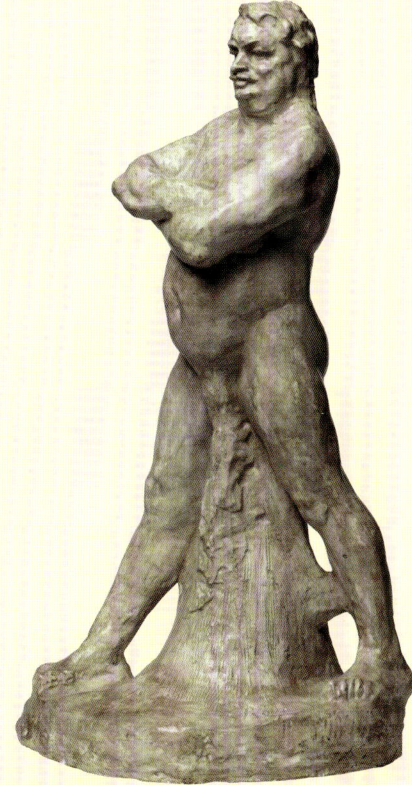

Balzac), ya mostraba con la minuciosidad con la que Rodin trabajaba, su enorme respeto por la literatura. Viajó para hacer su investigación no sólo a la Touraine, de donde era Balzac, sino que preguntó incluso a su sastre para tener una mejor idea de su ropa, en la que quería mostrarle.

En última instancia, el *Monumento a Balzac* fue probablemente la obra de Rodin, en la que su modernidad e innovación alcanza su máximo exponente. Y con todas las

risale ad un'idea di Balzac), mostra già l'acribia con la quale Rodin si dedicò alla sua opera e il suo enorme rispetto per la letteratura. Per le sue ricerche viaggiò non solo in Turenna, dalla quale proveniva Balzac, ma consultò anche il suo sarto, per avere una migliore idea degli abiti con i quali lo voleva rappresentare.

Alla fine il *Monumento a Balzac* divenne davvero l'opera di Rodin nella quale mostrò più chiaramente la sua modernità e forza innovativa.

was opgericht), is merkbaar in de zorgvuldigheid waarmee Rodin zich aan de sculptuur wijdde – als blijk van respect voor de literatuur. Zo reisde hij voor zijn voorstudies niet alleen naar de Touraine, de provincie waar Balzac vandaan kwam, maar interviewde ook zijn kapper om een beter beeld te krijgen van de kleding waarin hij de auteur wilde uitbeelden.

Uiteindelijk werd het *Monument voor Balzac* misschien wel het werk waarin Rodin zijn moderniteit en

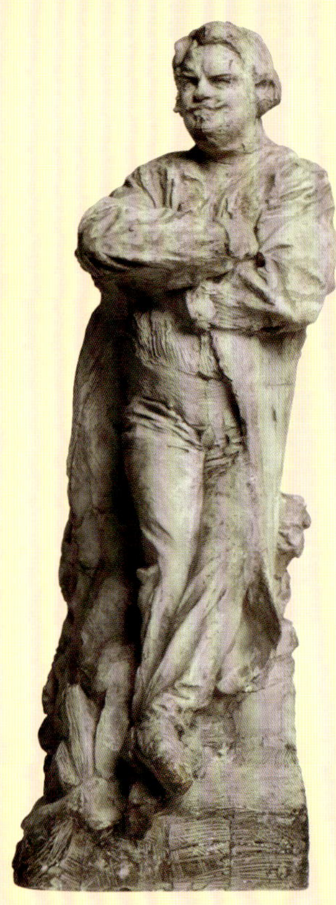

Balzac in a Frock Coat, Leaning against a Pile of Books

Balzac en redingote, appuyé sur une pile de livres

Balzac im Gehrock, an einen Bücherstapel gelehnt

Balzac con levita, apoyado en una pila de libros

Balzac in redingote, appoggiato ad una pila di libri

Balzac in zijn overjas, leunend tegen een stapel boeken

1891, Plaster/Plâtre, 64,5 × 24,1 × 29 cm, Philadelphia Museum of Art, Philadelphia

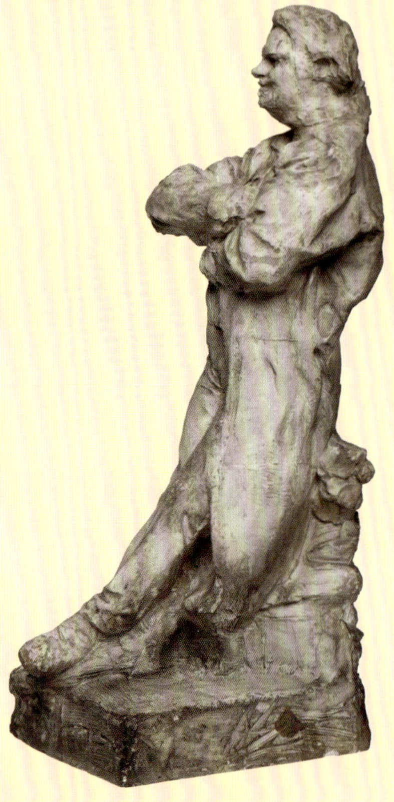

the results after years of working on it, the criticism that befell the piece was almost unanimously devastating. Resigned, Rodin bought back the sculpture from the association and placed it instead in the garden of his house in Meudon. It was only shown in public in Paris in 1939. It is no accident that this piece is now regarded as definitive on the path to 20th-century sculpture.

se révèlent totalement. Avec toutefois les conséquences que cela impliquait en son temps : lorsqu'il put enfin présenter la statue à ses commanditaires, après des années de travail intensif, la critique fut presque unanimement ravageuse. Rodin se résigna à racheter le monument et l'installa au fond du jardin de sa villa de Meudon ; elle ne fut exposée à Paris qu'en 1939. Mais ce n'est pas un hasard si cette œuvre est aujourd'hui considérée comme celle qui ouvre définitivement la voie de la sculpture moderne du XXe siècle.

seine Modernität und Innovationskraft am deutlichsten zeigten. Und das mit allen Konsequenzen: Als er es seinen Auftraggebern nach Jahren intensiver Arbeit endlich vorführen konnte, war die Kritik fast einhellig vernichtend. Resigniert kaufte er die Skulptur zurück und stellte sie in den Garten seines Hauses in Meudon. Erst 1939 wurde sie in Paris aufgestellt. Nicht zufällig gilt dieses Werk heute als dasjenige, das der Bildhauerei endgültig den Weg ins 20. Jahrhundert wies.

The Balzac Memorial

Le Monument à Balzac

Denkmal für Balzac

Monumento a Balzac

Monumento a Balzac

Monument voor Balzac

Bronze, 270 cm, Boulevard Raspail, Paris

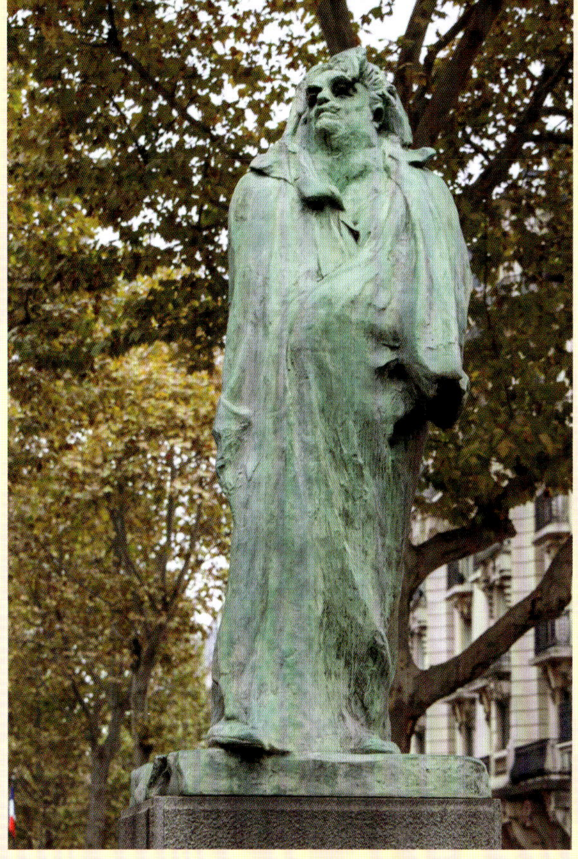

consecuencias: cuando finalmente pudo mostrarla a sus clientes después de años de intenso trabajo, la crítica fue casi unánimemente devastadora. Resignado, volvió a comprar la escultura y la colocó en el jardín de su casa en Meudon. Sólo en 1939 se colocó en París. No es casualidad que esté ahora considerada como la escultura que abrió definitivamente el camino al siglo XX.

E non senza conseguenze, tanto che quando dopo anni di lavoro intenso poté finalmente presentarsi ai suoi committenti, la critica fu distruttiva quasi all'unanimità. Rassegnato, l'artista ricomprò la scultura e la sistemò nel giardino della sua casa a Meudon. Soltanto nel 1939 fu esposta a Parigi. Non a caso quest'opera è oggi considerata come quella che indicò definitivamente alla scultura la direzione verso il XX secolo.

vernieuwingsdrang het meest tot uitdrukking bracht. En dat had gevolgen: toen hij het beeld na jarenlang intensief werken eindelijk aan zijn opdrachtgevers toonde, was de kritiek vrijwel unaniem vernietigend. Ontmoedigd kocht hij het beeldhouwwerk terug en zette het in de tuin van zijn huis in Meudon. Pas in 1939 werd het in Parijs geëxposeerd. Het is niet toevallig dat het nu als een van die kunstwerken wordt beschouwd die de beeldhouwkunst de weg naar de 20e eeuw heeft gewezen.

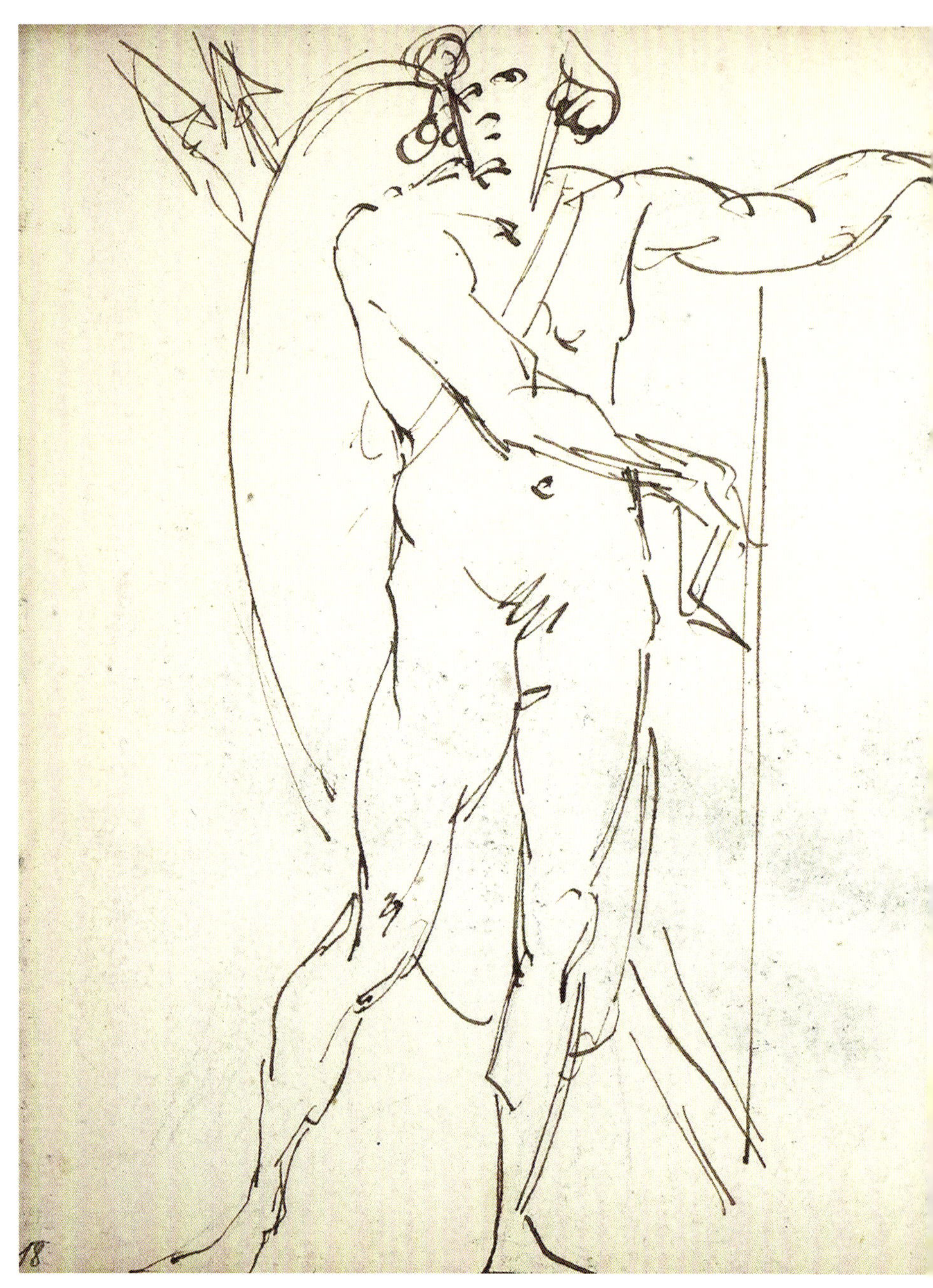

Page in the Mastbaum Album

Planche extraite du Carnet Mastbaum

Seite im Mastbaum-Album

Página en el Album Mastbaum

Pagina nell'album Mastbaum

Bladzijde in het Mastbaum Album

c. 1860–80, Graphite, ink, and wash on paper/Graphite, encre et lavis, 9,5 × 15,2 cm, Philadelphia Museum of Art, Philadelphia

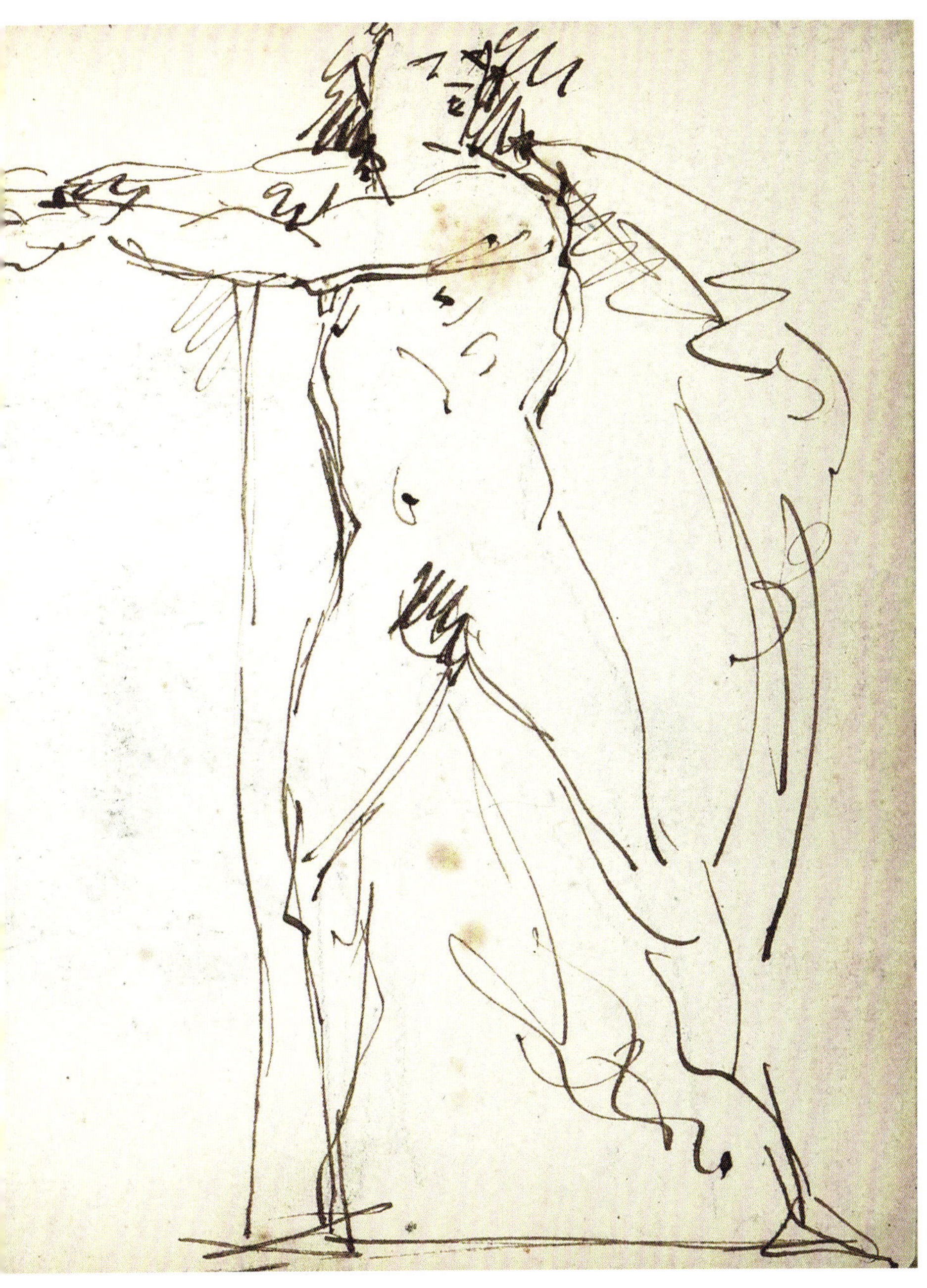

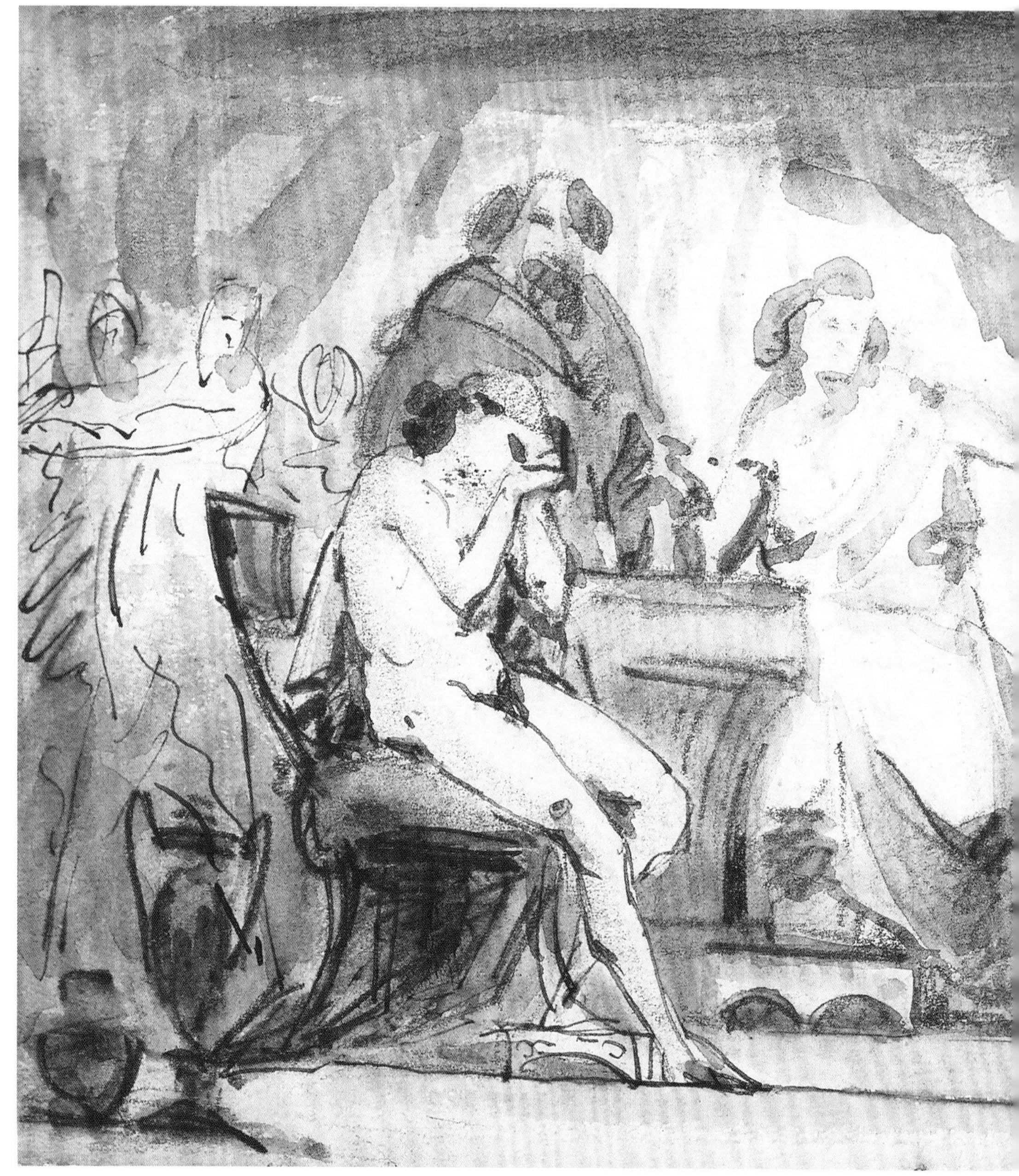

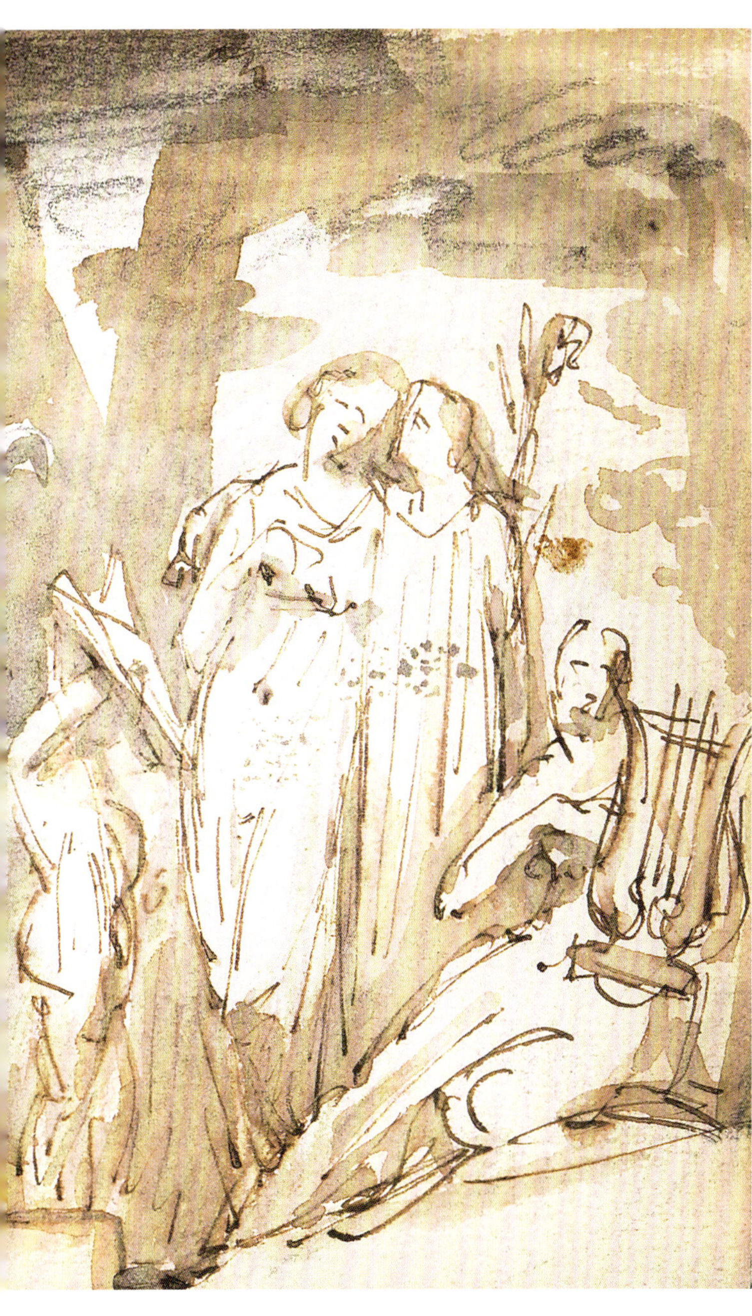

Page in the Mastbaum Album

Planche extraite du Carnet Mastbaum

Seite im Mastbaum-Album

Página en el Album Mastbaum

Pagina nell'album Mastbaum

Bladzijde in het Mastbaum Album

c. 1860–80, Graphite, ink, and wash on paper/Graphite, encre et lavis, 9,5 × 15,2 cm, Philadelphia Museum of Art, Philadelphia

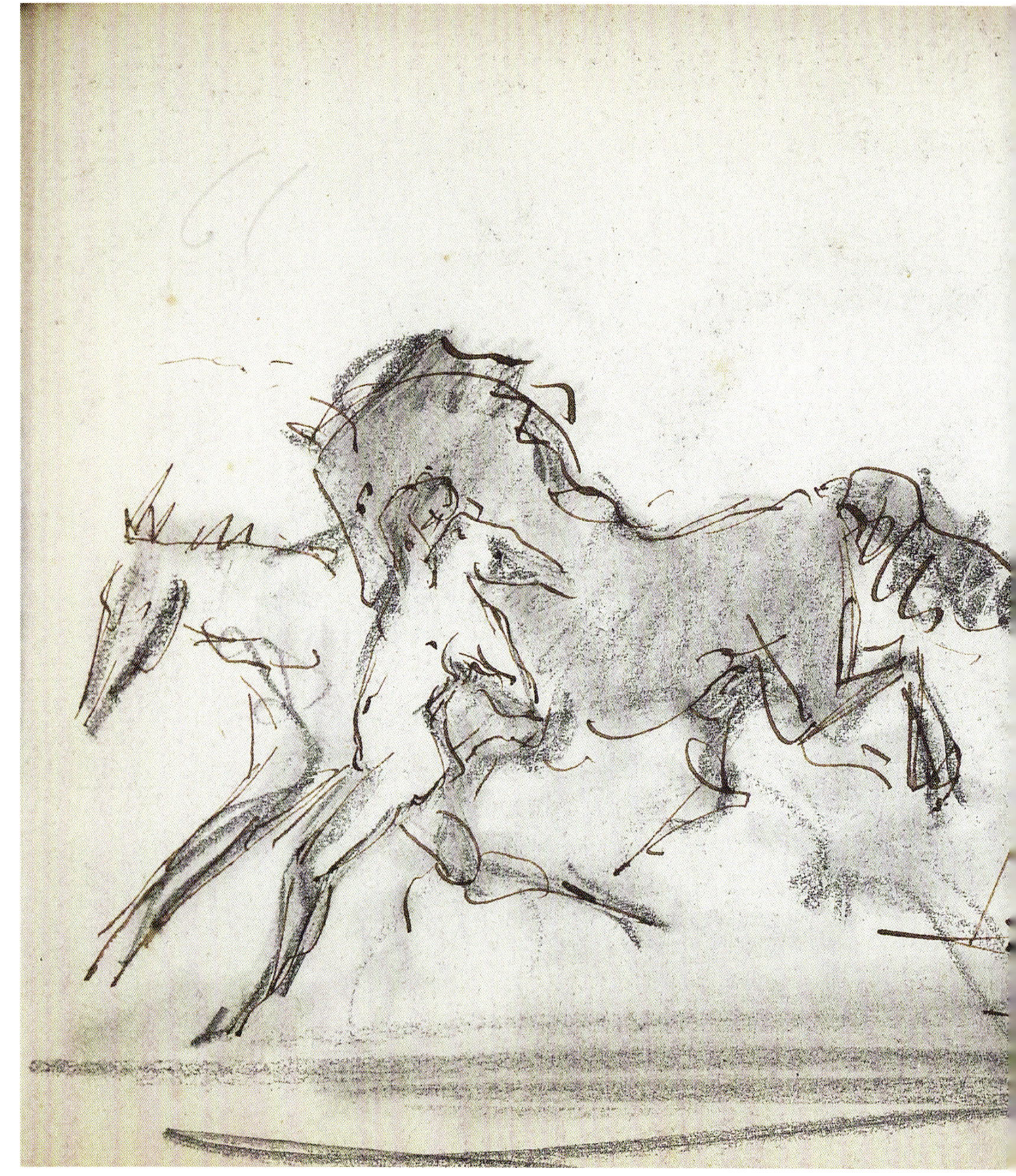

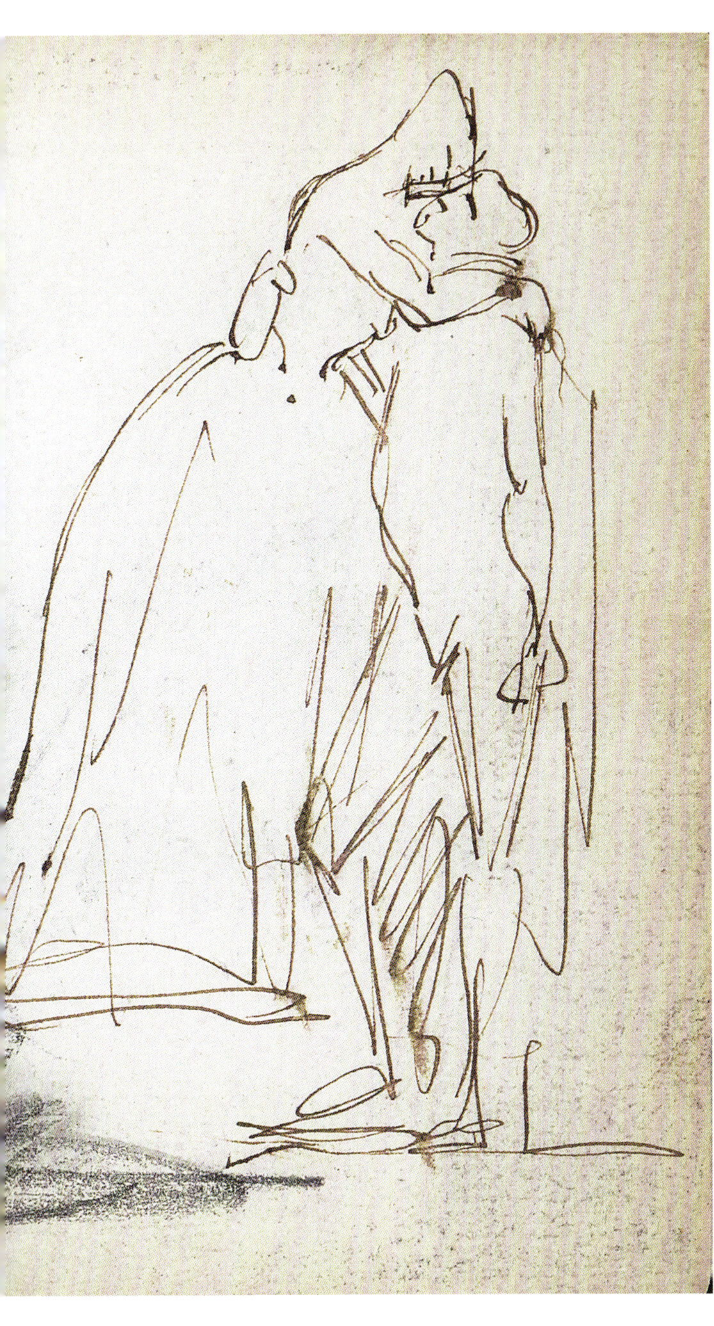

Page in the Mastbaum Album

Planche extraite du Carnet Mastbaum

Seite im Mastbaum-Album

Página en el Album Mastbaum

Pagina nell'album Mastbaum

Bladzijde in het Mastbaum Album

c. 1860–80, Graphite, ink, and wash on paper/Graphite, encre et lavis, 9,5 × 15,2 cm, Philadelphia Museum of Art, Philadelphia

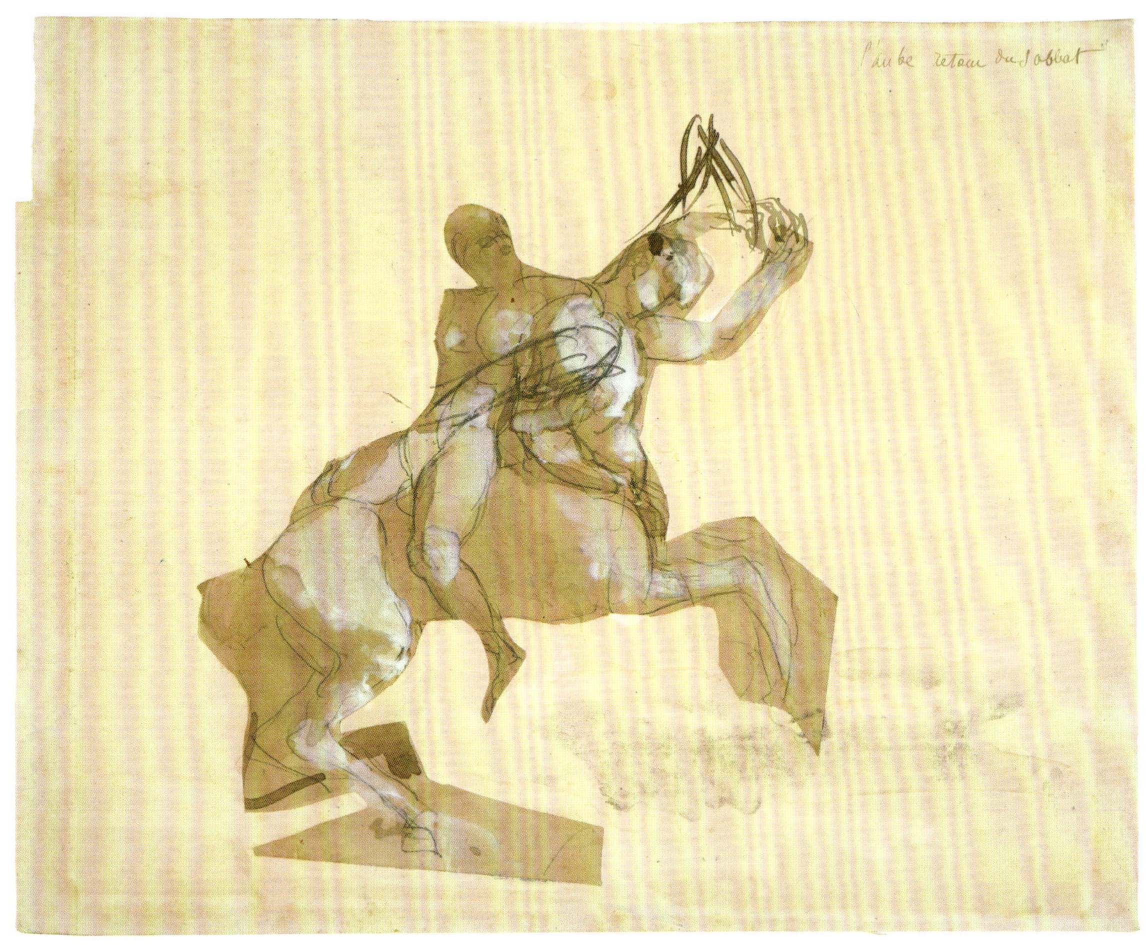

Centaur and Woman

Femme et Centaure

Kentaur und Frau

Centauro y mujer

Centauro e donna

Centaur en vrouw

c. 1885, Pen, ink with wash and watercolor/Plume, encre, lavis et aquarelle, 20 × 25,6 cm, Philadelphia Museum of Art, Philadelphia

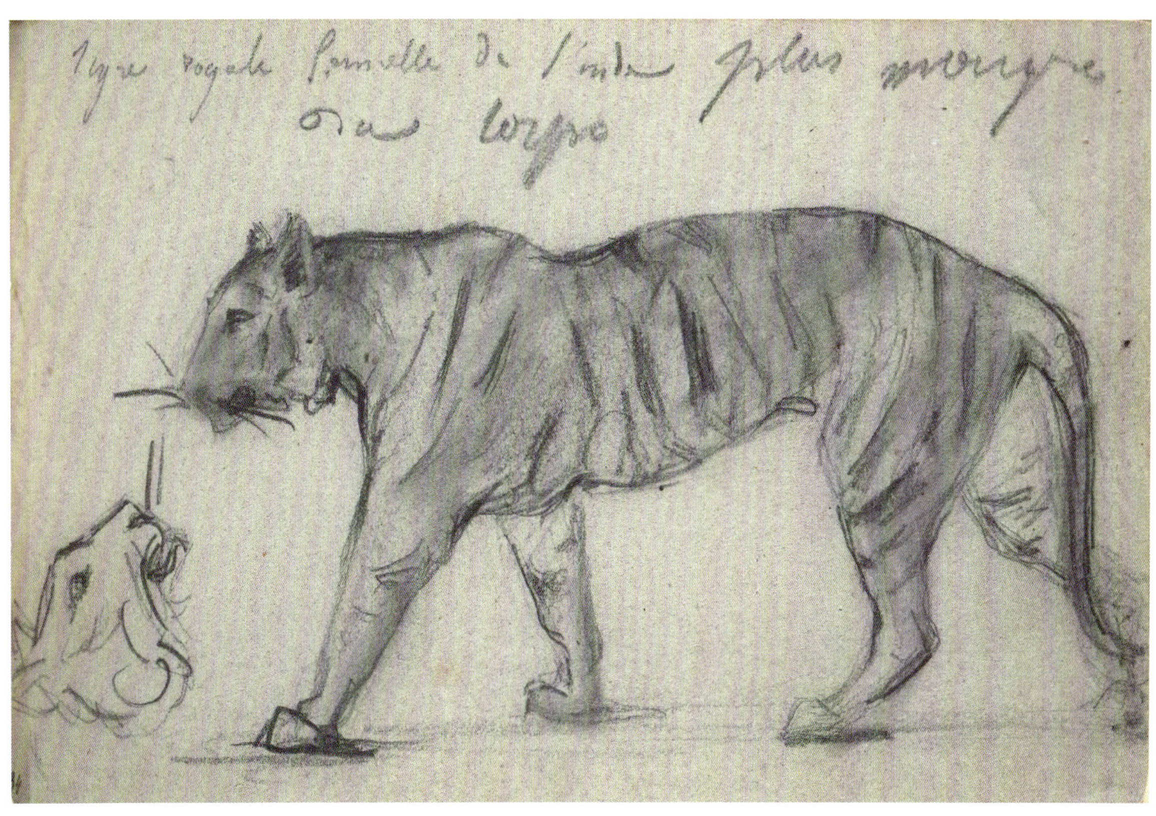

Page in the Mastbaum Album

Planche extraite du Carnet Mastbaum

Seite im Mastbaum-Album

Página en el Album Mastbaum

Pagina nell'album Mastbaum

Bladzijde in het Mastbaum Album

c. 1860–80, Graphite, ink, and wash on paper/Graphite, encre et lavis, 9,5 × 15,2 cm, Philadelphia Museum of Art, Philadelphia

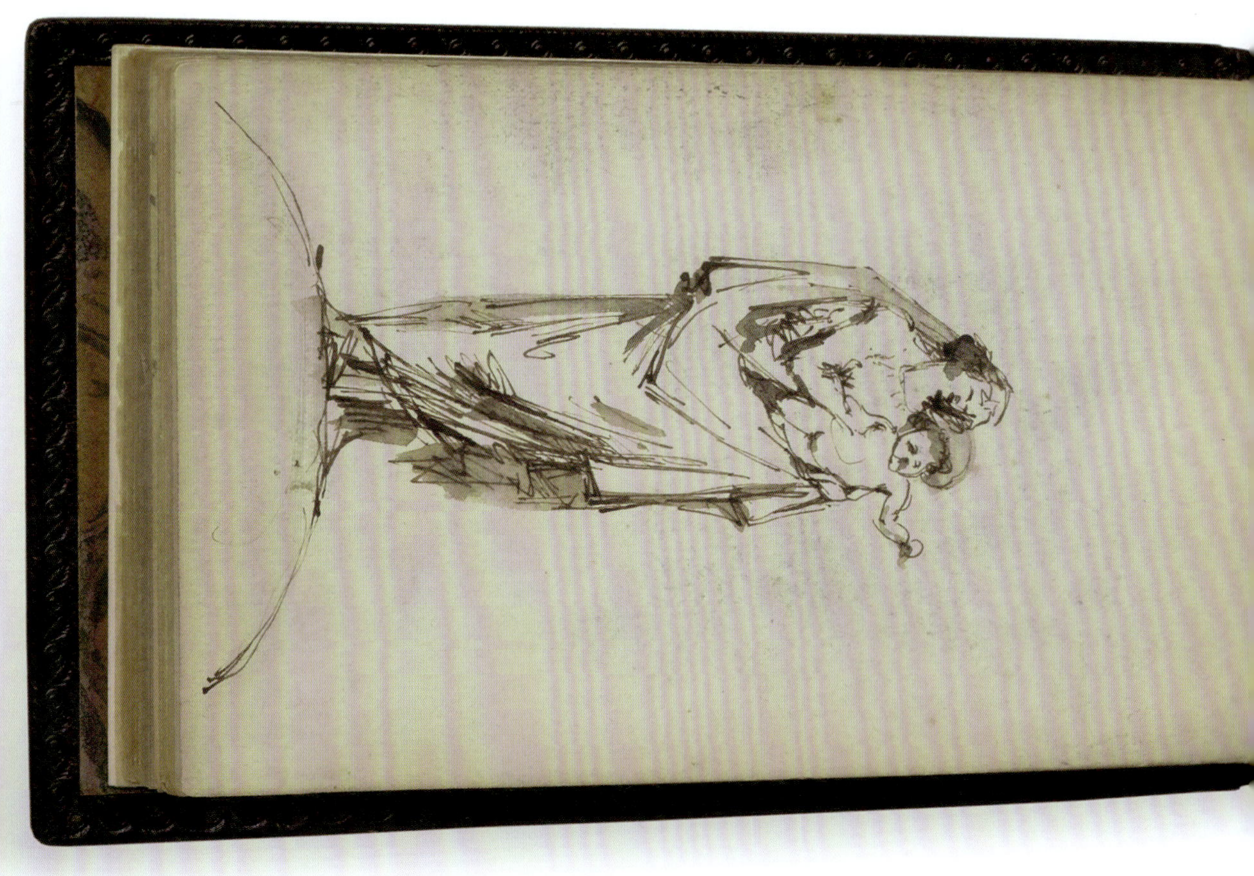

The Mastbaum Album **Das Mastbaum-Album** **L'album Mastbaum**
Le Carnet Mastbaum **El Album Mastbaum** **Het Mastbaum Album**

c. 1860–80, Graphite, ink, and wash on paper/Graphite, encre et lavis, 9,5 × 15,2 cm, Philadelphia Museum of Art, Philadelphia

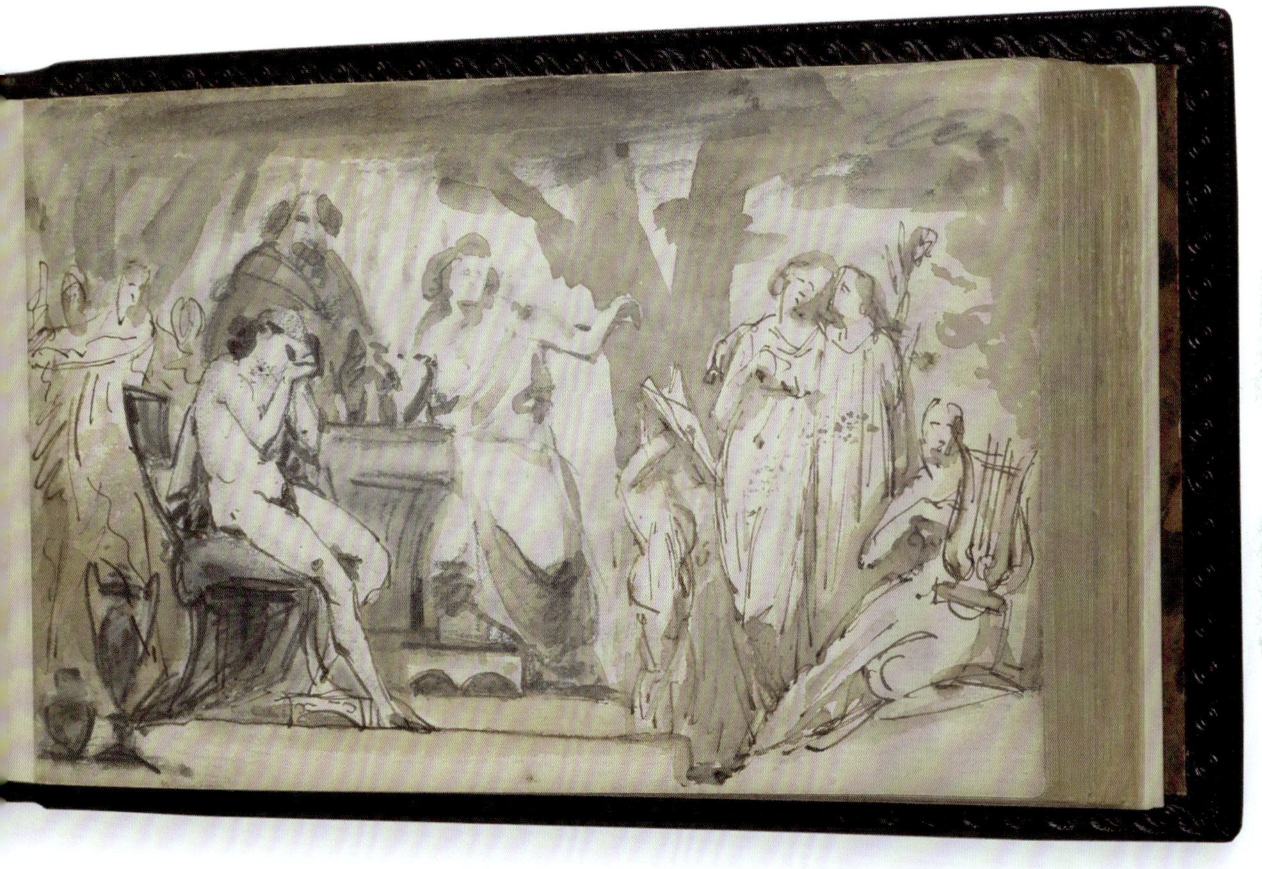

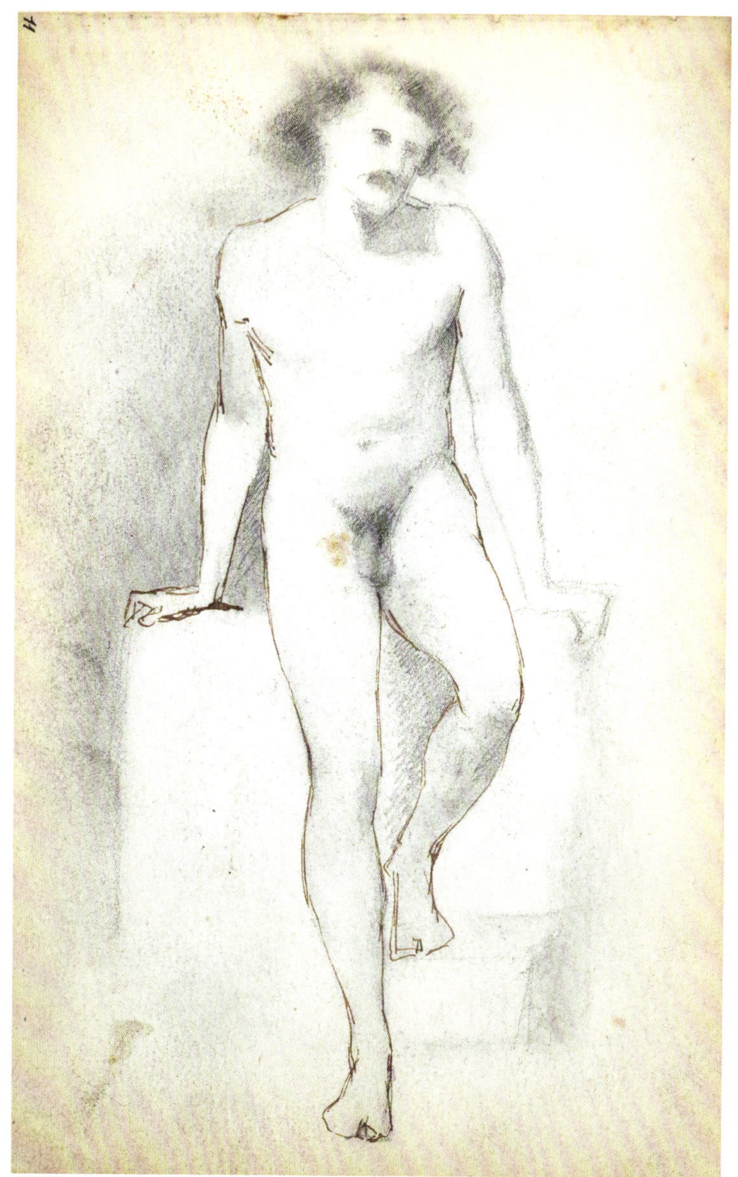

Two pages in the Mastbaum Album

Planches extraites du Carnet Mastbaum

Zwei Seiten im Mastbaum-Album

Dos páginas en el Album Mastbaum

Due pagine nell'album Mastbaum

Twee bladzijden in het Mastbaum Album

c. 1860–80, Graphite, ink, and wash on paper/Graphite, encre et lavis, 9,5 × 15,2 cm, Philadelphia Museum of Art, Philadelphia

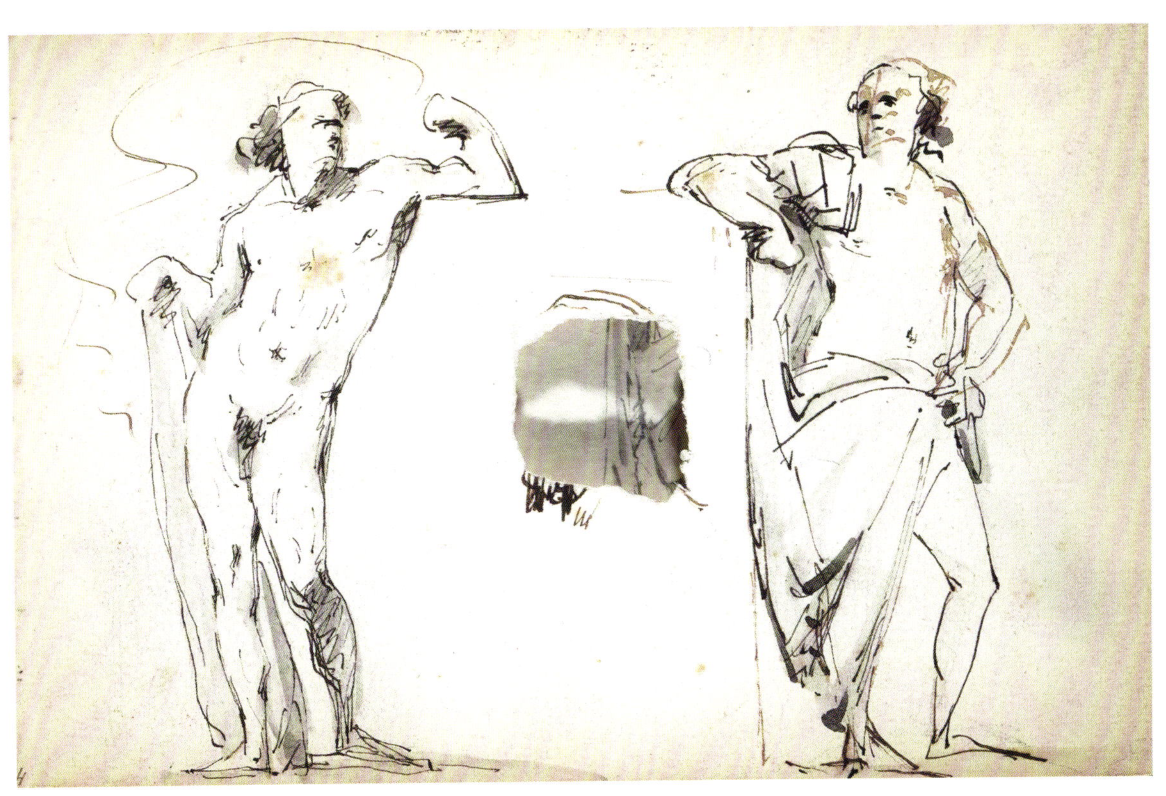

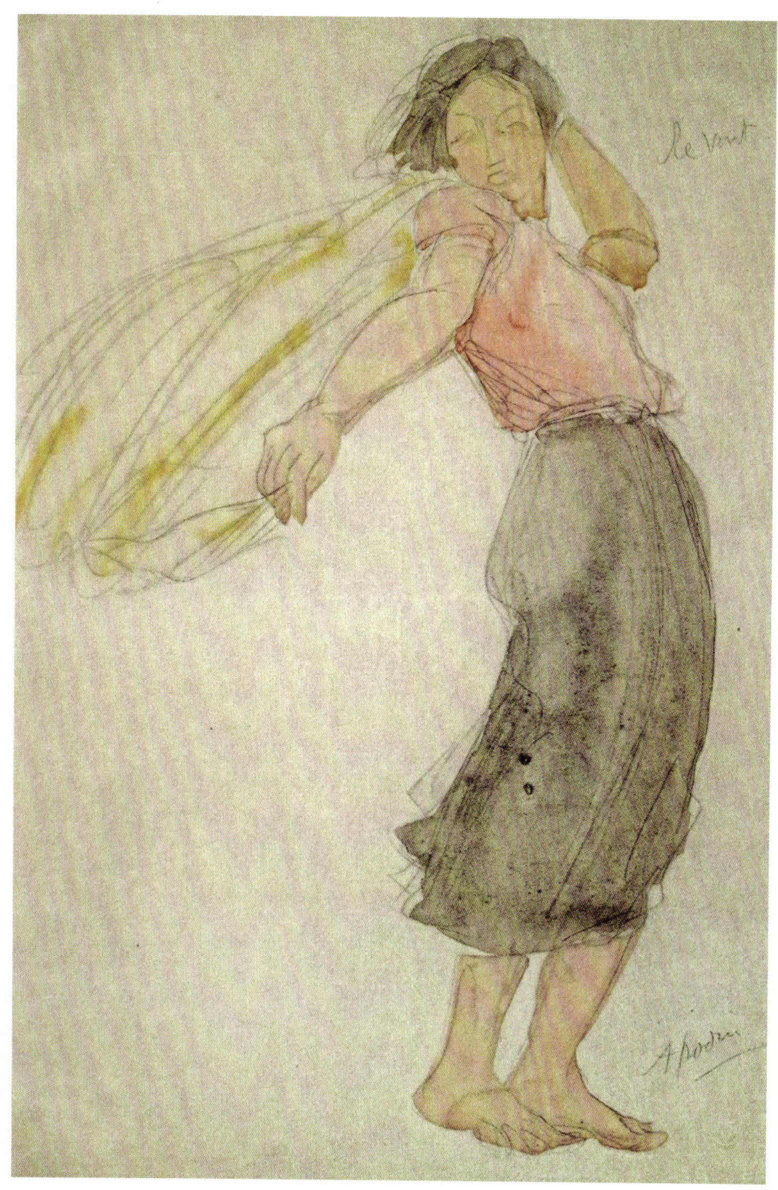

The Wind

Le Vent

Der Wind

El viento

Il vento

De wind

Watercolor and graphite/Aquarelle et graphite, 32,5 × 25,2 cm, National Gallery of Art, Washington

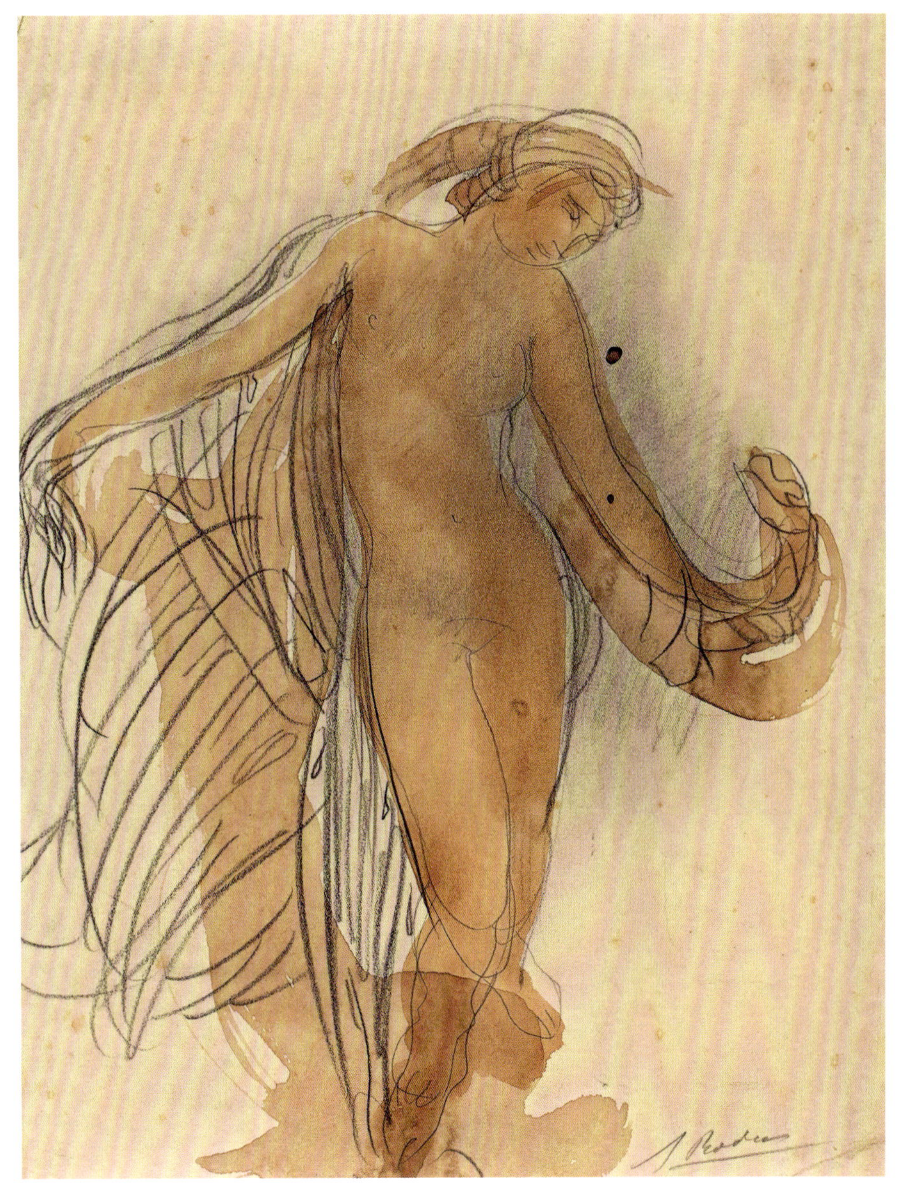

Figure Facing Forward

Figure tournée vers l'avant

Figur nach vorne gerichtet

Figura hacia adelante

Figura rivolta in avanti

Figuur naar voren

Watercolor and graphite/ Aquarelle et graphite, 32,5 × 25,3 cm, National Gallery of Art, Washington

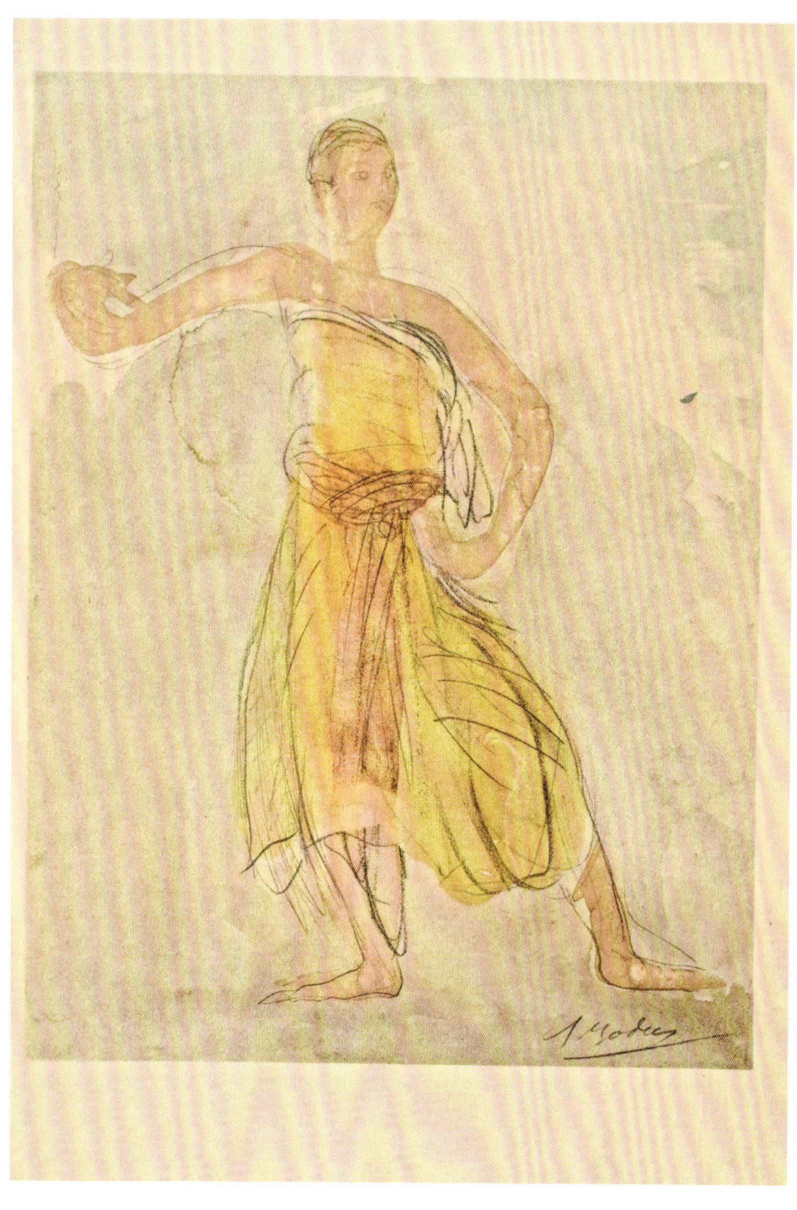

Cambodian Dancer

Danseuse cambodgienne

Kambodschanische Tänzerin

Bailarina camboyana

Ballerina cambogiana

Cambodjaanse danseres

1911, Photogravure, 29,1 × 20,3 cm,
Philadelphia Museum of Art, Philadelphia

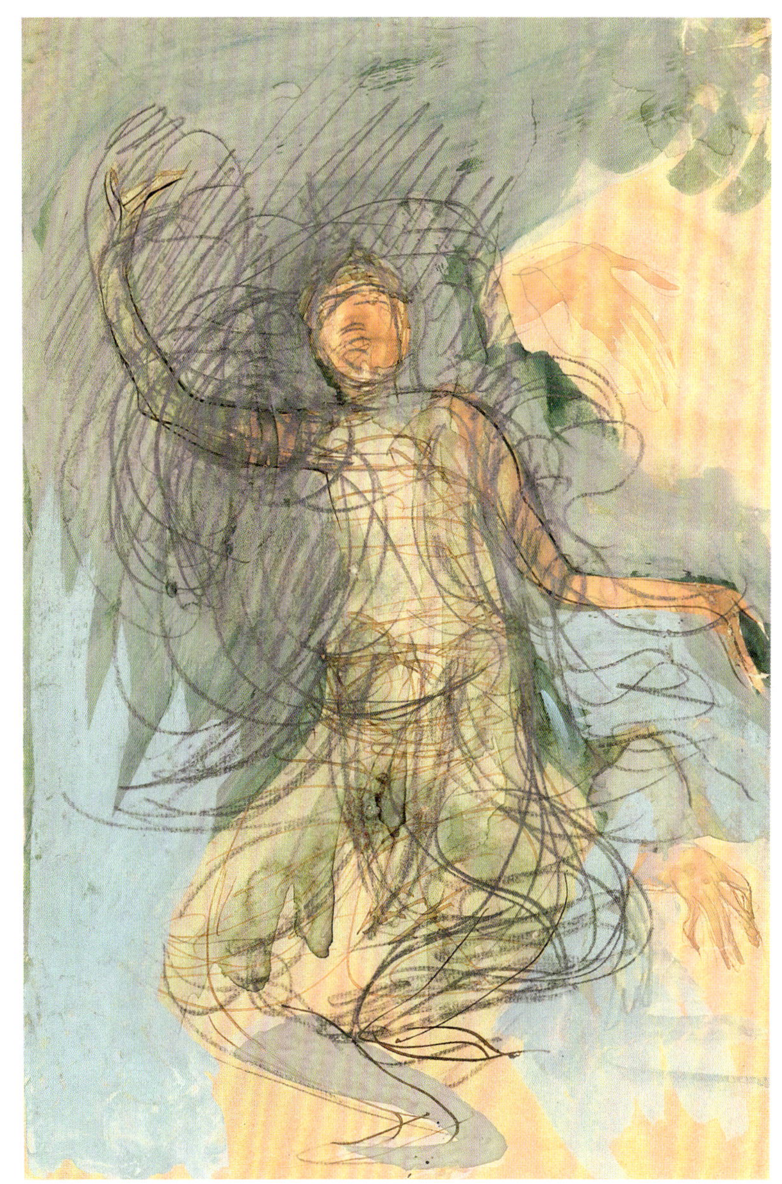

Cambodian Dancer

Danseuse cambodgienne de face

Kambodschanische Tänzerin

Bailarina camboyana

Ballerina cambogiana

Cambodjaanse danseres

1906, Watercolor, gouache and ink/Aquarelle, gouache et lavis, 30 × 20 cm, Musée Rodin, Paris

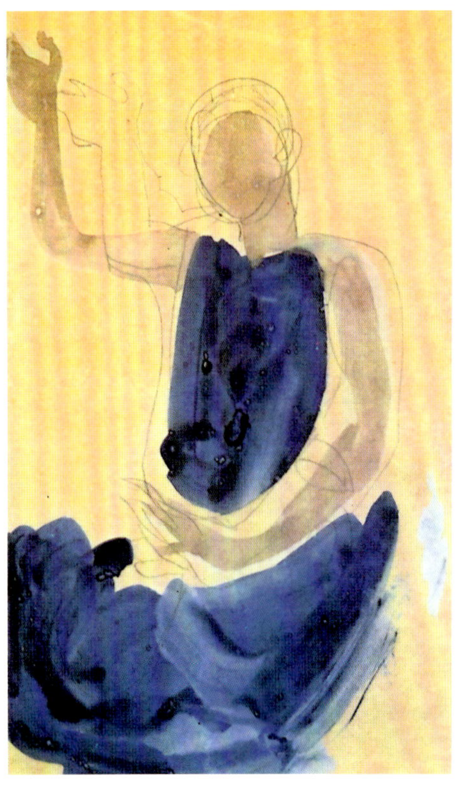

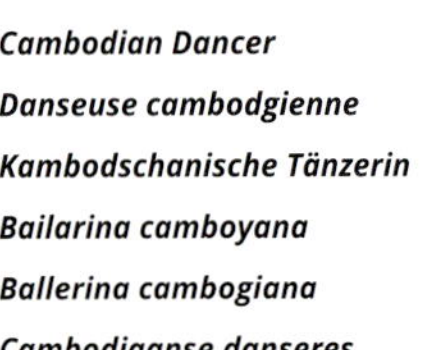

Cambodian Dancer

Danseuse cambodgienne

Kambodschanische Tänzerin

Bailarina camboyana

Ballerina cambogiana

Cambodjaanse danseres

1906, Graphite and gouache/Graphite et gouache, 31,3 × 19,8 cm, Musée Rodin, Paris

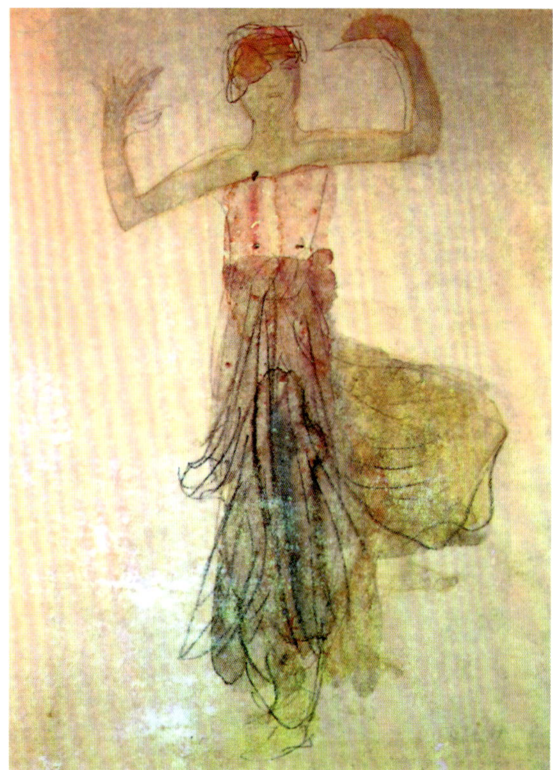

Cambodian Dancer **or** ***Springtime***

Danseuse cambodgienne de face **ou** ***Le Printemps***

Kambodschanische Tänzerin **oder** ***Frühling***

Bailarina camboyana **o** ***Primavera***

Ballerina cambogiana **o** ***Primavera***

Cambodjaanse danseres **of** ***Lente***

1906, Graphite and watercolor/Graphite et aquarelle, 32,2 × 24,1 cm, Musée Rodin, Paris

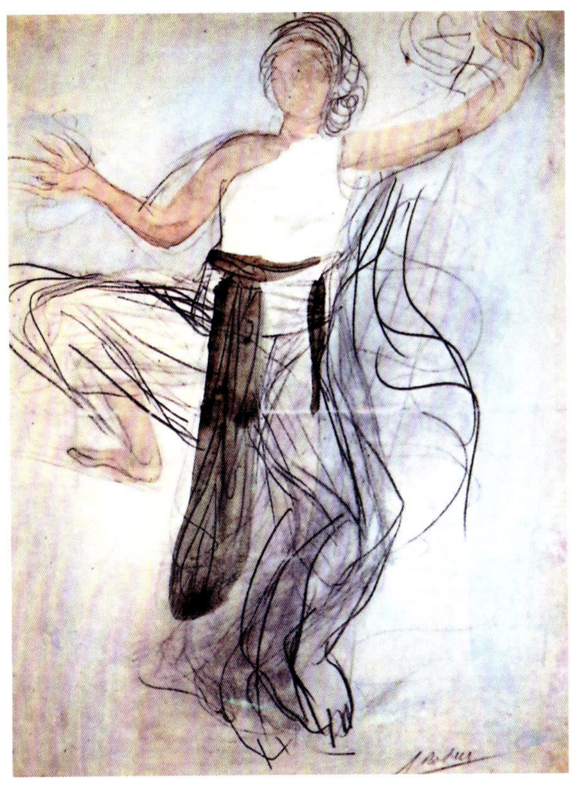

Cambodian Dancer

Danseuse cambodgienne de face

Kambodschanische Tänzerin

Bailarina camboyana

Ballerina cambogiana

Cambodjaanse danseres

1906, Graphite, gouache and watercolor/Graphite, gouache et aquarelle, 34,8 × 26,7 cm, Musée Rodin, Paris

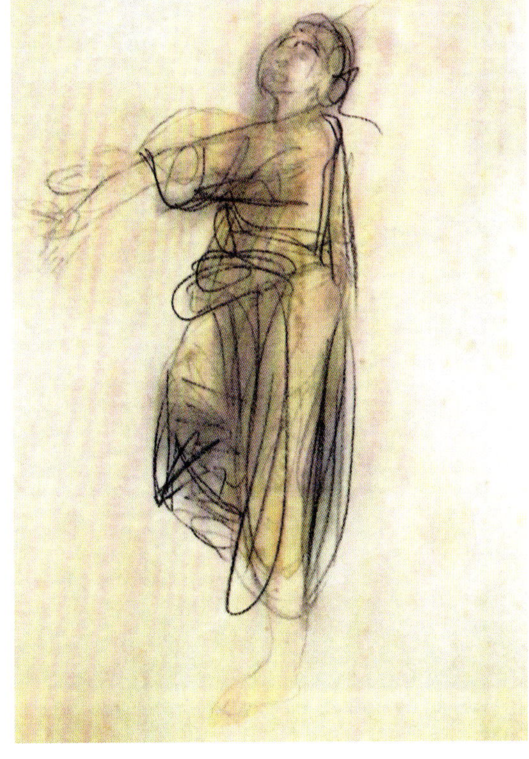

Cambodian Dancer

Danseuse cambodgienne de profil, vers la gauche

Kambodschanische Tänzerin

Bailarina camboyana

Ballerina cambogiana

Cambodjaanse danseres

1906, Watercolor and gouache/Aquarelle et gouache, 31,6 × 24,3 cm, Musée Rodin, Paris

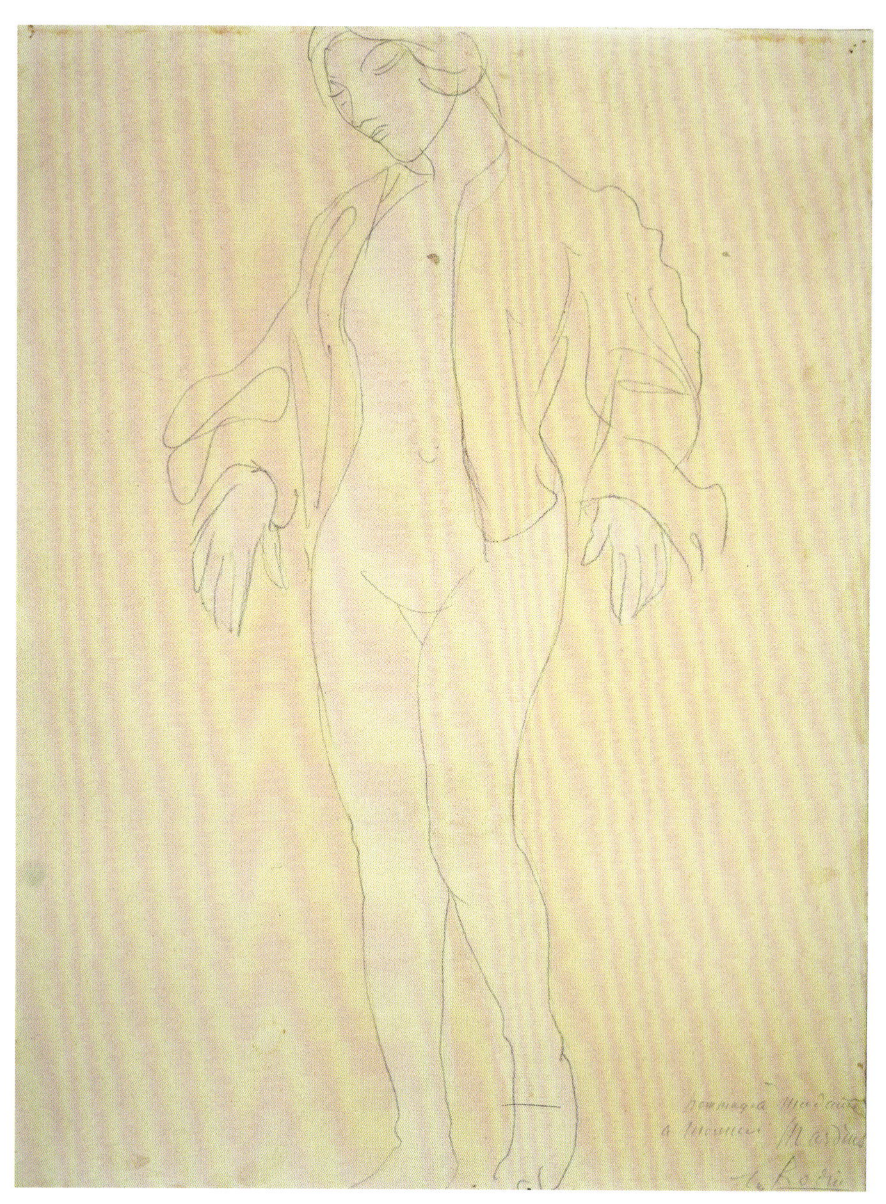

A Nude Dancer

Danseuse nue

Nackte Tänzerin

Bailarina desnuda

Una ballerina nuda

Naakte danseres

Graphite and watercolor/Graphite et aquarelle, 32 × 25 cm, Fitzwilliam Museum, Cambridge

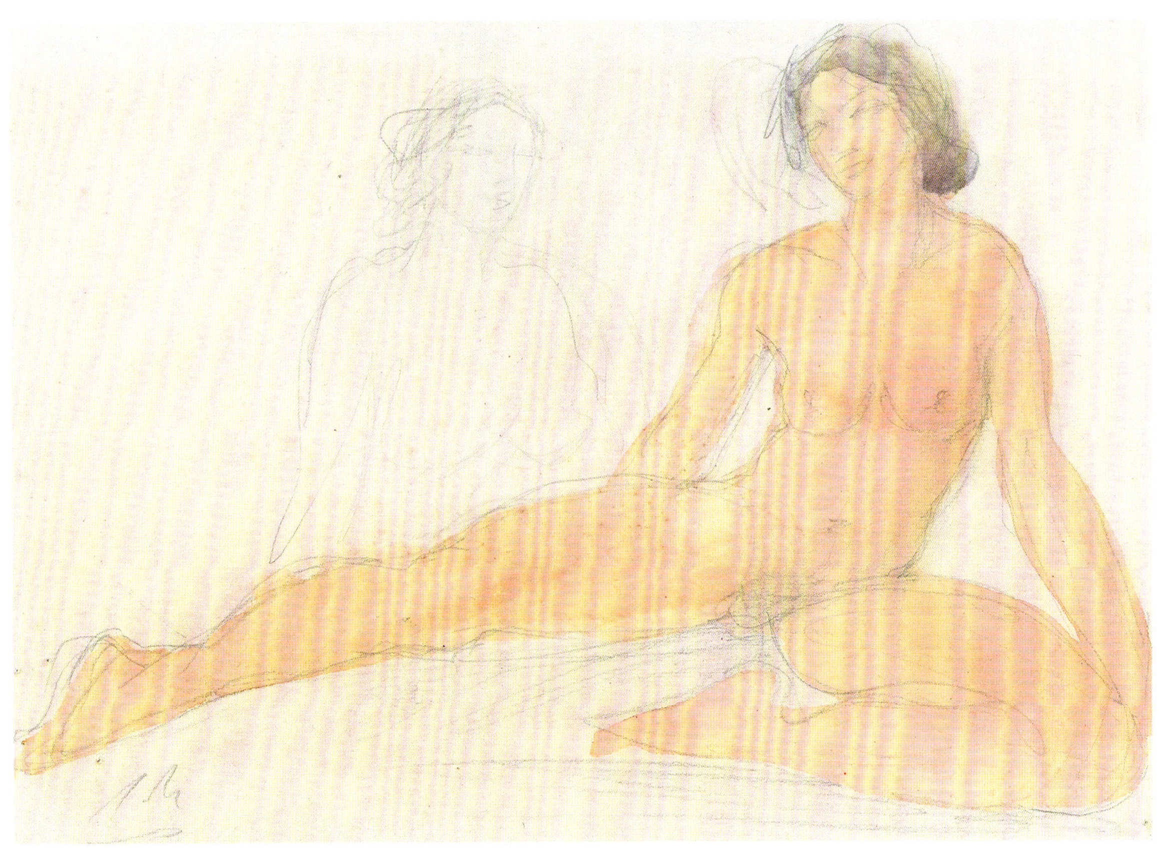

Two Seated Nudes

Deux nus assis

Zwei sitzende Akte

Dos desnudos sentados

Due nudi seduti

Twee zittende naakten

Graphite and watercolor/Graphite et aquarelle, 16,2 × 22,9 cm, Fitzwilliam Museum, Cambridge

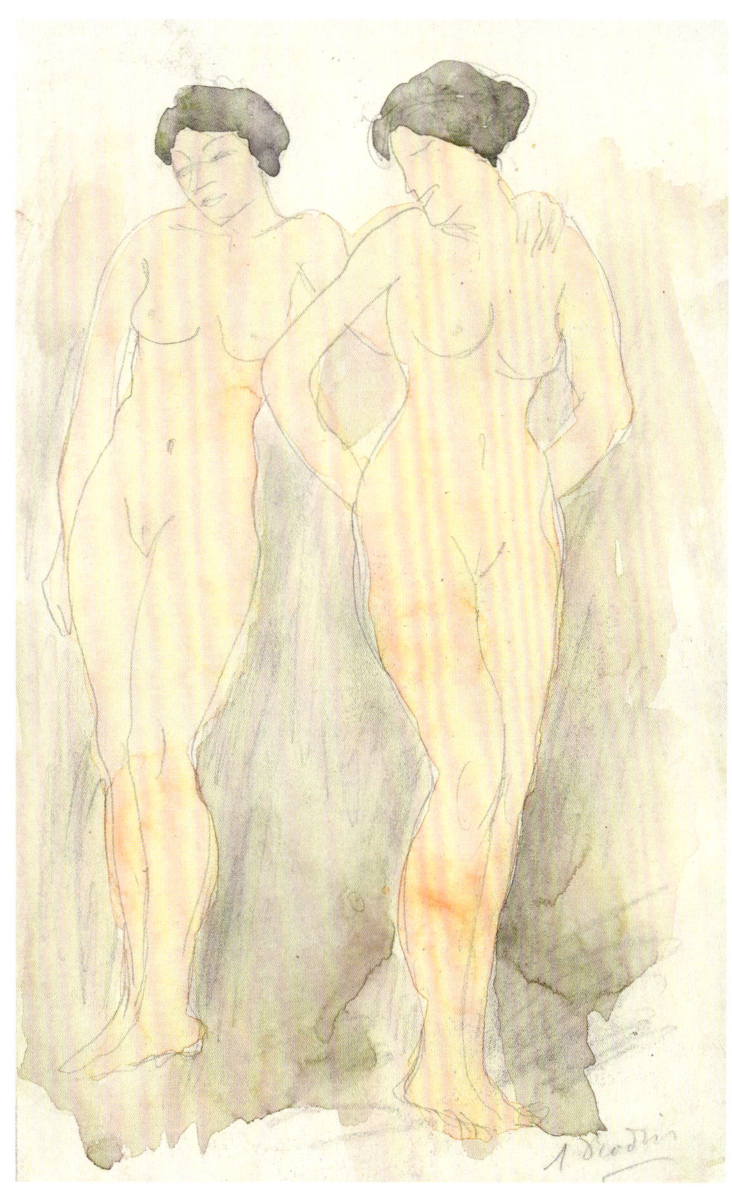

Two Nudes Standing

Deux figures debout

Zwei aufrechte Figuren

Dos figuras de pie

Due figure erette

Twee staande figuren

Graphite and watercolor/Graphite et aquarelle, 26,1 × 16,5 cm, Fitzwilliam Museum, Cambridge

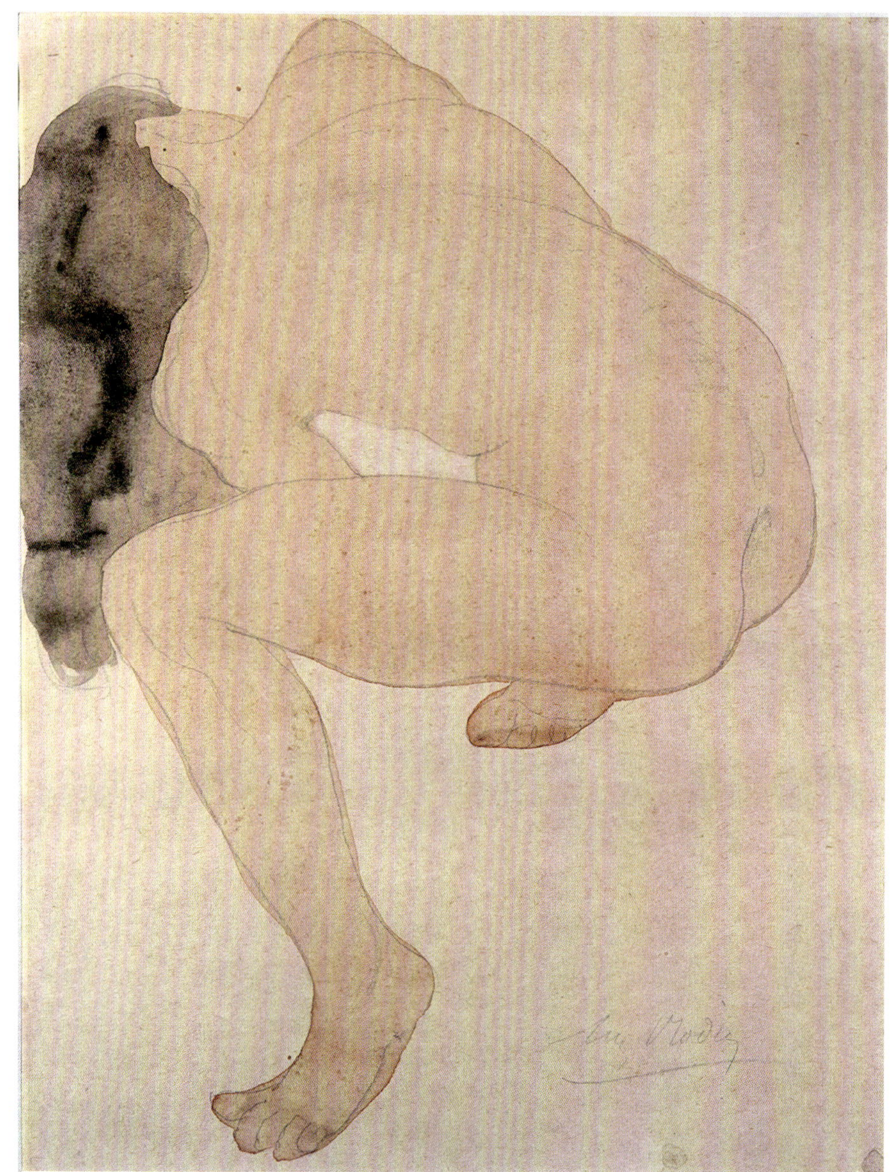

Seated Nude, Leaning Forward

Femme nue assise, penchée en avant

Sitzender Akt, sich nach vorne lehnend

Desnudo sentado inclinándose

Nudo seduto che si piega in avanti

Zittend naakt dat voorover buigt

Pencil and watercolor/Crayon et aquarelle, 32,4 × 24,8 cm, Rodin Museum, Philadelphia

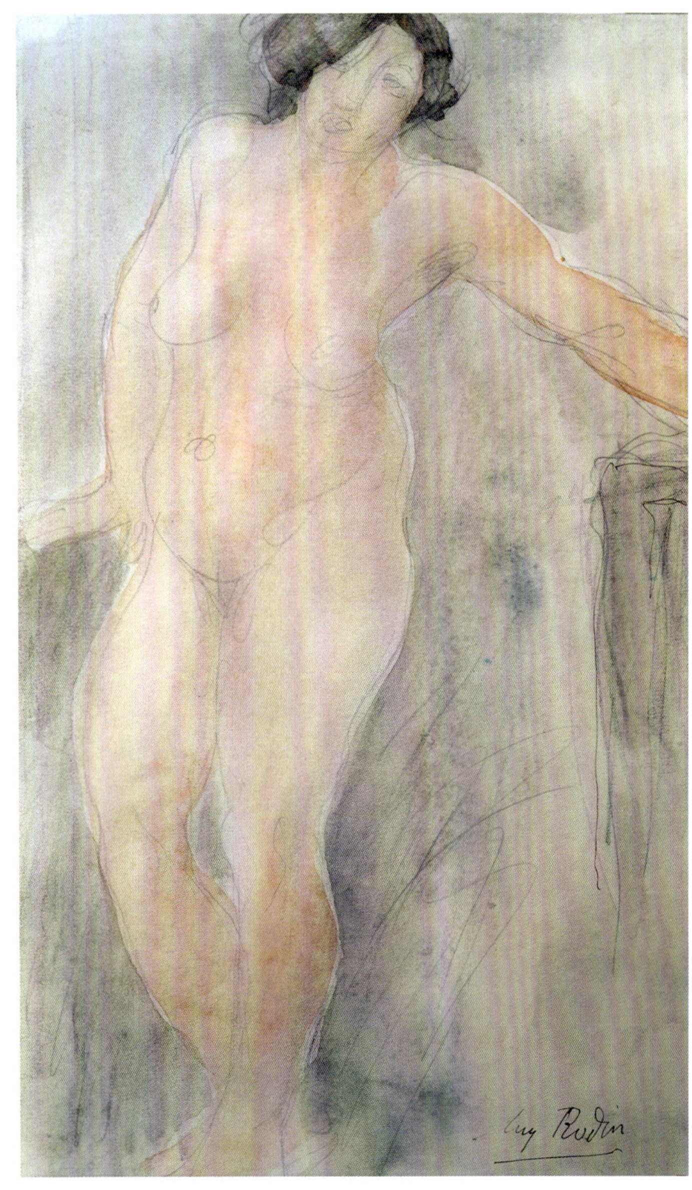

Study of a Female Nude

Femme nue debout

Studie eines weiblichen Aktes

Estudio de desnudo femenino

Studio di un nudo femminile

Studie van vrouwelijk naakt

Pencil and watercolor/Crayon et aquarelle, Musée Rodin, Paris

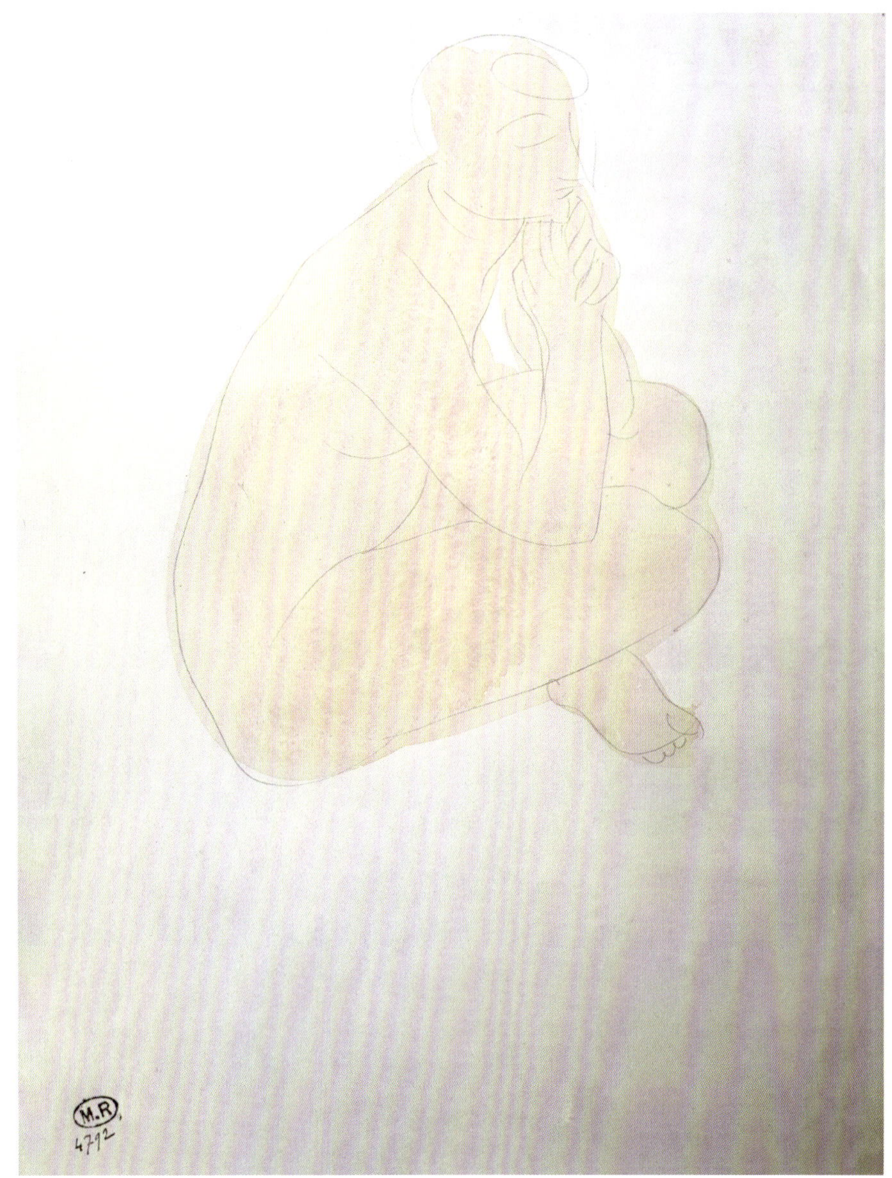

Woman with Crossed Legs

Femme nue assise en tailleur

Frau mit überkreuzten Beinen

Mujer sentada con las piernas cruzadas

Donna con gambe incrociate

Vrouw in kleermakerszit

Graphite and watercolor/ Graphite et aquarelle, 32 × 25 cm, Musée Rodin, Paris

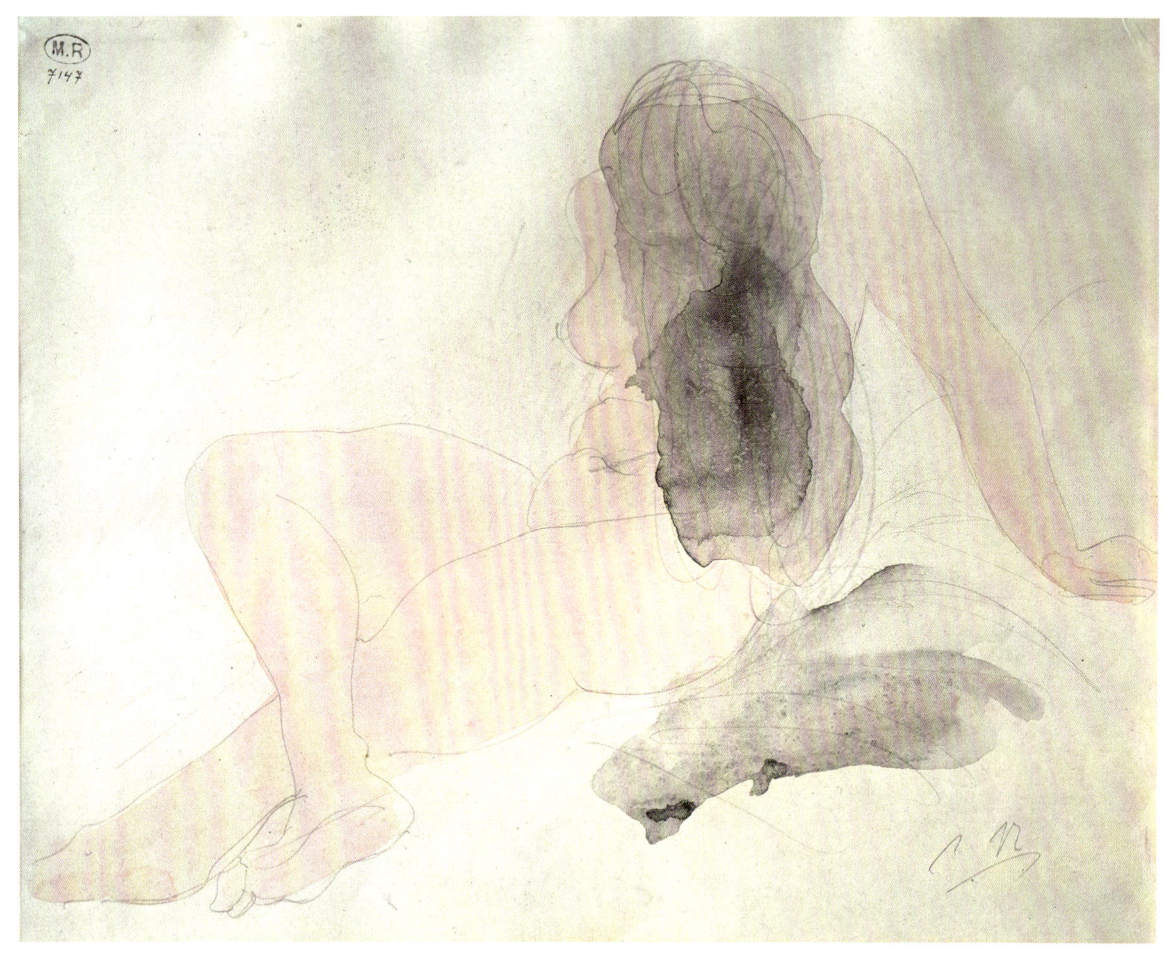

Seated Female Nude with Tossled Hair

Femme nue assise, les cheveux épars

Sitzender weiblicher Akt mit zersaustem Haar

Desnudo femenino sentado con pelo revuelto

Nudo femminile seduto con capelli arruffati

Zittend vrouwelijk naakt met verwarde haardos

Watercolort/Aquarelle, 25 × 32 cm, Musée Rodin, Paris

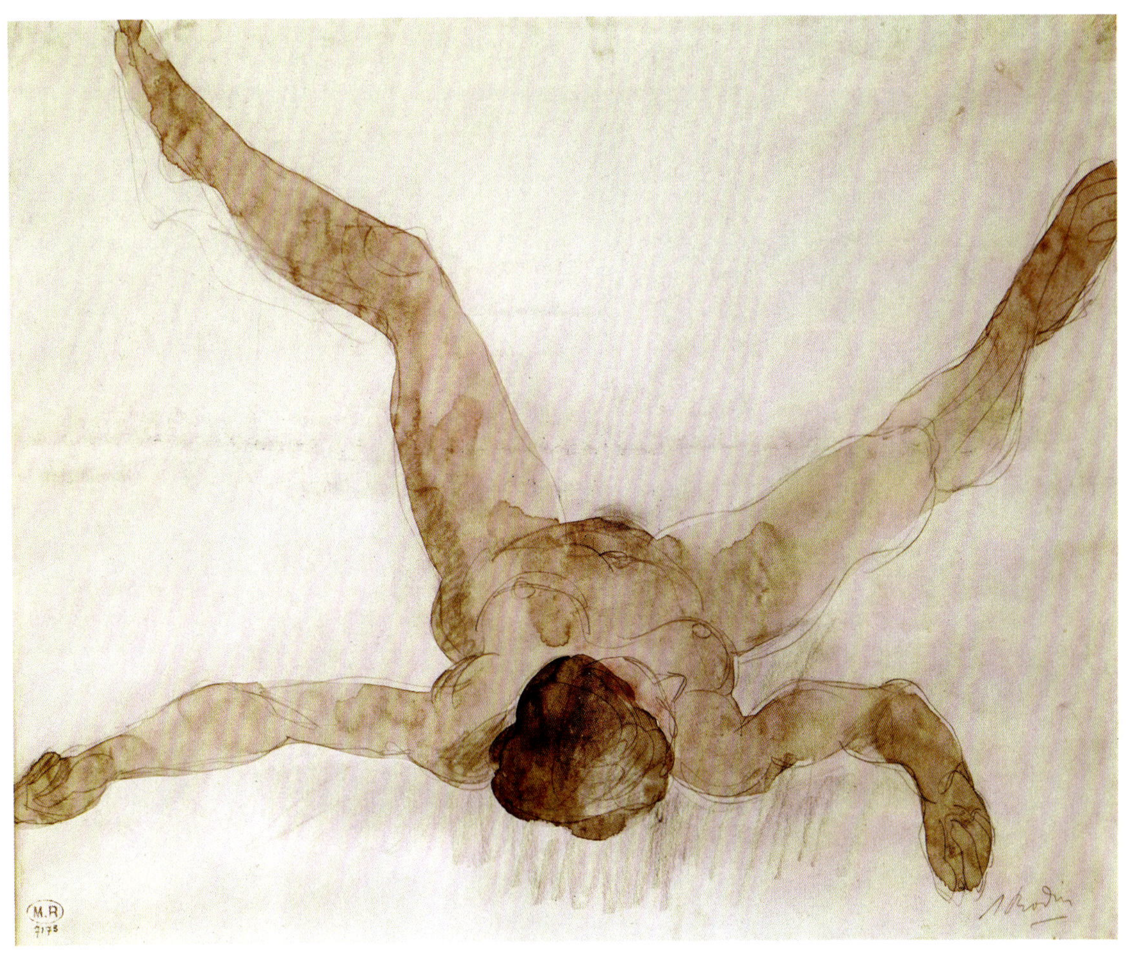

Female Nude Reclining on Her Back

Femme nue allongée aux jambes levées

Auf dem Rücken liegender weiblicher Akt

Desnudo femenino tumbado de espalda

Nudo femminile disteso sulla schiena

Op de rug liggend vrouwelijk naakt

Watercolor/Aquarelle, 30 × 38 cm, Musée Rodin, Paris

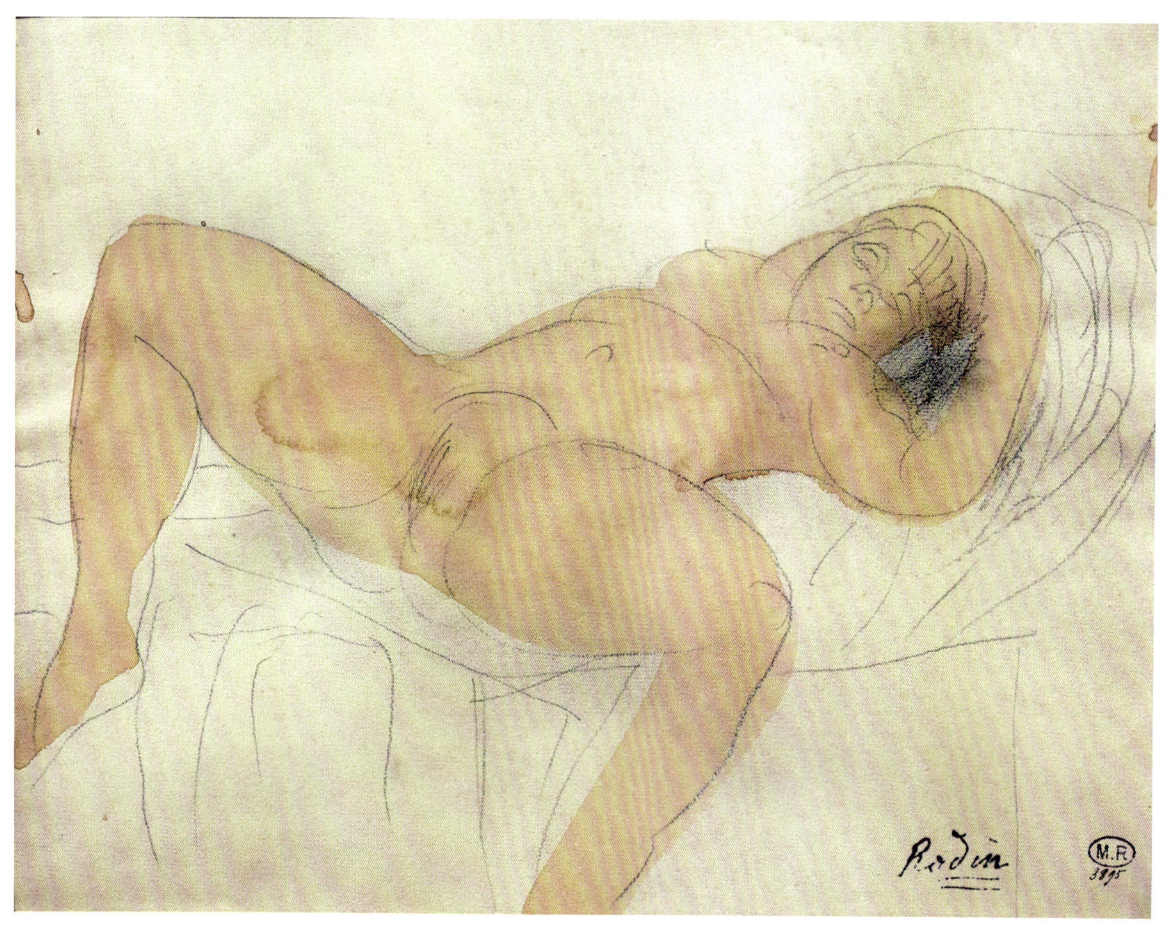

Reclining Female Nude

Femme nue allongée aux jambes écartées

Liegender weiblicher Akt

Desnudo femenino tumbado

Nudo femminile disteso

Liggend vrouwelijk naakt

Pencil and watercolor/Graphite et aquarelle, 24,8 × 32,1 cm, Musée Rodin, Paris

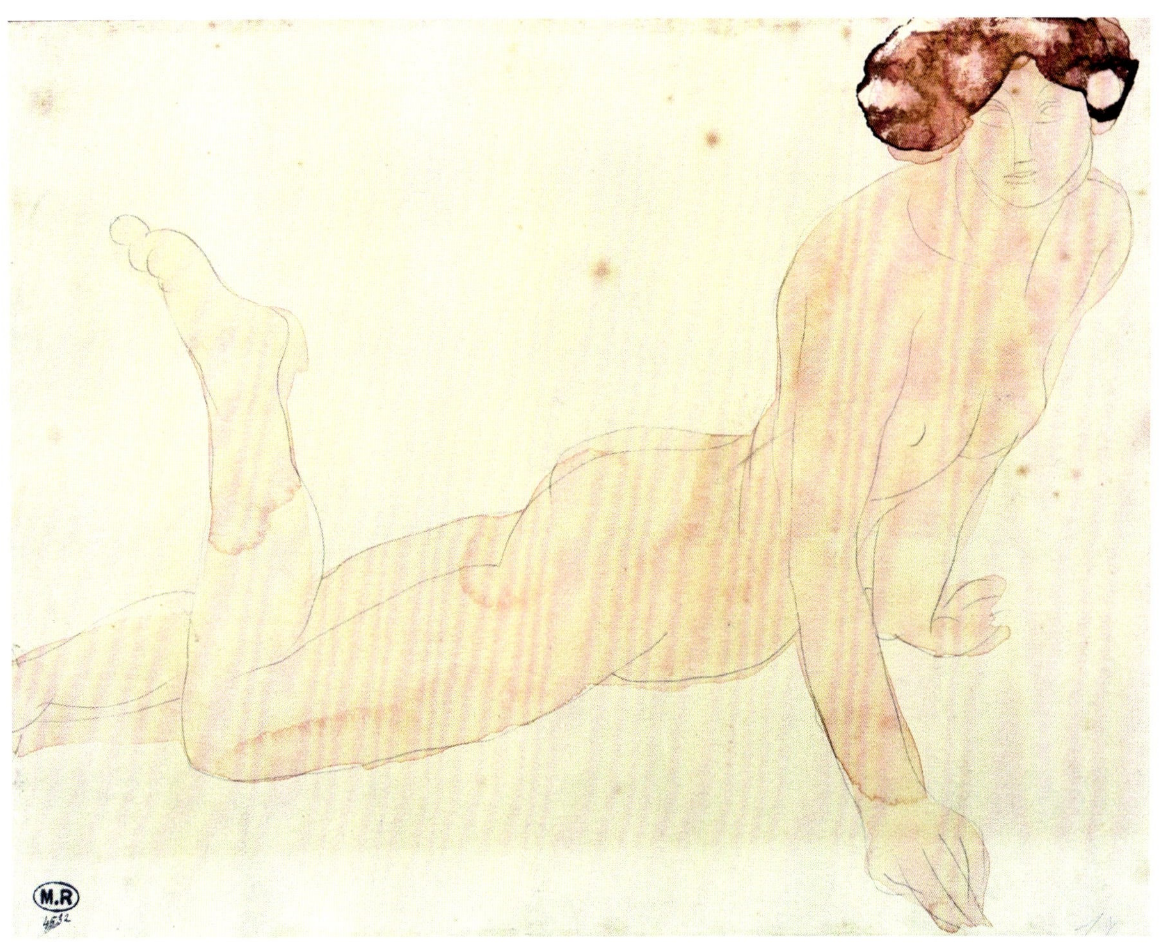

Female Nude Lying on Her Stomach

Femme nue allongée sur le ventre, le buste dressé

Auf dem Bauch liegender weiblicher Akt

Desnudo femenido tumbado sobre el vientre

Nudo femminile disteso sulla pancia

Op de buik liggend vrouwelijk naakt

Pencil and watercolor/Graphite et aquarelle, 25,6 × 32,6 cm, Musée Rodin, Paris

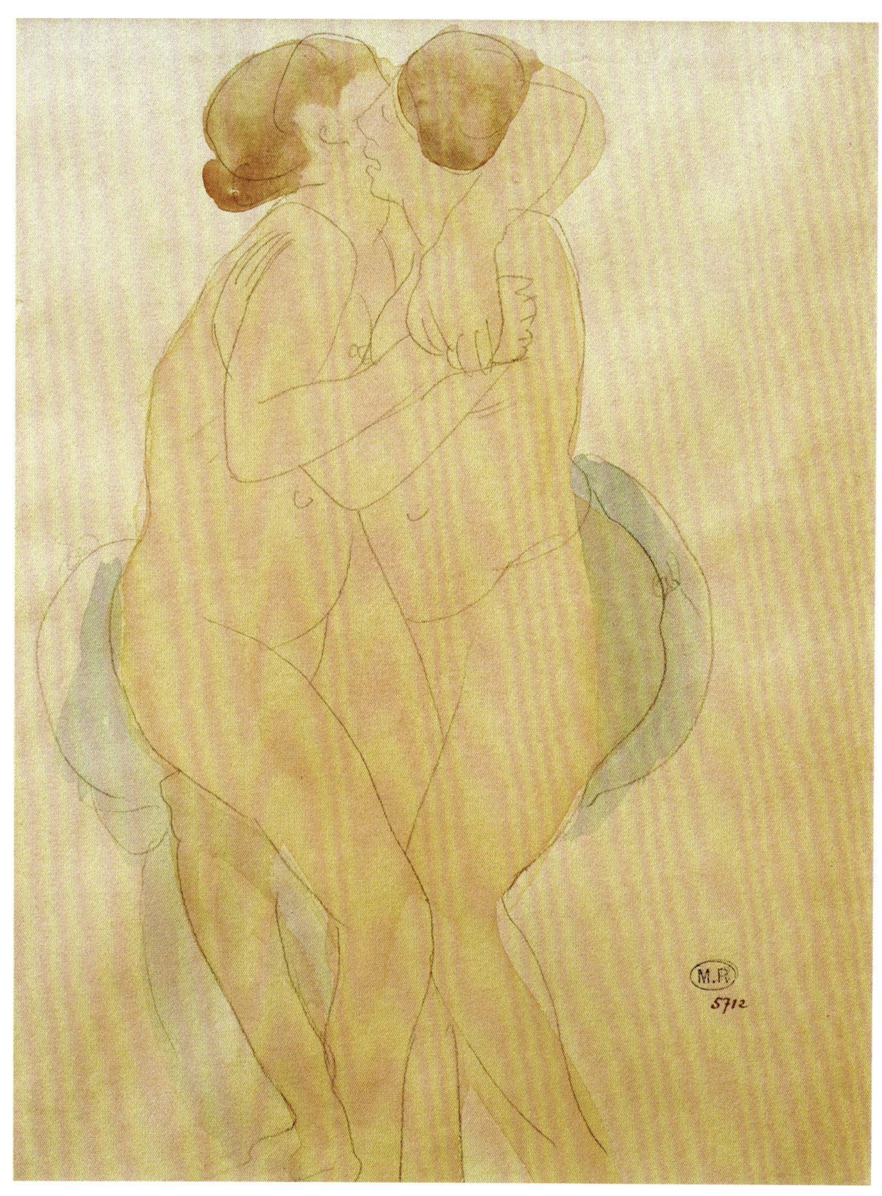

Intertwined Sapphic Pair

Couple saphique enlacé

Verschlungenes sapphisches Paar

Pareja sáfica enlazada

Coppia saffica abbracciata

Verstrengeld lesbisch paar

Pencil and watercolor/Graphite et aquarelle, 32,7 × 25 cm, Musée Rodin, Paris

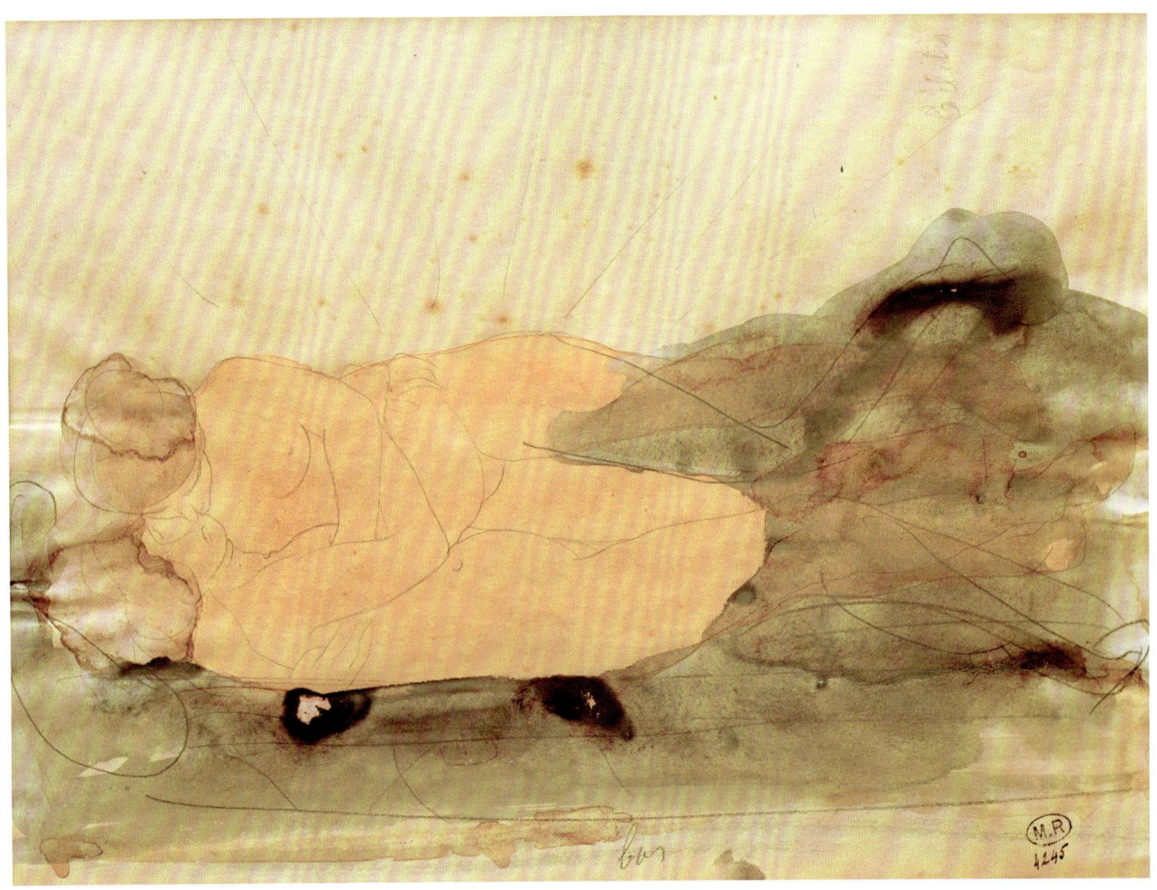

Bilitis

c. 1900, Pencil, watercolor and gouache/Graphite, aquarelle et gouache, 25 × 32,6 cm, Musée Rodin, Paris

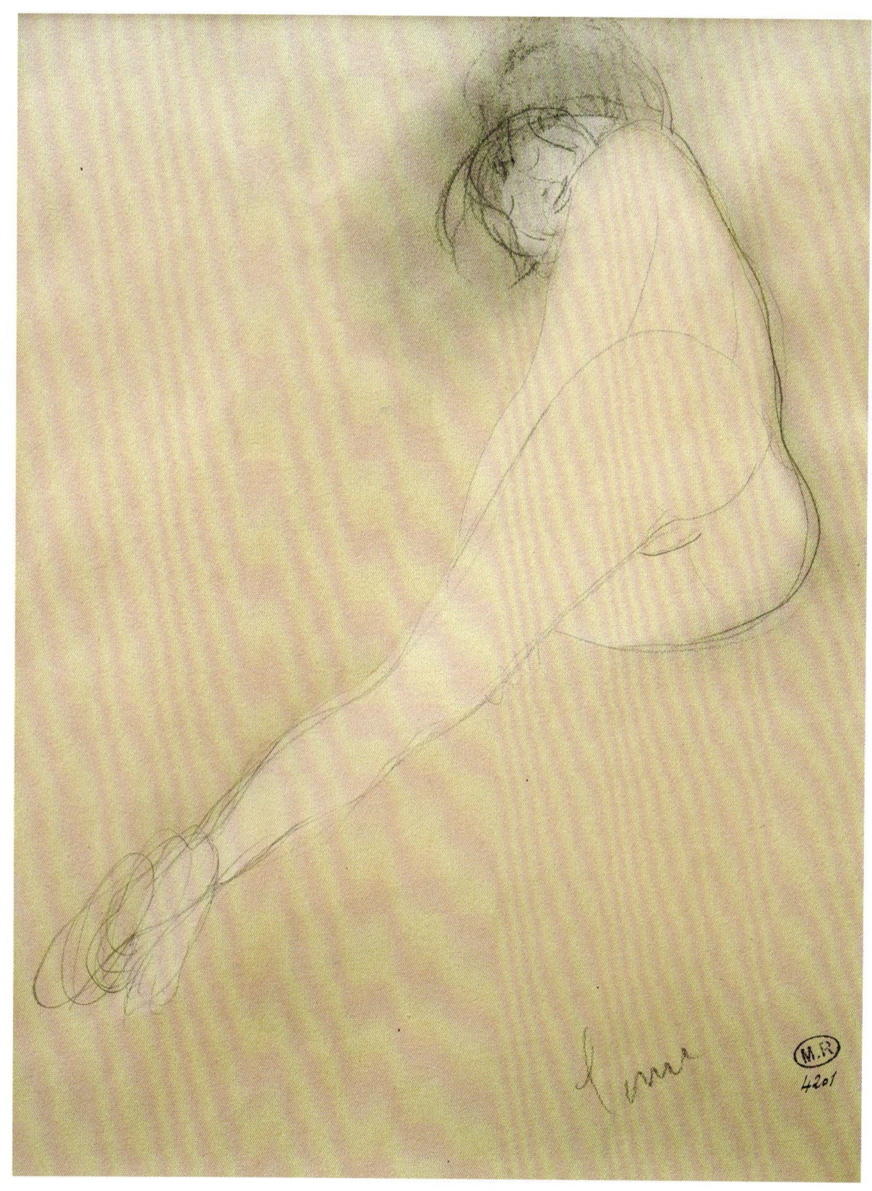

Moon

Lune

Mond

Luna

Luna

Maan

1898–1908, Pencil, watercolor and gouache/Graphite, aquarelle et gouache, 32,7 × 25 cm, Musée Rodin, Paris

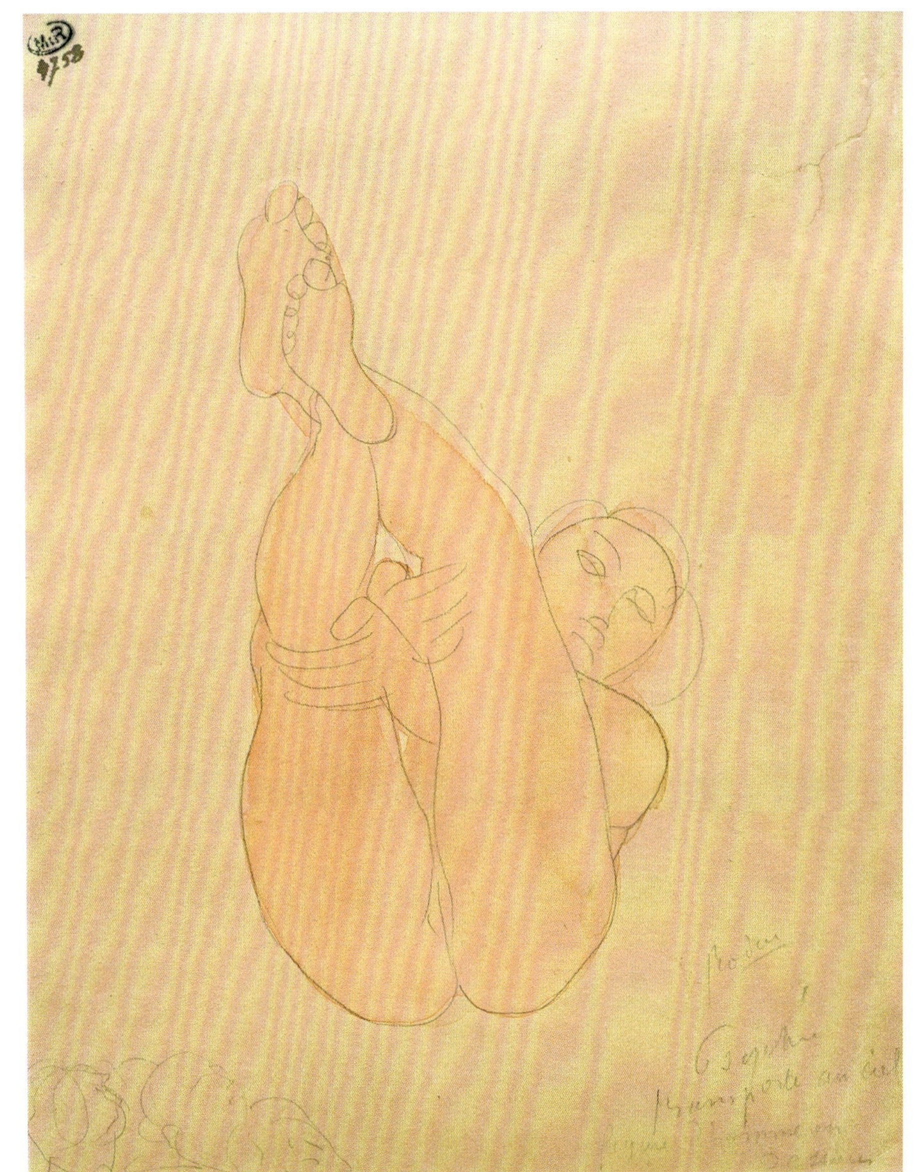

Psyche's Ascent to the Heavens

Psyché transportée au ciel

Psyches Aufstieg in den Himmel

Psyche transportada al cielo

Psiche trasportata in cielo

Psyche's hemelvaart

c. 1900, Graphite and watercolor/Graphite et aquarelle, 32,4 × 25,2 cm, Musée Rodin, Paris

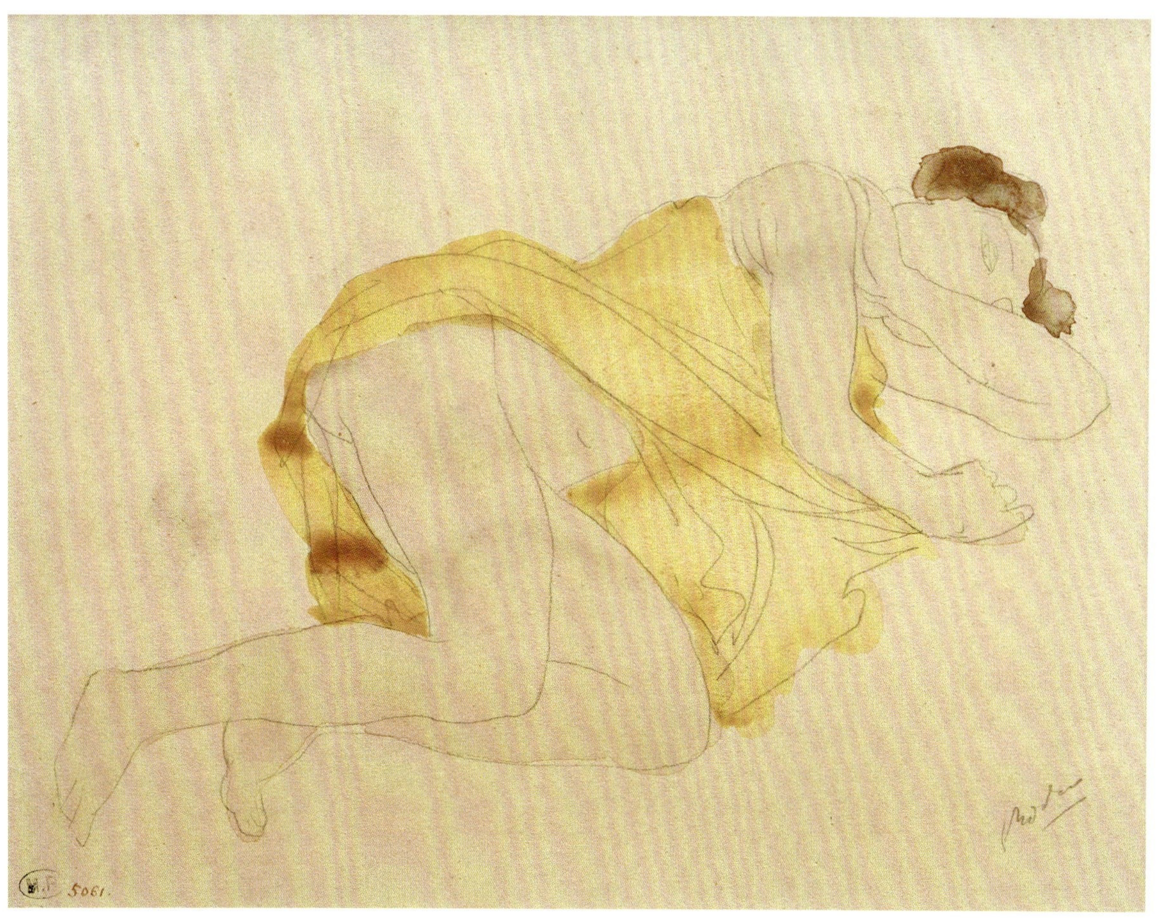

Psyche

Psyché

Psyche

Psyche

Psiche

Psyche

c. 1900, Graphite and watercolor/Graphite et aquarelle, 25,2 × 32,5 cm, Musée Rodin, Paris

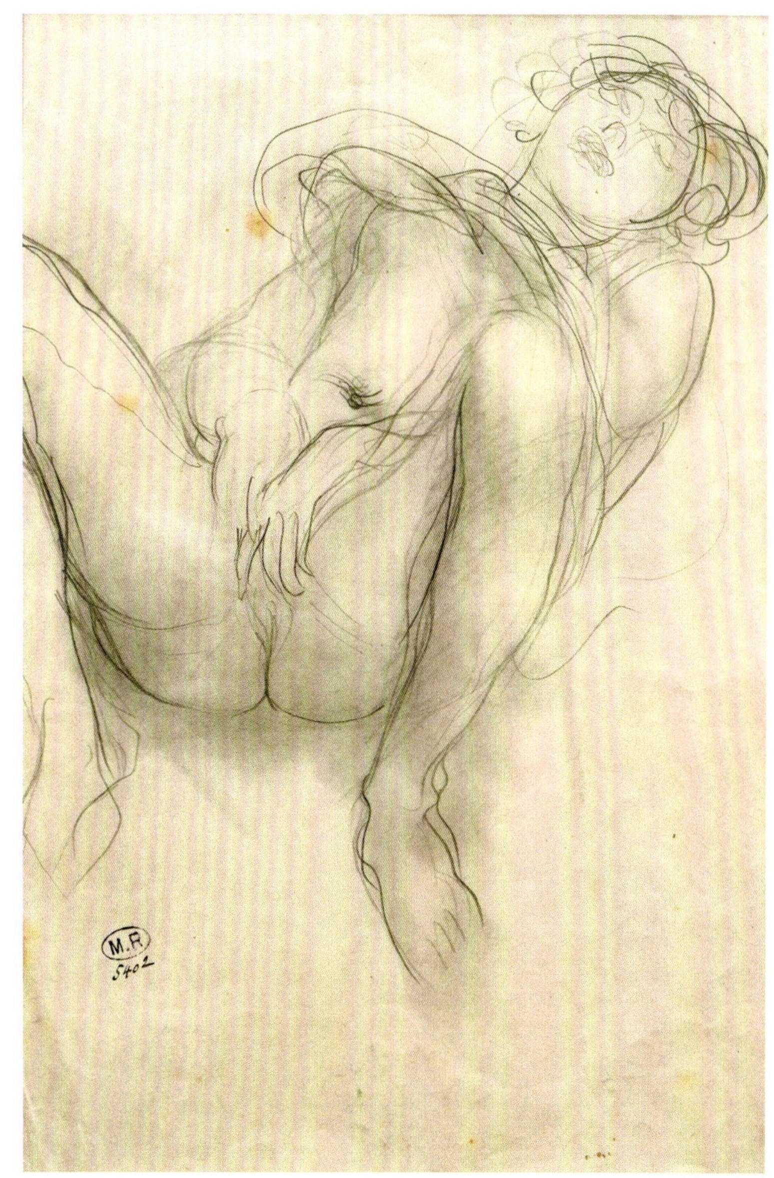

Female Nude Reclining, Hands Covering Her Genitals

Femme nue allongée aux jambes écartées, les mains au sexe

Liegender weiblicher Akt, die Hände am Geschlecht

Desnudo femenido tumbado con manos en el sexo

Nudo femminile disteso con le mani sul sesso

Liggend vrouwelijk naakt met de handen bij haar geslacht

c. 1900, Graphite, 30,8 × 20,2 cm, Musée Rodin, Paris

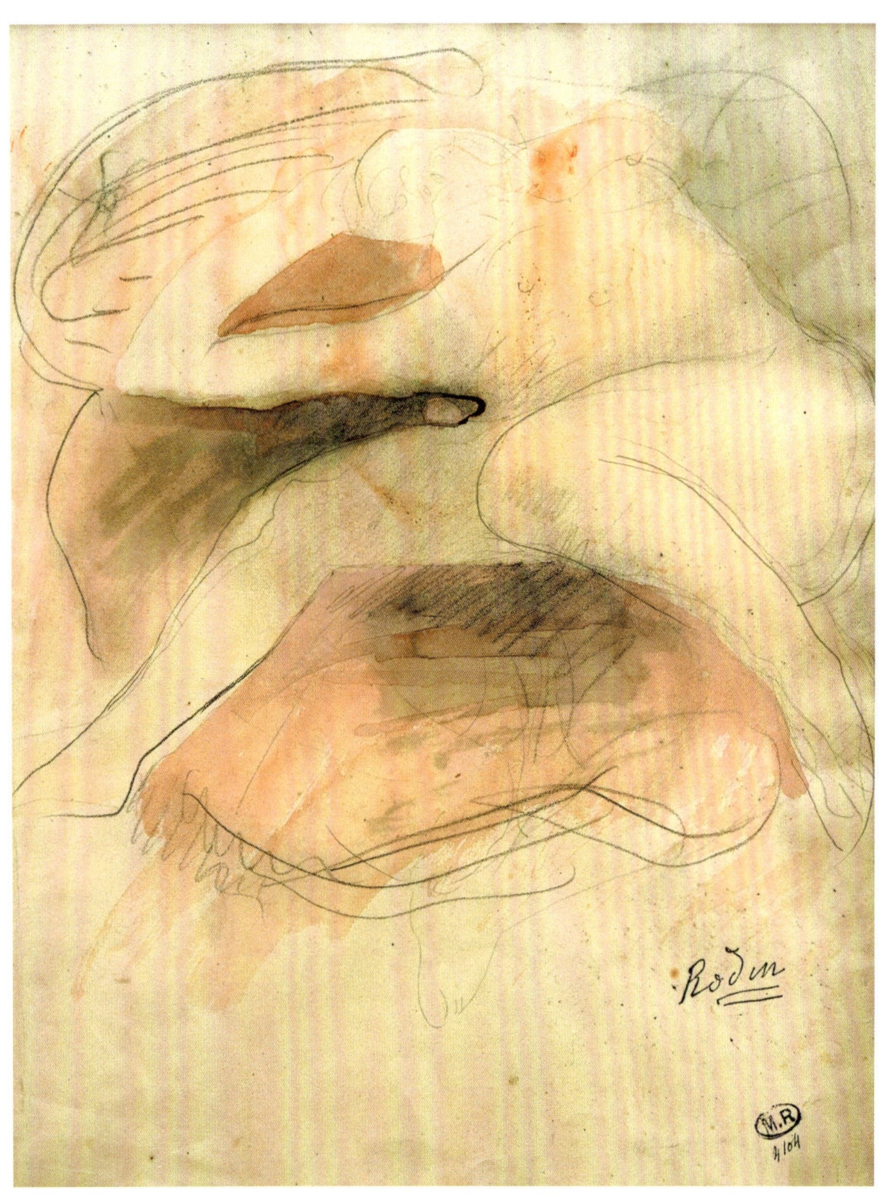

Female Nude Lying on a Cloth

Femme nue couchée sur une étoffe* ou *L'Édredon

Liegender weiblicher Akt auf einem Tuch

Desnudo femenino tumbado sobre una tela

Nudo femminile disteso su una stoffa

Liggend vrouwelijk naakt op een kleed

c. 1900, Graphite, watercolor and gouache/Graphite, aquarelle et gouache, 32,4 × 24,8 cm, Musée Rodin, Paris

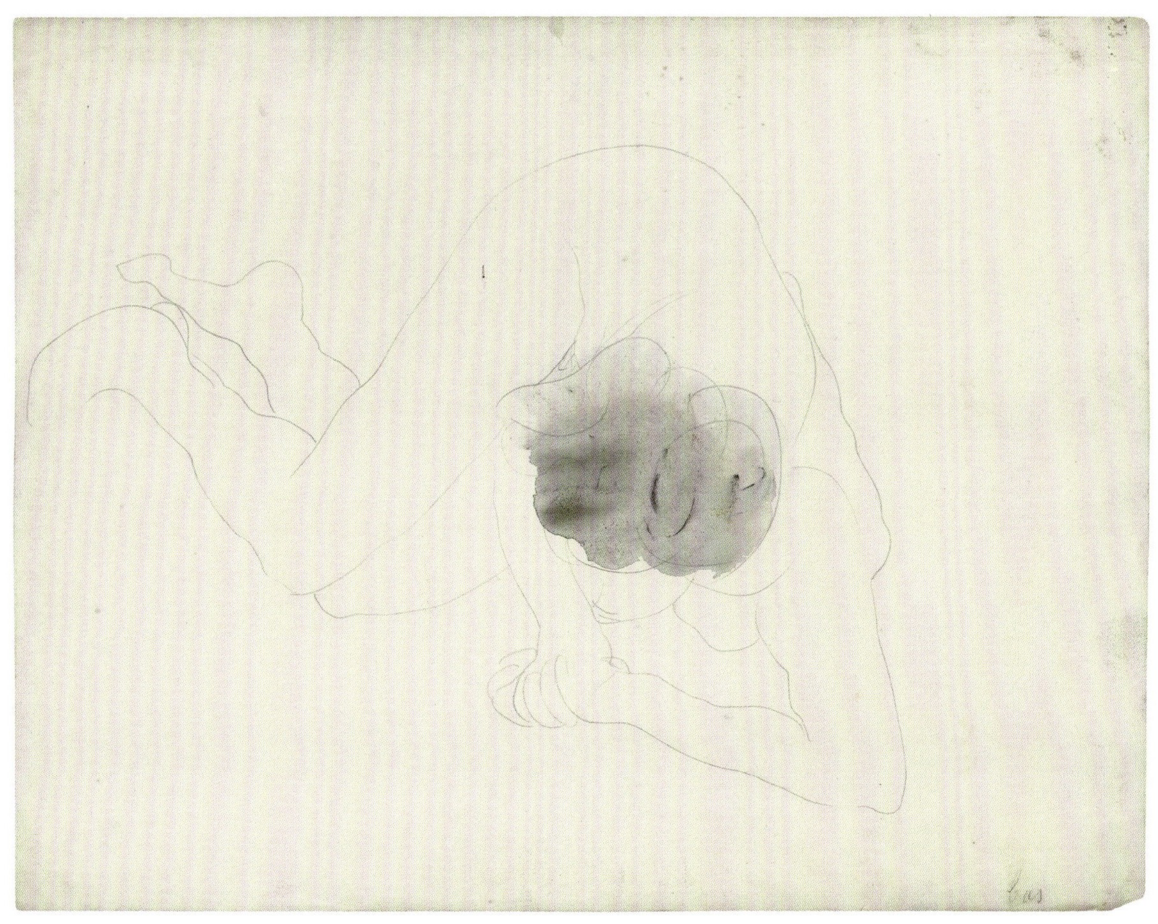

Reclining Female Nude

Femme nue allongée sur le flanc, appuyée sur son avant-bras

Liegender Frauenakt

Desnudo tumbado

Nudo di donna disteso

Liggend vrouwelijk naakt

1896, Graphite and watercolor/Graphite et aquarelle, 24,7 × 32,6 cm, Musée Rodin, Paris

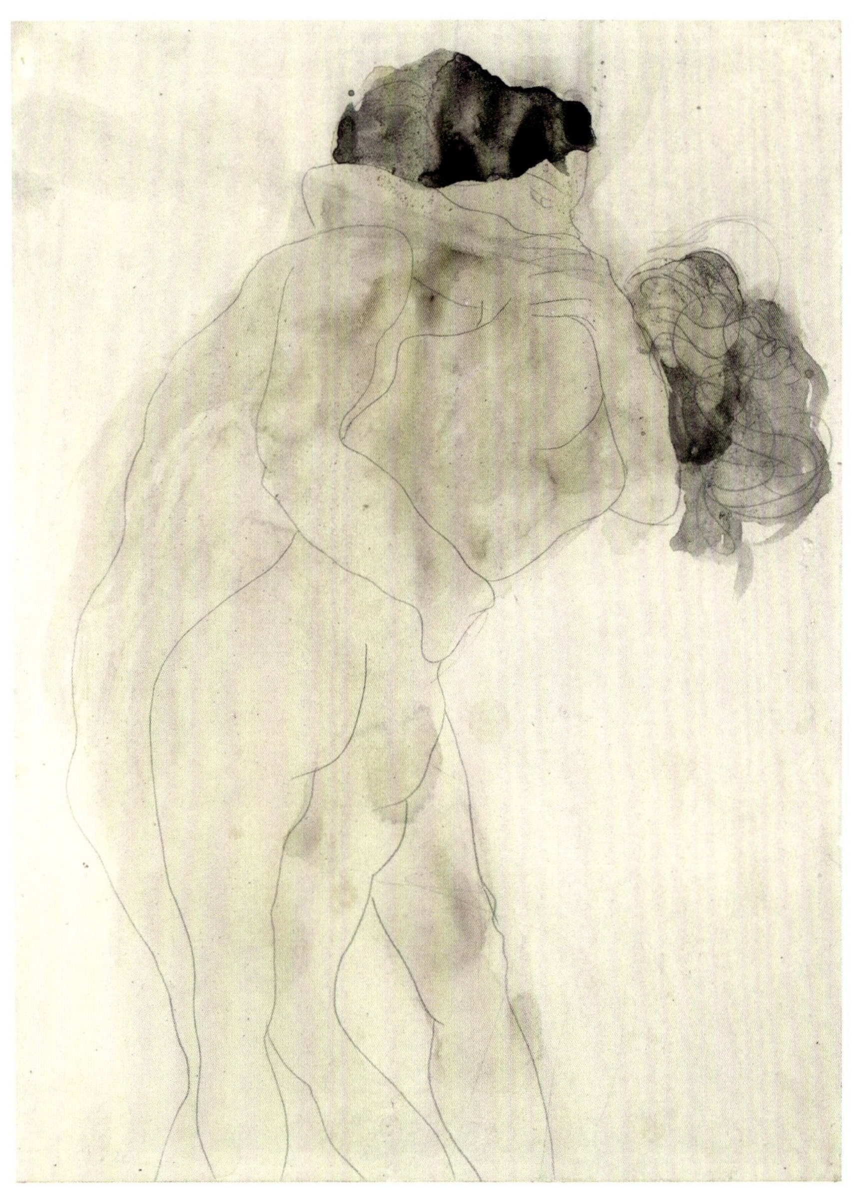

Two Women Embracing

Deux femmes enlacées

Zwei sich umarmende Frauen

Dos mujeres abrazadas

Due donne che si abbracciano

Twee zich omhelzende vrouwen

Graphite and watercolor/Graphite et aquarelle, 32,3 × 23,9 cm, Ashmolean Museum, Oxford

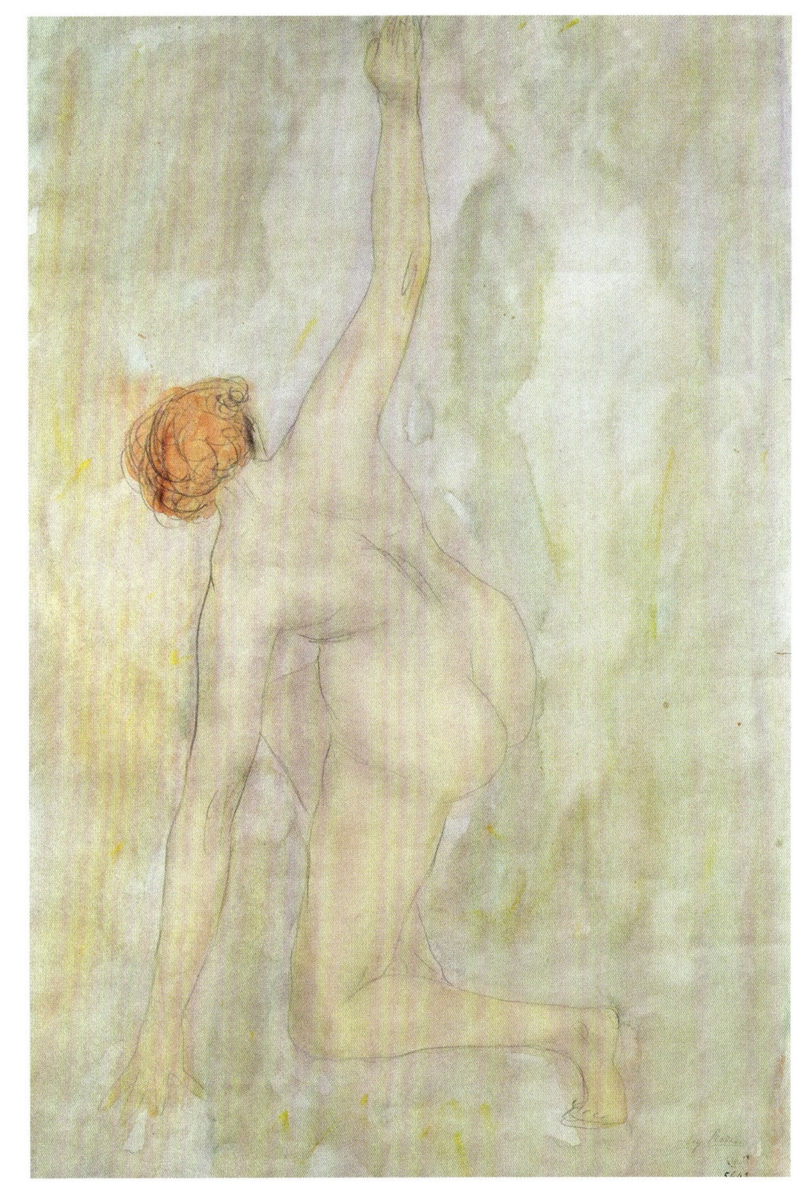

Female Nude

Femme nue de dos, un genou à terre

Weiblicher Akt

Desnudo femenino

Nudo femminile

Vrouwelijk naakt

Pencil and watercolor/Graphite et aquarelle, Musée Rodin, Paris

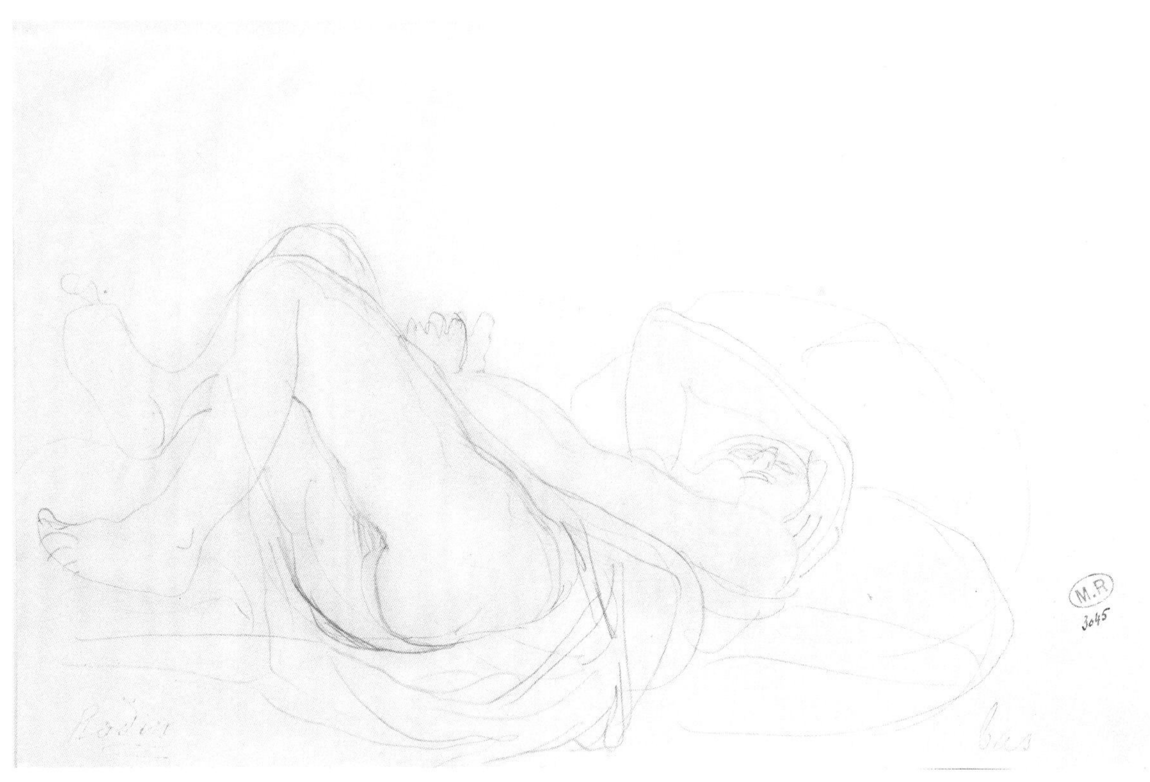

Nude

Nu allongé sur le dos

Akt

Desnudo

Nudo

Naakt

Graphite, Musée Rodin, Paris

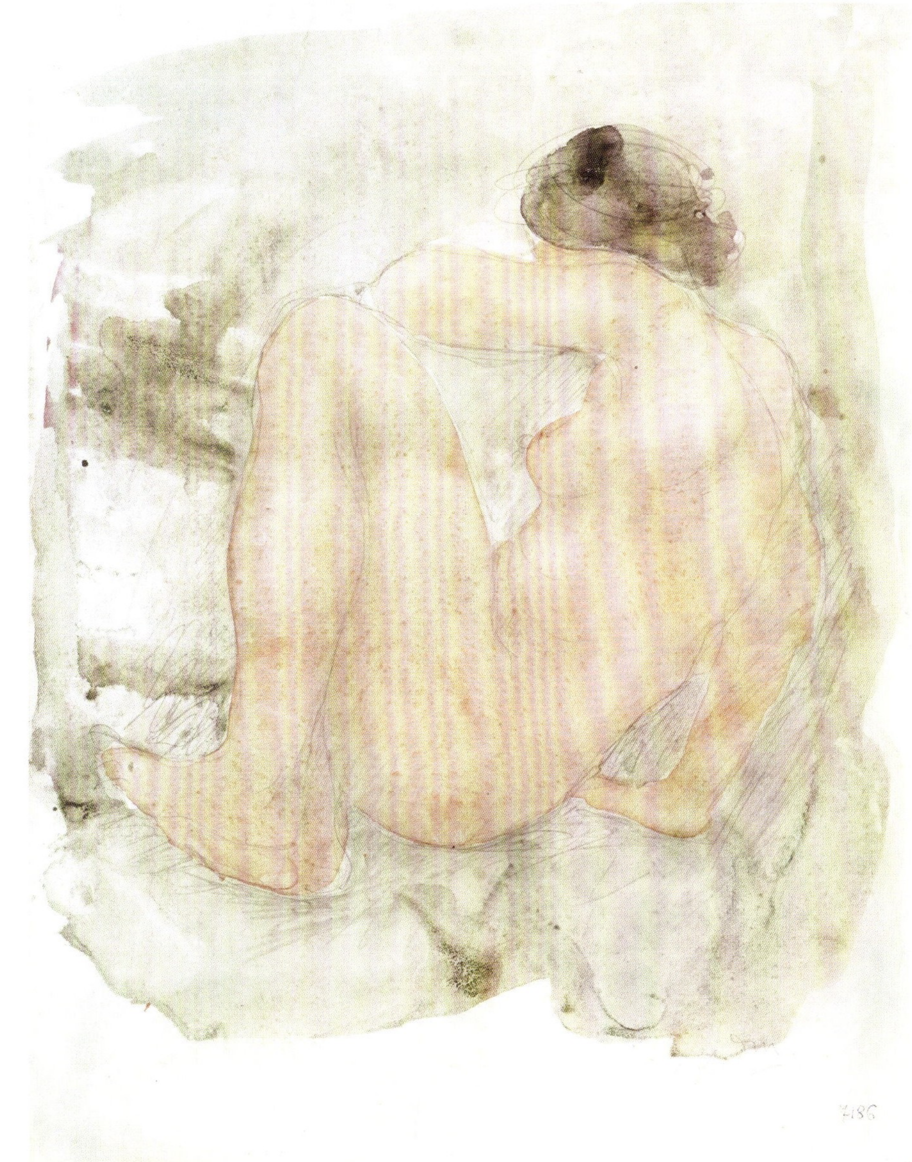

Female Nude

Femme nue assise

Weiblicher Akt

Desnudo femenino

Nudo femminile

Vrouwelijk naakt

Pencil and watercolor/Graphite et aquarelle, Musée Rodin, Paris

Curriculum Vitae

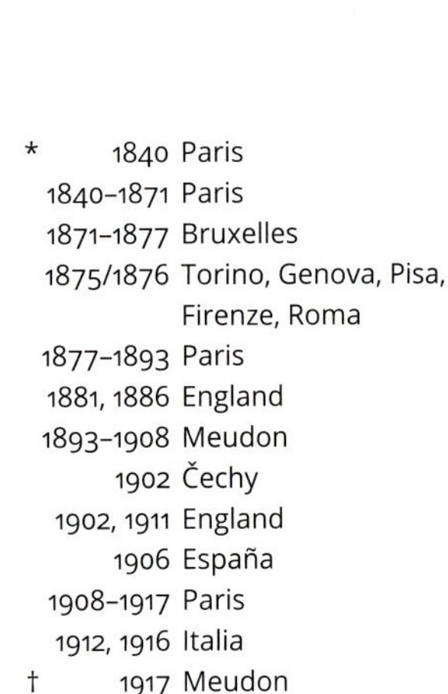

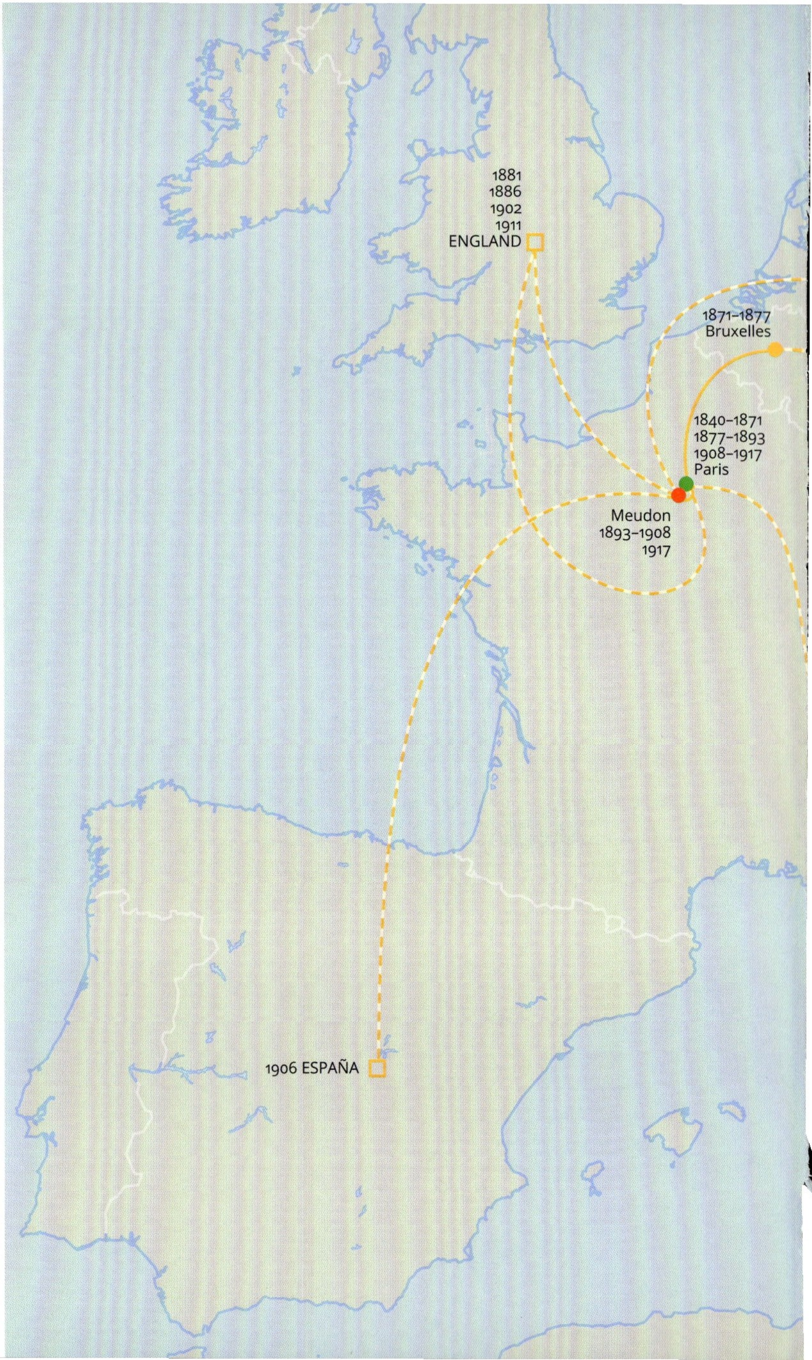

* 1840	Paris
1840–1871	Paris
1871–1877	Bruxelles
1875/1876	Torino, Genova, Pisa, Firenze, Roma
1877–1893	Paris
1881, 1886	England
1893–1908	Meudon
1902	Čechy
1902, 1911	England
1906	España
1908–1917	Paris
1912, 1916	Italia
† 1917	Meudon

1881
1886
1902
1911
ENGLAND

1871–1877
Bruxelles

1840–1871
1877–1893
1908–1917
Paris

Meudon
1893–1908
1917

1906 ESPAÑA

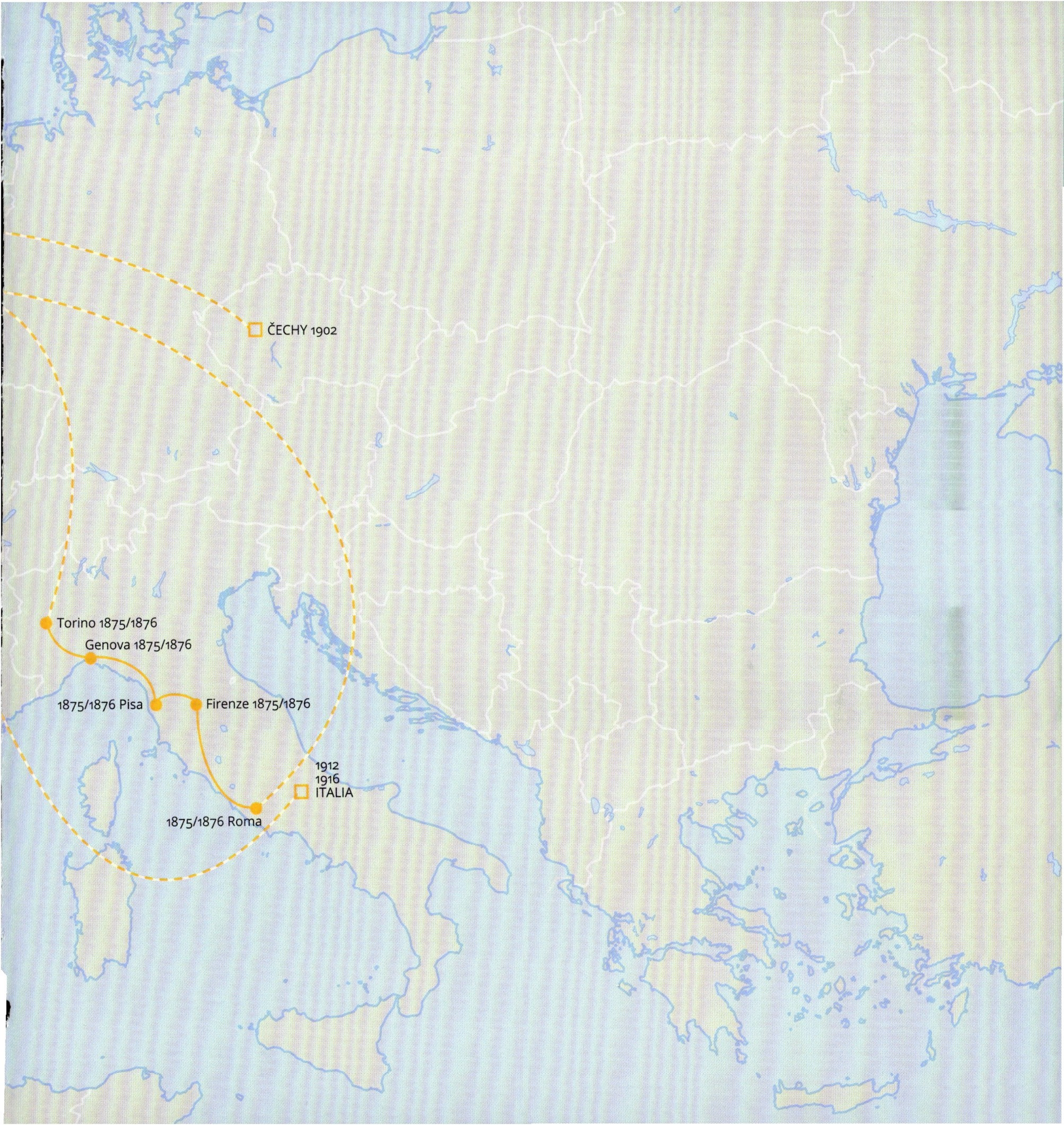

ČECHY 1902
Torino 1875/1876
Genova 1875/1876
1875/1876 Pisa
Firenze 1875/1876
1912
1916
ITALIA
1875/1876 Roma

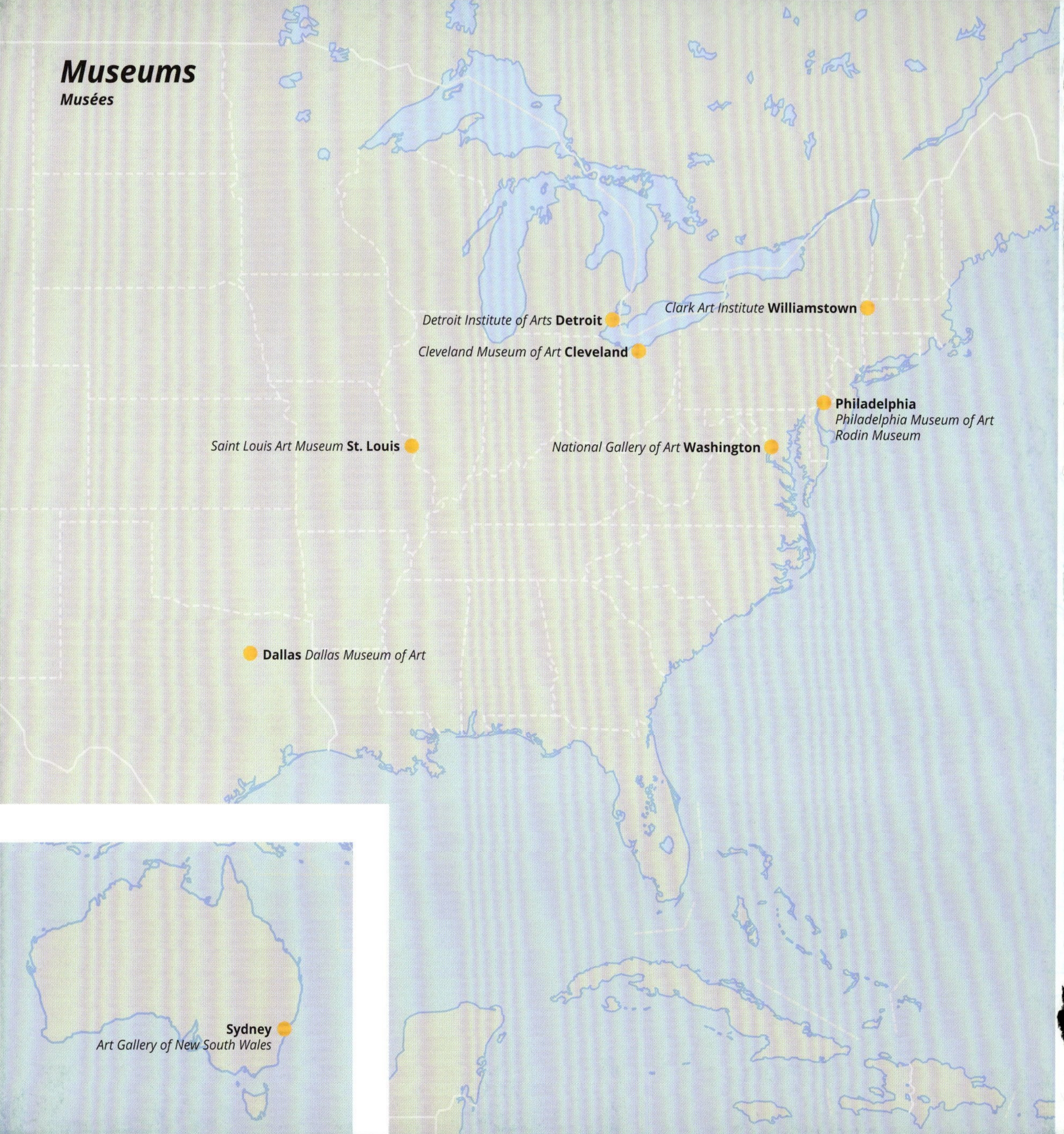
Museums
Musées
Detroit Institute of Arts Detroit
Cleveland Museum of Art Cleveland
Clark Art Institute Williamstown
Philadelphia
Philadelphia Museum of Art
Rodin Museum
Saint Louis Art Museum St. Louis
National Gallery of Art Washington
Dallas Dallas Museum of Art
Sydney
Art Gallery of New South Wales

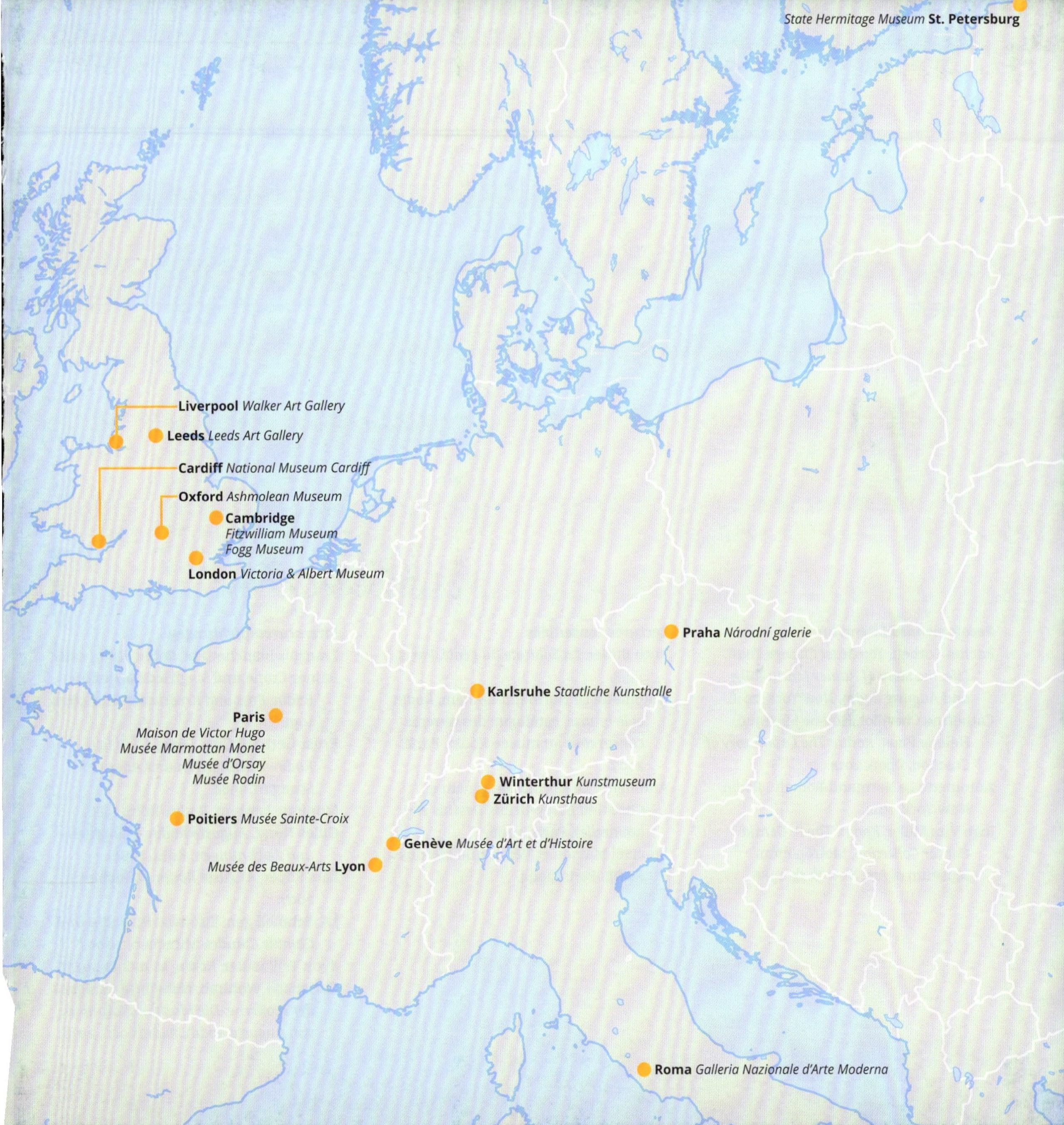
State Hermitage Museum St. Petersburg
Liverpool Walker Art Gallery
Leeds Leeds Art Gallery
Cardiff National Museum Cardiff
Oxford Ashmolean Museum
Cambridge
Fitzwilliam Museum
Fogg Museum
London Victoria & Albert Museum
Praha Národní galerie
Karlsruhe Staatliche Kunsthalle
Paris
Maison de Victor Hugo
Musée Marmottan Monet
Musée d'Orsay
Musée Rodin
Winterthur Kunstmuseum
Zürich Kunsthaus
Poitiers Musée Sainte-Croix
Genève Musée d'Art et d'Histoire
Musée des Beaux-Arts Lyon
Roma Galleria Nazionale d'Arte Moderna